Ley de Arrendamientos Urbanos y Normativa complementaria

Ley 29/1994, de 24 de noviembre

enero_2025

SEPIN

© Editorial Jurídica **sepín**, S. L., 2025
A FORUM MEDIA GROUP COMPANY

C/ Mahón, 8
28290 Las Rozas (Madrid)
Tel.: 91 352 75 51
www.sepin.es
sac@sepin.es

Precio: 16,90 euros (4 % IVA no incluido)

ISBN: 978-84-1053-873-3
Depósito legal: M-2492-2025

Producción gráfica: **sepín**, S. L.

Impresión: Service Point, S. A.

Prólogo

No cabe duda de que el arrendamiento urbano es un tema social por excelencia y que ha dado lugar a continuos cambios en la **Ley de Arrendamientos Urbanos 29/1994**, siempre con el objetivo de equilibrar los derechos y obligaciones de arrendadores y arrendatarios, promover la estabilidad en el mercado de alquiler y proteger el derecho a una vivienda digna. Esta norma fundamental en el alquiler de inmuebles entró en vigor el 1 de enero de 1995, por lo que se cumplen **30 años de su vigencia**, aunque haya sido objeto de reformas relevantes y de gran calado, como las modificaciones introducidas por la **Ley 4/2013, la Ley 2/1015, los Reales Decretos-Leyes 21/2018 y 7/2019**, y hasta la reciente **Ley 12/2023, del 24 de mayo, por el Derecho a la Vivienda**[1].

Ante la coexistencia de seis regímenes jurídicos distintos aplicables, fruto de los continuos cambios legales, esta Editorial considera imprescindible reunir en un solo **Código** todos los textos en vigor y su normativa complementaria y genérica. Por un lado, publicamos la **Ley de Arrendamientos Urbanos 29/1994 consolidada y vigente**, que ha tenido en cuenta las numerosas modificaciones, donde cada artículo legal contiene el **texto aplicable según la fecha del contrato de arrendamiento**, formato que resultará de gran ayuda al profesional para determinar con exactitud la norma de aplicación en cada caso, añadiendo un **índice analítico** exhaustivo para una mejor localización de cada cuestión arrendaticia que pueda surgir.

En la actualidad, los contratos de arrendamientos se rigen por lo establecido en la Ley de Arrendamientos Urbanos 29/1994 reformada por el **Real Decreto-Ley 7/2019, de 1 de marzo**, régimen que resulta aplicable para los contratos firmados con posterioridad al 6 de marzo de 2019, sin embargo, en los arrendamientos de vivienda debemos tener en cuenta las **importantes novedades introducidas por la Ley por el Derecho a la Vivienda**, para los contratos firmados desde el 26 de mayo de 2023. Debido a ello, incluimos esta Ley en aquellos preceptos y disposiciones de aplicación, así como otras **normas complementarias** de suma importancia en el alquiler de vivienda, dictadas sobre el **Registro Único de Arrendamientos** de corta duración, **sobre la renta** con las resoluciones dictadas con la relación de **zonas de mercado residencial tensionado**, el sistema de **índices de precios de referencia** y la reciente resolución del Instituto Nacional de Estadística, por la que se define el **nuevo índice de referencia para la actualización anual** de los contratos de arrendamiento de vivienda (IRAV). Igualmente, respecto al tema de los **desahucios y lanzamientos**, mostramos

---

[1] Téngase en cuenta que al cierre de esta edición, el Tribunal Constitucional estima el recurso de inconstitucionalidad en relación a los apartados 2 y 6 de la Disposición Final Quinta de la Ley 12/2023 de 24 de mayo, por nota informativa del TC 8/2025.

la normativa aplicable desde la pandemia, que recientemente ha sido objeto de continuas modificaciones por el **Real Decreto Ley 9/2024 de 23 de diciembre**, que fue derogado con posterioridad y por el **Real Decreto Ley 1/2025 de 28 de enero**, que amplía de nuevo los plazos de suspensión.

Además, añadimos los **preceptos generales aplicables**: el Contrato de Arrendamiento del Código Civil y los artículos referentes a la Ley de Enjuiciamiento Civil, reformada en diferentes aspectos por el Real Decreto-Ley 6/2023, de 19 de diciembre, y la Ley Orgánica 1/2025, de 2 de enero, de medidas en materia de eficiencia del Servicio Público de Justicia.

En definitiva, una herramienta útil y práctica para disponer de todos los textos legales que Vd. necesita consultar y aplicar en la materia de arrendamientos urbanos.

Begoña Costas de Vicente
Directora de **sepín** Arrendamientos Urbanos
y Apartamentos-Viviendas de Uso Turístico. Abogada

Sumario

Índice Sistemático

Ley de Arrendamientos Urbanos

§1. Ley 29/1994, de 24 de noviembre, de Arrendamientos Urbanos

(BOE n.º 282, de 25 de noviembre de 1994)

PREÁMBULO

1

El régimen jurídico de los arrendamientos urbanos se encuentra en la actualidad regulado por el texto refundido de la Ley de Arrendamientos Urbanos de 1964, aprobado por el Decreto 4104/1964, de 24 de diciembre.

Los principios que inspiraron la reforma de la legislación arrendaticia llevada a cabo en 1964, según reza la Exposición de Motivos de la Ley 40/1964, fueron los de atemperar el movimiento liberalizador de la propiedad urbana a las circunstancias económicas del país y a las exigencias de la justicia. Sin embargo, el texto refundido no llegó a alcanzar sus objetivos de desbloquear la situación de las rentas congeladas. El citado texto consagró, además, un régimen de subrogaciones, tanto inter vivos como mortis causa, favorable a los intereses del arrendatario.

Ambas circunstancias determinaron un marco normativo que la práctica ha puesto de manifiesto que fomentaba escasamente la utilización del instituto arrendaticio.

Ante estas circunstancias, el Real Decreto-ley 2/1985, de 30 de abril, sobre Medidas de Política Económica, introdujo dos modificaciones en la regulación del régimen de los arrendamientos urbanos que han tenido un enorme impacto en el desarrollo posterior de este sector. Estas modificaciones fueron la libertad para la transformación de viviendas en locales de negocio y la libertad para pactar la duración del contrato, suprimiendo el carácter obligatorio de la prórroga forzosa en los contratos de arrendamientos urbanos.

El Real Decreto-ley 2/1985 ha tenido resultados mixtos. Por un lado, ha permitido que la tendencia a la disminución en el porcentaje de viviendas alquiladas que se estaba produciendo a principios de la década de los ochenta se detuviera, aunque no ha podido revertir sustancialmente el signo de la tendencia. Por otro lado, sin embargo, ha generado una enorme inestabilidad en el mercado de viviendas en alquiler al dar lugar a un fenómeno de contratos de corta duración. Esto a su vez ha producido un movimiento de incremento de las rentas muy significativo, que se ha visto agravado por su simultaneidad en el tiempo con un período de elevación de los precios en el mercado inmobiliario.

En la actualidad, el mercado de los arrendamientos urbanos en vivienda se caracteriza por la coexistencia de dos situaciones claramente diferenciadas. Por un lado, los contratos celebrados al amparo del Real Decreto-ley 2/1985, que representan aproximadamente el 20 por 100 del total y se caracterizan por tener rentas elevadas y un importante grado de rotación ocupacional por consecuencia de su generalizada duración anual. Por el otro, los contratos celebrados con anterioridad a la fecha de entrada en vigor del Real Decreto-ley 2/1985. En general, se trata de contratos con rentas no elevadas y, en el caso de los contratos celebrados con anterioridad a la Ley de 1964, aproximadamente el 50 por 100 del total, con rentas que se pueden calificar como ineconómicas.

Las disfunciones que esta situación genera en el mercado son tales que han convertido al arrendamiento en una alternativa poco atractiva frente a la de la adquisición en propiedad en relación con la solución al problema de la vivienda. En este sentido, sólo un 18 por 100 aproximadamente del parque total de viviendas se encuentra en régimen de alquiler.

Por ello, la finalidad última que persigue la reforma es la de coadyuvar a potenciar el mercado de los arrendamientos urbanos como pieza básica de una política de vivienda orientada por el mandato constitucional consagrado en el artículo 47, de reconocimiento del derecho de todos los españoles a disfrutar de una vivienda digna y adecuada.

La consecución de este objetivo exige una modificación normativa que permita establecer un equilibrio adecuado en las prestaciones de las partes, y aunque es evidente que el cambio normativo por sí mismo no constituye una condición suficiente para potenciar la oferta en este sector, sí es una condición necesaria para que ello se produzca.

La regulación sustantiva del contrato de arrendamiento debe partir de una clara diferenciación de trato entre los arrendamientos de vivienda y los destinados a cualquier otro uso distinto del de vivienda, por entender que las realidades económicas subyacentes son sustancialmente distintas y merecedoras, por tanto, de sistemas normativos disímiles que se hagan eco de esa diferencia.

En este sentido, al mismo tiempo que se mantiene el carácter tuitivo de la regulación de los arrendamientos de vivienda, se opta en relación con los destinados a otros usos por una regulación basada de forma absoluta en el libre acuerdo de las partes.

Además, la ley contiene una reforma parcial de la regulación de los procesos arrendaticios y la modificación del régimen de los contratos actualmente en vigor.

2

La regulación de los arrendamientos de vivienda presenta novedades significativas, fundamentalmente en relación con su duración. En este sentido, se ha optado por establecer un plazo mínimo de duración del contrato de cinco años, por entender que un plazo de estas características permite una cierta estabilidad para las unidades familiares que les posibilita contemplar al arrendamiento como alternativa válida a la propiedad. Al mismo tiempo, no es un plazo excesivo que pudiera constituir un freno para que tanto los propietarios privados como los promotores empresariales sitúen viviendas en este mercado.

Este plazo mínimo de duración se articula a partir del libre pacto entre las partes sobre la duración inicial del contrato más un sistema de prórrogas anuales obligatorias hasta alcanzar el mínimo de cinco años de duración, si el pacto inicial hubiera sido por un plazo inferior.

Se introduce también en la ley un mecanismo de prórroga tácita, transcurrido como mínimo el plazo de garantía de cinco años, que da lugar a un nuevo plazo articulado, asimismo, sobre períodos anuales, de tres años.

El reconocimiento de la existencia de situaciones que exigen plazos inferiores de duración ha hecho que la ley prevea esta posibilidad, aunque vinculada en exclusiva a la necesidad, conocida al tiempo de la celebración del contrato, de recuperar el uso de la vivienda arrendada para domicilio del propio arrendador.

El establecimiento de un plazo de duración limitado permite mitigar el impacto que el instituto de las subrogaciones pudiera tener sobre el equilibrio de las prestaciones. En la medida en que el derecho de las personas subrogadas a continuar en el uso de la vivienda arrendada sólo se mantiene hasta la terminación del plazo contractual, no existe inconveniente en mantener dicho derecho en el ámbito mortis causa a favor de aquellas personas con vinculación directa con el arrendatario. Destaca como novedad el reconocimiento de este derecho al conviviente «more uxorio».

En relación con las subrogaciones ínter vivos, sólo se reconoce su existencia previo consentimiento escrito del arrendador. Al mismo tiempo, se introduce una novedad en casos de resoluciones judiciales que, en procesos de nulidad, separación o divorcio, asignen la vivienda al cónyuge no titular. En estos casos, se reconoce «ex lege» a dicho cónyuge el derecho a continuar en el uso de la vivienda arrendada por el tiempo que restare del contrato.

El régimen de rentas se construye en torno al principio de la libertad de pactos entre las partes para la determinación de la renta inicial tanto para los contratos nuevos como para aquellos que se mantengan con arrendatarios ya establecidos. Esto asegurará, cuando ello sea preciso, que las rentas de los contratos permitan reflejar la realidad del mercado, si esta realidad no hubiera podido trasladarse a la renta por la vía de las actualizaciones previstas. Ello puede ser así, dado que la norma establece un mecanismo de actualización de rentas vinculado a las variaciones porcentuales que pueda experimentar en un período anual el Índice de Precios al Consumo.

Por lo que se refiere a los derechos y obligaciones de las partes, la ley mantiene en líneas generales la regulación actual, sin introducir grandes novedades. Se exceptúa el establecimiento de una previsión especial para arrendatarios afectados de minusvalías o con personas minusválidas a su cargo, que pretendan efectuar modificaciones en la finca arrendada que les permitan mejorar la utilización de la misma.

También se mantiene el derecho de adquisición preferente en favor del arrendatario para el supuesto de enajenación de la vivienda arrendada durante la vigencia del arrendamiento aunque referido a condiciones de mercado, por entenderse que constituye un instrumento que sin suponer una grave onerosidad para el arrendador incrementa las posibilidades de permanencia del arrendatario en la vivienda.

Por último, por lo que se refiere a la formalización de los contratos, la ley mantiene la libertad de las partes de optar por la forma oral o escrita. Al mismo tiempo, se consagra expresamente la posibilidad de todos los contratos de arrendamiento, cualquiera que sea su duración, de acceder al Registro de la Propiedad, intentando, por otro lado, potenciar esta posibilidad de acceso mediante la vinculación de determinadas medidas de fomento o beneficio al hecho de la inscripción. Este hecho no sólo contribuye a reforzar las garantías de las partes, sino que incrementa la información disponible para el Estado, permitiéndole el diseño y ejecución de aquellas medidas que puedan contribuir a la mejora de la ordenación normativa y de la práctica de los arrendamientos.

3

La ley abandona la distinción tradicional entre arrendamientos de vivienda y arrendamientos de locales de negocio y asimilados para diferenciar entre arrendamientos de vivienda, que son aquellos dedicados a satisfacer la necesidad de vivienda permanente del arrendatario, su cónyuge o sus hijos dependientes, y arrendamientos para usos distintos al de vivienda, categoría ésta que engloba los arrendamientos de segunda residencia, los de temporada, los tradicionales de local de negocio y los asimilados a éstos.

Este nuevo categorismo se asienta en la idea de conceder medidas de protección al arrendatario sólo allí donde la finalidad del arrendamiento sea la satisfacción de la necesidad de vivienda del individuo y de su familia, pero no en otros supuestos en los que se satisfagan necesidades económicas, recreativas o administrativas.

Para ello, en la regulación de los arrendamientos para uso distinto al de vivienda, la ley opta por dejar al libre pacto de las partes todos los elementos del contrato, configurándose una regulación supletoria del libre pacto que también permite un amplio recurso al régimen del Código Civil.

Se regulan así, con carácter supletorio de la voluntad expresa de arrendador y arrendatario, el régimen de obligaciones de conservación y obras, el derecho de adquisición preferente, el de traspaso y las subrogaciones mortis causa, aunque limitadas al cónyuge e hijos del arrendatario que continúen la actividad.

Se introduce en esta regulación una novedad consistente en el derecho del arrendatario a ser indemnizado cuando, queriendo continuar con el arrendamiento, deba abandonar el local por el transcurso del plazo previsto, siempre que de alguna forma el arrendador o un nuevo arrendatario se pudiesen beneficiar de la clientela obtenida por el antiguo arrendatario, o alternativamente, de los gastos de traslado y de los perjuicios derivados del mismo, cuando el arrendatario se vea obligado a trasladar su actividad.

4

La fianza arrendaticia mantiene su carácter obligatorio, tanto en vivienda como en uso distinto, fijándose su cuantía en una o dos mensualidades de renta, según sea arrendamiento de vivienda o de uso distinto. Al mismo tiempo se permite a las Comunidades Autónomas con competencias en materia de vivienda que regulen su depósito obligatorio en favor de la propia Comunidad, ya que los rendimientos generados por estos fondos se han revelado como una importante fuente de financiación de las políticas autonómicas de vivienda, que se considera debe de mantenerse.

5

En la regulación de los procesos arrendaticios se establece que la competencia para conocer de las controversias corresponde, en todo caso, al Juez de Primera Instancia del lugar donde esté sita la finca urbana, excluyendo la posibilidad de modificar la competencia funcional por vía de sumisión expresa o tácita a Juez distinto.

Esto no obsta para recordar la posibilidad de que las partes en la relación jurídica puedan pactar, para la solución de sus conflictos, la utilización del procedimiento arbitral.

La tramitación de los procesos arrendaticios se defiere al juicio de cognición, haciendo salvedad expresa de los supuestos de aplicación del juicio de desahucio y del juicio verbal cuando se ejecuten, en este último caso, acciones para determinar rentas o importes que corresponda abonar al arrendatario.

Se regulan, asimismo, las condiciones en las que el arrendatario podrá enervar la acción en los desahucios promovidos por la falta de pago de cantidades debidas por virtud de la relación arrendaticia. Esta regulación matiza de forma significativa las posibilidades de enervación y rehabilitación contenidas en el texto refundido de 1964.

En los supuestos de acumulación de acciones se ha establecido, junto a la regulación tradicional, la posibilidad de acumulación que asiste a los arrendatarios cuando las acciones ejercitadas se funden en hechos comunes y se dirijan contra el mismo arrendador. También se permite a éste en los supuestos de resolución del contrato por falta de pago, el ejercicio acumulado y simultáneo de la acción de resolución del contrato y la reclamación de las cantidades adeudadas.

Por último, y como novedad más significativa de la ley en materia procesal, se establece la regulación del recurso de casación en materia arrendaticia por entender que la materia, dada su importancia y la trascendencia de los cambios normativos que esta norma introduce, debe poder ser objeto de una doctrina jurisprudencial elaborada en sede del Tribunal Supremo. Como notas más características del recurso de casación pueden señalarse las siguientes: sólo serán susceptibles de dicho recurso las sentencias dictadas en los procesos seguidos por los trámites del juicio de cognición, siempre que las sentencias de primera y segunda instancia no sean conformes, y la renta de los contratos se encuentre por debajo de los límites que por ley se consagran.

6

Por lo que se refiere a los contratos existentes a la entrada en vigor de esta ley, los celebrados al amparo del Real Decreto-ley 2/1985 no presentan una especial problemática puesto que ha sido la libre voluntad de las partes la que ha determinado el régimen de la relación en lo que a duración y renta se refiere. Por ello, estos contratos continuarán hasta su extinción sometidos al mismo régimen al que hasta ahora lo venían estando. En ese momento, la nueva relación arrendaticia que se pueda constituir sobre la finca quedará sujeta a la nueva normativa. De esta regulación no quedan exceptuados los contratos que, aunque en fecha posterior al 9 de mayo de 1985, se hayan celebrado con sujeción al régimen de prórroga forzosa, al derivar éste del libre pacto entre las partes.

Por lo que se refiere a los contratos celebrados con anterioridad, la ley opta por una solución que intenta conjugar el máximo de sencillez posible con un trato equilibrado de las distintas situaciones en que las partes en conflicto se encuentran. Por ello, se introduce un planteamiento que mantiene el criterio de trato diferenciado entre los contratos de arrendamiento de vivienda y los de local de negocio otorgando condiciones más suaves de modificación del arrendatario de vivienda que al de local de negocio.

Teniendo en cuenta los perjudiciales efectos que ha tenido la prolongada vigencia de la prórroga obligatoria impuesta por la Ley de 1964, se aborda la necesidad de poner límite a la duración de esta prórroga obligatoria restableciendo la temporalidad de la relación arrendataria de conformidad con su propia naturaleza, pero esta modificación se realiza teniendo en cuenta los efectos sociales y económicos de la medida tomando en consideración la situación personal y familiar y la capacidad económica de los arrendatarios.

En este sentido, en el arrendamiento de viviendas se opta por la supresión total de la subrogación ínter vivos, excepción hecha de la derivada de resolución judicial en procesos matrimoniales, y por la supresión gradual de los derechos de subrogación mortis causa que el texto refundido de 1964 reconocía.

Como esta medida afecta a situaciones cuyos contenidos potenciales de derechos son diferentes, arrendatarios titulares iniciales del contrato, arrendatarios en primera subrogación y arrendatarios en segunda subrogación, la norma debe ofrecer respuestas adecuadas para cada una de ellas. De ahí que la supresión de las subrogaciones sea tanto más gradual cuanto mayor sea el contenido potencial de derechos que la ley contempla para cada supuesto, a partir del principio general de conservar al arrendatario actual y a su cónyuge el derecho a continuar en el uso de la vivienda arrendada hasta su fallecimiento, allí donde este derecho les estuviera reconocido por la legislación de 1964.

En cuanto al régimen de rentas, la ley opta por intentar desbloquear la situación de las rentas congeladas. Para ello, se establece un sistema de revisión aplicable a todos los contratos anteriores al 9 de mayo de 1985, que pretende recuperar las variaciones no repercutidas de la inflación desde la fecha de celebración del contrato o desde la última revisión legal, según proceda. Esta revisión no se produce de manera inmediata sino gradual, incrementándose el número de años en que se produce la revisión total en función inversa de la renta del arrendatario, posibilitando a los arrendatarios de menor nivel económico a que adapten sus economías a la nueva realidad.

En el caso de arrendatarios de bajo nivel de renta, por debajo de dos veces y media, tres o tres veces y media el salario mínimo interprofesional en función del número de personas que habiten en la vivienda arrendada, se excluye la revisión de las rentas mandatándose al Gobierno para que en el plazo de un año a partir de la entrada en vigor de la ley configure un mecanismo de compensación de naturaleza fiscal para aquellos arrendadores que no hayan podido, por las circunstancias antes señaladas proceder a la actualización de las rentas.

Asimismo, se concede a los arrendadores el derecho a disfrutar de beneficios en el Impuesto sobre el Patrimonio, en el Impuesto sobre Bienes Inmuebles, en los gastos de conservación de la finca arrendada y el coste de los servicios y suministros de que disfrute la vivienda arrendada, en estos tres últimos casos mediante la imputación de sus importes a los arrendatarios.

En el caso de los arrendamientos de locales de negocio, se ha optado por articular un calendario de resolución temporal de estos contratos, aunque distinguiendo entre los arrendamientos en los que el arrendatario sea una persona física de aquéllos en los que sea una persona jurídica, presumiendo mayor solvencia económica allí donde el entramado organizativo sea más complejo.

Por ello, se mantienen, aunque de forma limitada, derechos de subrogación mortis causa en el primer supuesto, garantizándose al grupo familiar vinculado al desarrollo de la actividad, un plazo mínimo de veinte años, que podrá superarse mientras el arrendatario y su cónyuge vivan y continúen el ejercicio de la actividad que se venga desarrollando en el local.

Para los arrendamientos de personas jurídicas se configuran plazos de resolución tasados, entre cinco y veinte años, en función de la naturaleza y del volumen de la actividad desarrollada en el local arrendado, configurándose un plazo de duración breve para aquellos arrendamientos en los que se desarrollan actividades con un potencial económico tal que coloquen a los titulares de estos contratos en posiciones de equilibrio respecto de los arrendadores a la hora de negociar nuevas condiciones arrendaticias.

En cuanto a la renta pagada en estos contratos, se reproduce el esquema de revisión establecido para los arrendamientos de viviendas, graduando temporalmente el ritmo de la revisión en función de las categorías antes expuestas.

Para favorecer la continuidad de los arrendatarios, la ley regula una figura de nueva creación que es el derecho de arrendamiento preferente, que concede al arrendatario un derecho preferente a continuar en el uso del local arrendado al tiempo de la extinción del contrato, frente a cualquier tercero en condiciones de mercado.

Asimismo, se estipula un derecho indemnizatorio en caso de no continuar en el uso del local arrendado cuando otra persona, sea el propietario o sea un nuevo arrendatario, pueda beneficiarse de la clientela generada por la actividad del antiguo arrendatario.

En cuanto a los arrendamientos asimilados, tanto al inquilinato como al local de negocio, se les da un tratamiento similar al de los arrendamientos de local de negocio, en materia de duración y de régimen de renta.

TÍTULO I-Ámbito de la ley

Artículo 1. Ámbito de aplicación

La presente ley establece el régimen jurídico aplicable a los arrendamientos de fincas urbanas que se destinen a vivienda o a usos distintos del de vivienda.

Artículo 2. Arrendamiento de vivienda

1. Se considera arrendamiento de vivienda aquel arrendamiento que recae sobre una edificación habitable cuyo destino primordial sea satisfacer la necesidad permanente de vivienda del arrendatario.

2. Las normas reguladoras del arrendamiento de vivienda se aplicarán también al mobiliario, los trasteros, las plazas de garaje y cualesquiera otras dependencias, espacios arrendados o servicios cedidos como accesorios de la finca por el mismo arrendador.

Artículo 3. Arrendamiento para uso distinto del de vivienda

1. Se considera arrendamiento para uso distinto del de vivienda aquel arrendamiento que, recayendo sobre una edificación, tenga como destino primordial uno distinto del establecido en el artículo anterior.

2. En especial, tendrán esta consideración los arrendamientos de fincas urbanas celebrados por temporada, sea ésta de verano o cualquier otra, y los celebrados para ejercerse en la finca una actividad industrial, comercial, artesanal, profesional, recreativa, asistencial, cultural o docente, cualquiera que sean las personas que los celebren.

Artículo 4. Régimen aplicable

➡ **Texto aplicable a los contratos celebrados desde el 6-3-2019**

1. Los arrendamientos regulados en la presente Ley se someterán de forma imperativa a lo dispuesto en los títulos I y IV de la misma y a lo dispuesto en los apartados siguientes de este artículo.

2. Respetando lo establecido en el apartado anterior, los arrendamientos de vivienda se regirán por los pactos, cláusulas y condiciones determinados por la voluntad de las partes, en el marco de lo establecido en el título II de la presente ley y, supletoriamente, por lo dispuesto en el Código Civil.

Se exceptúan de lo así dispuesto los arrendamientos de viviendas cuya superficie sea superior a 300 metros cuadrados o en los que la renta inicial en cómputo anual exceda de 5,5 veces el salario mínimo interprofesional en cómputo anual y el arrendamiento corresponda a la totalidad de la vivienda. Estos arrendamientos se regirán por la voluntad de las partes, en su defecto, por lo dispuesto en el Título II de la presente ley y, supletoriamente, por las disposiciones del Código Civil.

3. Sin perjuicio de lo dispuesto en el apartado 1, los arrendamientos para uso distinto del de vivienda se rigen por la voluntad de las partes, en su defecto, por lo dispuesto en el título III de la presente ley y, supletoriamente, por lo dispuesto en el Código Civil.

4. La exclusión de la aplicación de los preceptos de esta ley, cuando ello sea posible, deberá hacerse de forma expresa respecto de cada uno de ellos.

5. Las partes podrán pactar la sumisión a mediación o arbitraje de aquéllas controversias que por su naturaleza puedan resolverse a través de estas formas de resolución de conflictos, de conformidad con lo establecido en la legislación reguladora de la mediación en asuntos civiles y mercantiles y del arbitraje.

6. Las partes podrán señalar una dirección electrónica a los efectos de realizar las notificaciones previstas en esta ley, siempre que se garantice la autenticidad de la comunicación y de su contenido y quede constancia fehaciente de la remisión y recepción íntegras y del momento en que se hicieron.

➡ **Texto aplicable a los contratos celebrados desde el 6-6-2013 hasta el 18-12-2018 y posteriores al 24-1-2019 hasta el 5-3-2019***

1. Los arrendamientos regulados en la presente Ley se someterán de forma imperativa a lo dispuesto en los títulos I y IV de la misma y a lo dispuesto en los apartados siguientes de este artículo.

---

* El RDL 21/2018, de 14 de diciembre, de medidas urgentes en materia de vivienda y alquiler, no fue convalidado por resolución del Congreso el 22/01/2019, con entrada en vigor el 24/01/2019, por lo que a los contratos posteriores y hasta el RDL 7/2019, de 1 de marzo, se le aplica de nuevo la LAU 29/1994 reformada por Ley 4/2013.

2. Respetando lo establecido en el apartado anterior, los arrendamientos de vivienda se regirán por los pactos, cláusulas y condiciones determinados por la voluntad de las partes, en el marco de lo establecido en el título II de la presente ley y, supletoriamente, por lo dispuesto en el Código Civil.

3. Sin perjuicio de lo dispuesto en el apartado 1, los arrendamientos para uso distinto del de vivienda se rigen por la voluntad de las partes, en su defecto, por lo dispuesto en el título III de la presente ley y, supletoriamente, por lo dispuesto en el Código Civil.

4. La exclusión de la aplicación de los preceptos de esta ley, cuando ello sea posible, deberá hacerse de forma expresa respecto de cada uno de ellos.

5. Las partes podrán pactar la sumisión a mediación o arbitraje de aquéllas controversias que por su naturaleza puedan resolverse a través de estas formas de resolución de conflictos, de conformidad con lo establecido en la legislación reguladora de la mediación en asuntos civiles y mercantiles y del arbitraje.

6. Las partes podrán señalar una dirección electrónica a los efectos de realizar las notificaciones previstas en esta ley, siempre que se garantice la autenticidad de la comunicación y de su contenido y quede constancia fehaciente de la remisión y recepción íntegras y del momento en que se hicieron.

➡ Texto aplicable a los contratos celebrados desde el 19-12-2018 hasta el 23-1-2019

1. Los arrendamientos regulados en la presente Ley se someterán de forma imperativa a lo dispuesto en los títulos I y IV de la misma y a lo dispuesto en los apartados siguientes de este artículo.

2. Respetando lo establecido en el apartado anterior, los arrendamientos de vivienda se regirán por los pactos, cláusulas y condiciones determinados por la voluntad de las partes, en el marco de lo establecido en el título II de la presente ley y, supletoriamente, por lo dispuesto en el Código Civil.

Se exceptúan de lo así dispuesto los arrendamientos de viviendas cuya superficie sea superior a 300 metros cuadrados o en los que la renta inicial en cómputo anual exceda de 5,5 veces el salario mínimo interprofesional en cómputo anual y el arrendamiento corresponda a la totalidad de la vivienda. Estos arrendamientos se regirán por la voluntad de las partes, en su defecto, por lo dispuesto en el Título II de la presente ley y, supletoriamente, por las disposiciones del Código Civil.

3. Sin perjuicio de lo dispuesto en el apartado 1, los arrendamientos para uso distinto del de vivienda se rigen por la voluntad de las partes, en su defecto, por lo dispuesto en el título III de la presente ley y, supletoriamente, por lo dispuesto en el Código Civil.

4. La exclusión de la aplicación de los preceptos de esta ley, cuando ello sea posible, deberá hacerse de forma expresa respecto de cada uno de ellos.

5. Las partes podrán pactar la sumisión a mediación o arbitraje de aquéllas controversias que por su naturaleza puedan resolverse a través de estas formas de resolución de conflictos, de conformidad con lo establecido en la legislación reguladora de la mediación en asuntos civiles y mercantiles y del arbitraje.

6. Las partes podrán señalar una dirección electrónica a los efectos de realizar las notificaciones previstas en esta ley, siempre que se garantice la autenticidad de la comunicación y de su contenido y quede constancia fehaciente de la remisión y recepción íntegras y del momento en que se hicieron.

➡ Texto aplicable a los contratos anteriores al 6-6-2013

1. Los arrendamientos regulados en la presente ley se someterán de forma imperativa a lo dispuesto en los Títulos I, IV y V de la misma y a lo dispuesto en los apartados siguientes de este artículo.

2. Respetando lo establecido en el apartado anterior, los arrendamientos de vivienda se rigen por lo dispuesto en el Título II de la presente ley, en su defecto, por la voluntad de las partes y, supletoriamente, por lo dispuesto en el Código Civil.

Se exceptúan de lo así dispuesto los arrendamientos de viviendas cuya superficie sea superior a 300 metros cuadrados o en los que la renta inicial en cómputo anual exceda de 5,5 veces el salario mínimo interprofesional en cómputo anual. Estos arrendamientos se regirán por la voluntad de las partes, en su defecto, por lo dispuesto en el Título II de la presente ley y, supletoriamente, por las disposiciones del Código Civil.

3. Sin perjuicio de lo dispuesto en el apartado 1, los arrendamientos para uso distinto del de vivienda se rigen por la voluntad de las partes, en su defecto, por lo dispuesto en el Título III de la presente ley y, supletoriamente, por lo dispuesto en el Código Civil.

4. La exclusión de la aplicación de los preceptos de esta ley, cuando ello sea posible, deberá hacerse de forma expresa respecto de cada uno de ellos.

> **Precepto modificado por RD-Ley 7/2019, de 1 de marzo, con entrada en vigor a partir del 6-3-2019 (Modificado apartado 2 del artículo 4)**
>
> **Precepto modificado por Res 22/01/2019, de 22 de enero, con entrada en vigor a partir del 24-1-2019 (Dejado sin efecto apartado 2 del artículo 4 en su redacción dada por el Real Decreto-Ley 21/2018, de 14 de diciembre)**
>
> **Precepto modificado por RD-Ley 21/2018, de 14 de diciembre, con entrada en vigor a partir del 19-12-2018 (Modificado apartado 2 del artículo 4)**
>
> **Precepto modificado por Ley 4/2013, de 4 de junio, con entrada en vigor a partir del 6-6-2013 (Modificado artículo 4)**

Artículo 5. Arrendamientos excluidos

➡ Texto aplicable a los contratos celebrados desde el 6-3-2019

Quedan excluidos del ámbito de aplicación de esta ley:

a) El uso de las viviendas que los porteros, guardas, asalariados, empleados y funcionarios, tengan asignadas por razón del cargo que desempeñen o del servicio que presten.

b) El uso de las viviendas militares, cualquiera que fuese su calificación y régimen, que se regirán por lo dispuesto en su legislación específica.

c) Los contratos en que arrendándose una finca con casa-habitación, sea el aprovechamiento agrícola, pecuario o forestal del predio la finalidad primordial del arrendamiento. Estos contratos se regirán por lo dispuesto en la legislación aplicable sobre arrendamientos rústicos.

d) El uso de las viviendas universitarias, cuando éstas hayan sido calificadas expresamente como tales por la propia Universidad propietaria o responsable de las mismas, que sean asignadas a los alumnos matriculados en la correspondiente Universidad y al personal docente y de administración y servicios dependiente de aquélla, por razón del vínculo que se establezca entre cada uno de ellos y la Universidad respectiva, a la que corresponderá en cada caso el establecimiento de las normas a que se someterá su uso.

e) La cesión temporal de uso de la totalidad de una vivienda amueblada y equipada en condiciones de uso inmediato, comercializada o promocionada en canales de oferta turística o por cualquier otro modo de comercialización o promoción, y realizada con finalidad lucrativa, cuando esté sometida a un régimen específico, derivado de su normativa sectorial turística.

➡ Texto aplicable a los contratos celebrados desde el 6-6-2013 hasta el 18-12-2018 y posteriores al 24-1-2019 hasta el 5-3-2019[*]

Quedan excluidos del ámbito de aplicación de esta ley:

a) El uso de las viviendas que los porteros, guardas, asalariados, empleados y funcionarios, tengan asignadas por razón del cargo que desempeñen o del servicio que presten.

b) El uso de las viviendas militares, cualquiera que fuese su calificación y régimen, que se regirán por lo dispuesto en su legislación específica.

---

[*] El RDL 21/2018, de 14 de diciembre, de medidas urgentes en materia de vivienda y alquiler, no fue convalidado por resolución del Congreso el 22/01/2019, con entrada en vigor el 24/01/2019, por lo que a los contratos posteriores y hasta el RDL 7/2019, de 1 de marzo, se le aplica de nuevo la LAU 29/1994 reformada por Ley 4/2013.

c) Los contratos en que arrendándose una finca con casa-habitación, sea el aprovechamiento agrícola, pecuario o forestal del predio la finalidad primordial del arrendamiento. Estos contratos se regirán por lo dispuesto en la legislación aplicable sobre arrendamientos rústicos.

d) El uso de las viviendas universitarias, cuando estas hayan sido calificadas expresamente como tales por la propia Universidad propietaria o responsable de las mismas, que sean asignadas a los alumnos matriculados en la correspondiente Universidad y al personal docente y de administración y servicios dependiente de aquella, por razón del vínculo que se establezca entre cada uno de ellos y la Universidad respectiva, a la que corresponderá en cada caso el establecimiento de las normas a que se someterá su uso.

e) La cesión temporal de uso de la totalidad de una vivienda amueblada y equipada en condiciones de uso inmediato, comercializada o promocionada en canales de oferta turística y realizada con finalidad lucrativa, cuando esté sometida a un régimen específico, derivado de su normativa sectorial.

➡ **Texto aplicable a los contratos celebrados desde el 19-12-2018 hasta el 23-1-2019**

Quedan excluidos del ámbito de aplicación de esta ley:

a) El uso de las viviendas que los porteros, guardas, asalariados, empleados y funcionarios, tengan asignadas por razón del cargo que desempeñen o del servicio que presten.

b) El uso de las viviendas militares, cualquiera que fuese su calificación y régimen, que se regirán por lo dispuesto en su legislación específica.

c) Los contratos en que arrendándose una finca con casa-habitación, sea el aprovechamiento agrícola, pecuario o forestal del predio la finalidad primordial del arrendamiento. Estos contratos se regirán por lo dispuesto en la legislación aplicable sobre arrendamientos rústicos.

d) El uso de las viviendas universitarias, cuando estas hayan sido calificadas expresamente como tales por la propia Universidad propietaria o responsable de las mismas, que sean asignadas a los alumnos matriculados en la correspondiente Universidad y al personal docente y de administración y servicios dependiente de aquella, por razón del vínculo que se establezca entre cada uno de ellos y la Universidad respectiva, a la que corresponderá en cada caso el establecimiento de las normas a que se someterá su uso.

e) La cesión temporal de uso de la totalidad de una vivienda amueblada y equipada en condiciones de uso inmediato, comercializada o promocionada en canales de oferta turística o por cualquier otro modo de comercialización o promoción, y realizada con finalidad lucrativa, cuando esté sometida a un régimen específico, derivado de su normativa sectorial turística.

➡ **Texto aplicable a los contratos anteriores al 6-6-2013**

Quedan excluidos del ámbito de aplicación de esta ley:

a) El uso de las viviendas que los porteros, guardas, asalariados, empleados y funcionarios, tengan asignadas por razón del cargo que desempeñen o del servicio que presten.

b) El uso de las viviendas militares, cualquiera que fuese su calificación y régimen, que se regirán por lo dispuesto en su legislación específica.

c) Los contratos en que, arrendándose una finca con casa-habitación, sea el aprovechamiento agrícola, pecuario o forestal del predio la finalidad primordial del arrendamiento. Estos contratos se regirán por lo dispuesto en la legislación aplicable sobre arrendamientos rústicos.

d) El uso de las viviendas universitarias, cuando estas hayan sido calificadas expresamente como tales por la propia Universidad propietaria o responsable de las mismas, que sean asignadas a los alumnos matriculados en la correspondiente Universidad y al personal docente y de administración y servicios dependiente de aquella, por razón del vínculo que se establezca entre cada uno de ellos y la Universidad respectiva, a la que corresponderá en cada caso el establecimiento de las normas a que se someterá su uso.

> **Precepto modificado por RD-Ley 7/2019, de 1 de marzo, con entrada en vigor a partir del 6-3-2019 (Modificada letra e) del artículo 5)**

> **Precepto modificado por Res 22/01/2019, de 22 de enero, con entrada en vigor a partir del 24-1-2019 (Dejada sin efecto letra e) del artículo 5 en su redacción dada por el Real Decreto-Ley 21/2018, de 14 de diciembre)**

Precepto modificado por RD-Ley 21/2018, de 14 de diciembre, con entrada en vigor a partir del 19-12-2018 (Modificada letra e) del artículo 5)

Precepto modificado por Ley 4/2013, de 4 de junio, con entrada en vigor a partir del 6-6-2013 (Añadida letra e) del artículo 5)

TÍTULO-II-De los arrendamientos de vivienda

CAPÍTULO I-Normas generales

Artículo 6. Naturaleza de las normas

Son nulas, y se tendrán por no puestas, las estipulaciones que modifiquen en perjuicio del arrendatario o subarrendatario las normas del presente Título, salvo los casos en que la propia norma expresamente lo autorice.

Artículo 7. Condición de arrendamiento de vivienda

➡ **Texto aplicable a los contratos celebrados desde el 6-3-2019**

El arrendamiento de vivienda no perderá esta condición, aunque el arrendatario no tenga en la finca arrendada su vivienda permanente, siempre que en ella habiten su cónyuge no separado legalmente o de hecho, o sus hijos dependientes.

➡ **Texto aplicable a los contratos celebrados desde el 6-6-2013 hasta el 5-3-2019**

1. El arrendamiento de vivienda no perderá esta condición, aunque el arrendatario no tenga en la finca arrendada su vivienda permanente, siempre que en ella habiten su cónyuge no separado legalmente o de hecho, o sus hijos dependientes.

2. En todo caso, para que los arrendamientos concertados sobre fincas urbanas surtan efecto frente a terceros que hayan inscrito su derecho, dichos arrendamientos deberán inscribirse en el Registro de la Propiedad.

➡ **Texto aplicable a los contratos anteriores al 6-6-2013**

El arrendamiento de vivienda no perderá esta condición, aunque el arrendatario no tenga en la finca arrendada su vivienda permanente, siempre que en ella habiten su cónyuge no separado legalmente o de hecho, o sus hijos dependientes.

Precepto modificado por RD-Ley 7/2019, de 1 de marzo, con entrada en vigor a partir del 6-3-2019 (Modificado artículo 7)

Precepto modificado por Ley 4/2013, de 4 de junio, con entrada en vigor a partir del 6-6-2013 (Modificado artículo 7)

Artículo 8. Cesión del contrato y subarriendo

1. El contrato no se podrá ceder por el arrendatario sin el consentimiento escrito del arrendador. En caso de cesión, el cesionario se subrogará en la posición del cedente frente al arrendador.

2. La vivienda arrendada sólo se podrá subarrendar de forma parcial y previo consentimiento escrito del arrendador.

El subarriendo se regirá por lo dispuesto en el presente Título para el arrendamiento cuando la parte de la finca subarrendada se destine por el subarrendatario a la finalidad indicada en el artículo 2.1. De no darse esta condición, se regirá por lo pactado entre las partes.

El derecho del subarrendatario se extinguirá, en todo caso, cuando lo haga el del arrendatario que subarrendó.

El precio del subarriendo no podrá exceder, en ningún caso, del que corresponda al arrendamiento.

CAPÍTULO II-De la duración del contrato

Artículo 9. Plazo mínimo

➡️ **Texto aplicable a los contratos celebrados desde el 6-3-2019**

1. La duración del arrendamiento será libremente pactada por las partes. Si esta fuera inferior a cinco años, o inferior a siete años si el arrendador fuese persona jurídica, llegado el día del vencimiento del contrato, este se prorrogará obligatoriamente por plazos anuales hasta que el arrendamiento alcance una duración mínima de cinco años, o de siete años si el arrendador fuese persona jurídica, salvo que el arrendatario manifieste al arrendador, con treinta días de antelación como mínimo a la fecha de terminación del contrato o de cualquiera de las prórrogas, su voluntad de no renovarlo.

El plazo comenzará a contarse desde la fecha del contrato o desde la puesta del inmueble a disposición del arrendatario si esta fuere posterior. Corresponderá al arrendatario la prueba de la fecha de la puesta a disposición.

2. Se entenderán celebrados por un año los arrendamientos para los que no se haya estipulado plazo de duración o este sea indeterminado, sin perjuicio del derecho de prórroga anual para el arrendatario, en los términos resultantes del apartado anterior.

3. Una vez transcurrido el primer año de duración del contrato y siempre que el arrendador sea persona física, no procederá la prórroga obligatoria del contrato cuando, al tiempo de su celebración, se hubiese hecho constar en el mismo, de forma expresa, la necesidad para el arrendador de ocupar la vivienda arrendada antes del transcurso de cinco años para destinarla a vivienda permanente para sí o sus familiares en primer grado de consanguinidad o por adopción o para su cónyuge en los supuestos de sentencia firme de separación, divorcio o nulidad matrimonial.

Para ejercer esta potestad de recuperar la vivienda, el arrendador deberá comunicar al arrendatario que tiene necesidad de la vivienda arrendada, especificando la causa o causas entre las previstas en el párrafo anterior, al menos con dos meses de antelación a la fecha en la que la vivienda se vaya a necesitar y el arrendatario estará obligado a entregar la finca arrendada en dicho plazo si las partes no llegan a un acuerdo distinto.

Si transcurridos tres meses a contar de la extinción del contrato o, en su caso, del efectivo desalojo de la vivienda, no hubieran procedido el arrendador o sus familiares en primer grado de consanguinidad o por adopción o su cónyuge en los supuestos de sentencia firme de separación, divorcio o nulidad matrimonial a ocupar esta por sí, según los casos, el arrendatario podrá optar, en el plazo de treinta días, entre ser repuesto en el uso y disfrute de la vivienda arrendada por un nuevo período de hasta cinco años, respetando, en lo demás, las condiciones contractuales existentes al tiempo de la extinción, con indemnización de los gastos que el desalojo de la vivienda le hubiera supuesto hasta el momento de la reocupación, o ser indemnizado por una cantidad equivalente a una mensualidad por cada año que quedara por cumplir hasta completar cinco años, salvo que la ocupación no hubiera tenido lugar por causa de fuerza mayor, entendiéndose por tal, el impedimento provocado por aquellos sucesos expresamente mencionados en norma de rango de Ley a los que se atribuya el carácter de fuerza mayor, u otros que no hubieran podido preverse, o que, previstos, fueran inevitables.

➡️ **Texto aplicable a los contratos celebrados desde el 6-6-2013 hasta el 18-12-2018 y posteriores al 24-1-2019 hasta el 5-3-2019**[*]

1. La duración del arrendamiento será libremente pactada por las partes. Si esta fuera inferior a tres años, llegado el día del vencimiento del contrato, este se prorrogará obligatoriamente por plazos anuales hasta

---

[*] El RDL 21/2018, de 14 de diciembre, de medidas urgentes en materia de vivienda y alquiler, no fue convalidado por resolución del Congreso el 22/01/2019, con entrada en vigor el 24/01/2019, por lo que a los contratos posteriores y hasta el RDL 7/2019, de 1 de marzo, se le aplica de nuevo la LAU 29/1994 reformada por Ley 4/2013.

que el arrendamiento alcance una duración mínima de tres años, salvo que el arrendatario manifieste al arrendador, con treinta días de antelación como mínimo a la fecha de terminación del contrato o de cualquiera de las prórrogas, su voluntad de no renovarlo.

El plazo comenzará a contarse desde la fecha del contrato o desde la puesta del inmueble a disposición del arrendatario si esta fuere posterior. Corresponderá al arrendatario la prueba de la fecha de la puesta a disposición.

2. Se entenderán celebrados por un año los arrendamientos para los que no se haya estipulado plazo de duración o este sea indeterminado, sin perjuicio del derecho de prórroga anual para el arrendatario, en los términos resultantes del apartado anterior.

3. No procederá la prórroga obligatoria del contrato si, una vez transcurrido el primer año de duración del mismo, el arrendador comunica al arrendatario que tiene necesidad de la vivienda arrendada para destinarla a vivienda permanente para sí o sus familiares en primer grado de consanguinidad o por adopción o para su cónyuge en los supuestos de sentencia firme de separación, divorcio o nulidad matrimonial. La referida comunicación deberá realizarse al arrendatario al menos con dos meses de antelación a la fecha en la que la vivienda se vaya a necesitar y el arrendatario estará obligado a entregar la finca arrendada en dicho plazo si las partes no llegan a un acuerdo distinto.

Si transcurridos tres meses a contar de la extinción del contrato o, en su caso, del efectivo desalojo de la vivienda, no hubieran procedido el arrendador o sus familiares en primer grado de consanguinidad o por adopción o su cónyuge en los supuestos de sentencia firme de separación, divorcio o nulidad matrimonial a ocupar esta por sí, según los casos, el arrendatario podrá optar, en el plazo de treinta días, entre ser repuesto en el uso y disfrute de la vivienda arrendada por un nuevo período de hasta tres años, respetando, en lo demás, las condiciones contractuales existentes al tiempo de la extinción, con indemnización de los gastos que el desalojo de la vivienda le hubiera supuesto hasta el momento de la reocupación, o ser indemnizado por una cantidad equivalente a una mensualidad por cada año que quedara por cumplir hasta completar tres, salvo que la ocupación no hubiera tenido lugar por causa de fuerza mayor.

4. Tratándose de finca no inscrita, también durarán tres años los arrendamientos de vivienda que el arrendatario haya concertado de buena fe con la persona que parezca ser propietaria en virtud de un estado de cosas cuya creación sea imputable al verdadero propietario, sin perjuicio de la facultad de no renovación a que se refiere el apartado 1 de este artículo. Si el arrendador enajenase la vivienda arrendada, se estará a lo dispuesto en el artículo 1.571 del Código Civil. Si fuere vencido en juicio por el verdadero propietario, se estará a lo dispuesto en el citado artículo 1.571 del Código Civil, además de que corresponda indemnizar los daños y perjuicios causados.

➡ **Texto aplicable a los contratos celebrados desde el 19-12-2018 hasta el 23-1-2019**

1. La duración del arrendamiento será libremente pactada por las partes. Si esta fuera inferior a cinco años, o inferior a siete años si el arrendador fuese persona jurídica, llegado el día del vencimiento del contrato, este se prorrogará obligatoriamente por plazos anuales hasta que el arrendamiento alcance una duración mínima de cinco años, o de siete años si el arrendador fuese persona jurídica, salvo que el arrendatario manifieste al arrendador, con treinta días de antelación como mínimo a la fecha de terminación del contrato o de cualquiera de las prórrogas, su voluntad de no renovarlo.

El plazo comenzará a contarse desde la fecha del contrato o desde la puesta del inmueble a disposición del arrendatario si esta fuere posterior. Corresponderá al arrendatario la prueba de la fecha de la puesta a disposición.

2. Se entenderán celebrados por un año los arrendamientos para los que no se haya estipulado plazo de duración o este sea indeterminado, sin perjuicio del derecho de prórroga anual para el arrendatario, en los términos resultantes del apartado anterior.

3. No procederá la prórroga obligatoria del contrato si, una vez transcurrido el primer año de duración del mismo, el arrendador comunica al arrendatario que tiene necesidad de la vivienda arrendada para destinarla a vivienda permanente para sí o sus familiares en primer grado de consanguinidad o por adopción o para su cónyuge en los supuestos de sentencia firme de separación, divorcio o nulidad matrimonial. La referida comunicación deberá realizarse al arrendatario al menos con dos meses de antelación a la fecha en la que la

vivienda se vaya a necesitar y el arrendatario estará obligado a entregar la finca arrendada en dicho plazo si las partes no llegan a un acuerdo distinto.

Si transcurridos tres meses a contar de la extinción del contrato o, en su caso, del efectivo desalojo de la vivienda, no hubieran procedido el arrendador o sus familiares en primer grado de consanguinidad o por adopción o su cónyuge en los supuestos de sentencia firme de separación, divorcio o nulidad matrimonial a ocupar esta por sí, según los casos, el arrendatario podrá optar, en el plazo de treinta días, entre ser repuesto en el uso y disfrute de la vivienda arrendada por un nuevo período de hasta cinco años, o de siete años si el arrendador fuese persona jurídica, respetando, en lo demás, las condiciones contractuales existentes al tiempo de la extinción, con indemnización de los gastos que el desalojo de la vivienda le hubiera supuesto hasta el momento de la reocupación, o ser indemnizado por una cantidad equivalente a una mensualidad por cada año que quedara por cumplir hasta completar cinco años, o siete años si el arrendador fuese persona jurídica, salvo que la ocupación no hubiera tenido lugar por causa de fuerza mayor, entendiéndose por tal, el impedimento provocado por aquellos sucesos expresamente mencionados en norma de rango de Ley a los que se atribuya el carácter de fuerza mayor, u otros que no hubieran podido preverse, o que, previstos, fueran inevitables.

4. Tratándose de finca no inscrita, también durarán cinco años, o siete años si el arrendador fuese persona jurídica, los arrendamientos de vivienda que el arrendatario haya concertado de buena fe con la persona que parezca ser propietaria en virtud de un estado de cosas cuya creación sea imputable al verdadero propietario, sin perjuicio de la facultad de no renovación a que se refiere el apartado 1 de este artículo. Si el arrendador enajenase la vivienda arrendada, se estará a lo dispuesto en el artículo 1.571 del Código Civil. Si fuere vencido en juicio por el verdadero propietario, se estará a lo dispuesto en el citado artículo 1.571 del Código Civil, además de que corresponda indemnizar los daños y perjuicios causados.

➡ Texto aplicable a los contratos celebrados desde el 24-12-2009 hasta el 5-6-2013

1. La duración del arrendamiento será libremente pactada por las partes. Si esta fuera inferior a cinco años, llegado el día del vencimiento del contrato, este se prorrogará obligatoriamente por plazos anuales hasta que el arrendamiento alcance una duración mínima de cinco años, salvo que el arrendatario manifieste al arrendador con treinta días de antelación como mínimo a la fecha de terminación del contrato o de cualquiera de las prórrogas, su voluntad de no renovarlo.

El plazo comenzará a contarse desde la fecha del contrato o desde la puesta del inmueble a disposición del arrendatario si esta fuere posterior. Corresponderá al arrendatario la prueba de la fecha de la puesta a disposición.

2. Se entenderán celebrados por un año los arrendamientos para los que no se haya estipulado plazo de duración o este sea indeterminado, sin perjuicio del derecho de prórroga anual para el arrendatario, en los términos resultantes del apartado anterior.

3. No procederá la prórroga obligatoria del contrato cuando, al tiempo de su celebración, se haga constar en el mismo, de forma expresa, la necesidad para el arrendador de ocupar la vivienda arrendada antes del transcurso de cinco años para destinarla a vivienda permanente para sí o sus familiares en primer grado de consanguinidad o por adopción o para su cónyuge en los supuestos de sentencia firme de divorcio o nulidad matrimonial.

Si transcurridos tres meses a contar de la extinción del contrato o, en su caso, del efectivo desalojo de la vivienda, no hubieran procedido el arrendador o sus familiares en primer grado de consanguinidad o por adopción o su cónyuge en los supuestos de sentencia firme de divorcio o nulidad matrimonial a ocupar esta por sí, según los casos, el arrendador deberá reponer al arrendatario en el uso y disfrute de la vivienda arrendada por un nuevo período de hasta cinco años, respetando, en lo demás, las condiciones contractuales existentes al tiempo de la extinción, con indemnización de los gastos que el desalojo de la vivienda le hubiera supuesto hasta el momento de la reocupación, o indemnizarle, a elección del arrendatario, con una cantidad igual al importe de la renta por los años que quedaren hasta completar cinco, salvo que la ocupación no pudiera tener lugar por causa de fuerza mayor.

➡ **Texto aplicable a los contratos anteriores al 24-12-2009**

1. La duración del arrendamiento será libremente pactada por las partes. Si ésta fuera inferior a cinco años, llegado el día del vencimiento del contrato, éste se prorrogará obligatoriamente por plazos anuales hasta que el arrendamiento alcance una duración mínima de cinco años, salvo que el arrendatario manifieste al arrendador con treinta días de antelación como mínimo a la fecha de terminación del contrato o de cualquiera de las prórrogas, su voluntad de no renovarlo.

El plazo comenzará a contarse desde la fecha del contrato o desde la puesta del inmueble a disposición del arrendatario si ésta fuere posterior. Corresponderá al arrendatario la prueba de la fecha de la puesta a disposición.

2. Se entenderán celebrados por un año los arrendamientos para los que no se haya estipulado plazo de duración o éste sea indeterminado, sin perjuicio del derecho de prórroga anual para el arrendatario, en los términos resultantes del apartado anterior.

3. No procederá la prórroga obligatoria del contrato cuando, al tiempo de su celebración, se haga constar en el mismo, de forma expresa, la necesidad para el arrendador de ocupar la vivienda arrendada antes del transcurso de cinco años para destinarla a vivienda permanente para sí.

Si transcurridos tres meses a contar de la extinción del contrato, no hubiera el arrendador procedido a ocupar la vivienda por sí, deberá reponer al arrendatario en el uso y disfrute de la vivienda arrendada por un nuevo período de hasta cinco años con indemnización de los gastos que el desalojo de la vivienda le hubiera supuesto hasta el momento de la reocupación o indemnizarle, a elección del arrendatario, con una cantidad igual al importe de la renta por los años que quedaren hasta completar cinco.

> **Precepto modificado por RD-Ley 7/2019, de 1 de marzo, con entrada en vigor a partir del 6-3-2019 (Modificado artículo 9)**
>
> **Precepto modificado por Res 22/01/2019, de 22 de enero, con entrada en vigor a partir del 24-1-2019 (Dejado sin efecto artículo 9 en su redacción dada por el Real Decreto-Ley 21/2018, de 14 de diciembre)**
>
> **Precepto modificado por RD-Ley 21/2018, de 14 de diciembre, con entrada en vigor a partir del 19-12-2018 (Modificado artículo 9)**
>
> **Precepto modificado por Ley 4/2013, de 4 de junio, con entrada en vigor a partir del 6-6-2013 (Modificado artículo 9)**
>
> **Precepto modificado por Ley 19/2009, de 23 de noviembre, con entrada en vigor a partir del 24-12-2009 (Modificado apartado 3 del artículo 9)**

Artículo 10. Prórroga del contrato

➡ **Texto aplicable a los contratos celebrados desde el 26 de mayo de 2023**

1. Si llegada la fecha de vencimiento del contrato, o de cualquiera de sus prórrogas, una vez transcurridos como mínimo cinco años de duración de aquel, o siete años si el arrendador fuese persona jurídica, ninguna de las partes hubiese notificado a la otra, al menos con cuatro meses de antelación a aquella fecha en el caso del arrendador y al menos con dos meses de antelación en el caso del arrendatario, su voluntad de no renovarlo, el contrato se prorrogará obligatoriamente por plazos anuales hasta un máximo de tres años más, salvo que el arrendatario manifieste al arrendador con un mes de antelación a la fecha de terminación de cualquiera de las anualidades, su voluntad de no renovar el contrato.

2. En los contratos de arrendamiento de vivienda habitual sujetos a la presente ley en los que finalice el periodo de prórroga obligatoria previsto en el artículo 9.1, o el periodo de prórroga tácita previsto en el artículo 10.1, podrá aplicarse, previa solicitud del arrendatario, una prórroga extraordinaria del plazo del contrato de arrendamiento por un periodo máximo de un año, durante el cual se seguirá aplicando los términos y condiciones establecidos para el contrato en vigor. Esta solicitud de prórroga extraordinaria requerirá la acreditación por parte del arrendatario de una situación de vulnerabilidad social y económica sobre la base de un informe o certificado emitido en el último año por los servicios sociales de ámbito

municipal o autonómico y deberá ser aceptada obligatoriamente por el arrendador cuando este sea un gran tenedor de vivienda de acuerdo con la definición establecida en la Ley 12/2023, de 24 de mayo, por el derecho a la vivienda, salvo que se hubiese suscrito entre las partes un nuevo contrato de arrendamiento.

3. En los contratos de arrendamiento de vivienda habitual sujetos a la presente ley, en los que el inmueble se ubique en una zona de mercado residencial tensionado y dentro del periodo de vigencia de la declaración de la referida zona en los términos dispuestos en la legislación estatal en materia de vivienda, finalice el periodo de prórroga obligatoria previsto en el artículo 9.1 de esta ley o el periodo de prórroga tácita previsto en el apartado anterior, previa solicitud del arrendatario, podrá prorrogarse de manera extraordinaria el contrato de arrendamiento por plazos anuales, por un periodo máximo de tres años, durante los cuales se seguirán aplicando los términos y condiciones establecidos para el contrato en vigor. Esta solicitud de prórroga extraordinaria deberá ser aceptada obligatoriamente por el arrendador, salvo que se hayan fijado otros términos o condiciones por acuerdo entre las partes, se haya suscrito un nuevo contrato de arrendamiento con las limitaciones en la renta que en su caso procedan por aplicación de lo dispuesto en los apartados 6 y 7 del artículo 17 de esta ley, o en el caso de que el arrendador haya comunicado en los plazos y condiciones establecidos en el artículo 9.3 de esta ley, la necesidad de ocupar la vivienda arrendada para destinarla a vivienda permanente para sí o sus familiares en primer grado de consanguinidad o por adopción o para su cónyuge en los supuestos de sentencia firme de separación, divorcio o nulidad matrimonial.

4. Al contrato prorrogado, le seguirá siendo de aplicación el régimen legal y convencional al que estuviera sometido.

➡ Texto aplicable a los contratos celebrados desde el 6-3-2019 hasta el 25-5-2023

1. Si llegada la fecha de vencimiento del contrato, o de cualquiera de sus prórrogas, una vez transcurridos como mínimo cinco años de duración de aquel, o siete años si el arrendador fuese persona jurídica, ninguna de las partes hubiese notificado a la otra, al menos con cuatro meses de antelación a aquella fecha en el caso del arrendador y al menos con dos meses de antelación en el caso del arrendatario, su voluntad de no renovarlo, el contrato se prorrogará obligatoriamente por plazos anuales hasta un máximo de tres años más, salvo que el arrendatario manifieste al arrendador con un mes de antelación a la fecha de terminación de cualquiera de las anualidades, su voluntad de no renovar el contrato.

2. Al contrato prorrogado, le seguirá siendo de aplicación el régimen legal y convencional al que estuviera sometido.

➡ Texto aplicable a los contratos celebrados desde el 6-6-2013 hasta el 18-12-2018 y a los posteriores al 24-1-2019 hasta el 5-3-2019[*]

1. Si llegada la fecha de vencimiento del contrato, o de cualquiera de sus prórrogas, una vez transcurridos como mínimo tres años de duración de aquel, ninguna de las partes hubiese notificado a la otra, al menos con treinta días de antelación a aquella fecha, su voluntad de no renovarlo, el contrato se prorrogará necesariamente durante un año más.

2. Una vez inscrito el contrato de arrendamiento, el derecho de prórroga establecido en el artículo 9, así como la prórroga de un año a la que se refiere el apartado anterior, se impondrán en relación a terceros adquirentes que reúnan las condiciones del artículo 34 de la Ley Hipotecaria.

3. Al contrato prorrogado, le seguirá siendo de aplicación el régimen legal y convencional al que estuviera sometido.

➡ Texto aplicable a los contratos celebrados desde el 19-12-2018 hasta el 23-1-2019

1. Si llegada la fecha de vencimiento del contrato, o de cualquiera de sus prórrogas, una vez transcurridos como mínimo cinco años de duración de aquel, o siete años si el arrendador fuese persona jurídica, ninguna

---

[*] El RDL 21/2018, de 14 de diciembre, de medidas urgentes en materia de vivienda y alquiler, no fue convalidado por resolución del Congreso el 22/01/2019, con entrada en vigor el 24/01/2019, por lo que a los contratos posteriores y hasta el RDL 7/2019, de 1 de marzo, se le aplica de nuevo la LAU 29/1994 reformada por Ley 4/2013.

de las partes hubiese notificado a la otra, al menos con treinta días de antelación a aquella fecha, su voluntad de no renovarlo, el contrato se prorrogará necesariamente durante tres años más.

2. Una vez inscrito el contrato de arrendamiento, el derecho de prórroga establecido en el artículo 9, así como la prórroga de tres años a la que se refiere el apartado anterior, se impondrán en relación a terceros adquirentes que reúnan las condiciones del artículo 34 de la Ley Hipotecaria.

3. Al contrato prorrogado, le seguirá siendo de aplicación el régimen legal y convencional al que estuviera sometido.

➡ Texto aplicable a los contratos anteriores al 6-6-2013

Si llegada la fecha de vencimiento del contrato, una vez transcurridos como mínimo cinco años de duración de aquél, ninguna de las partes hubiese notificado a la otra, al menos con un mes de antelación a aquella fecha, su voluntad de no renovarlo, el contrato se prorrogará obligatoriamente por plazos anuales hasta un máximo de tres años más, salvo que el arrendatario manifieste al arrendador con un mes de antelación a la fecha de terminación de cualquiera de las anualidades, su voluntad de no renovar el contrato.

Al contrato prorrogado, le seguirá siendo de aplicación el régimen legal y convencional al que estuviera sometido.

> Precepto modificado por Ley 12/2023, de 24 de mayo, con entrada en vigor a partir del 26-5-2023 (Modificado artículo 10)
>
> Precepto modificado por RD-Ley 7/2019, de 1 de marzo, con entrada en vigor a partir del 6-3-2019 (Modificado artículo 10)
>
> Precepto modificado por Res 22/01/2019, de 22 de enero, con entrada en vigor a partir del 24-1-2019 (Dejado sin efecto artículo 10 en su redacción dada por el Real Decreto-Ley 21/2018, de 14 de diciembre)
>
> Precepto modificado por RD-Ley 21/2018, de 14 de diciembre, con entrada en vigor a partir del 19-12-2018 (Modificado artículo 10)
>
> Precepto modificado por Ley 4/2013, de 4 de junio, con entrada en vigor a partir del 6-6-2013 (Modificado artículo 10)

Artículo 11. Desistimiento del contrato

➡ Texto aplicable a los contratos celebrados desde el 6-6-2013

El arrendatario podrá desistir del contrato de arrendamiento, una vez que hayan transcurrido al menos seis meses, siempre que se lo comunique al arrendador con una antelación mínima de treinta días. Las partes podrán pactar en el contrato que, para el caso de desistimiento, deba el arrendatario indemnizar al arrendador con una cantidad equivalente a una mensualidad de la renta en vigor por cada año del contrato que reste por cumplir. Los períodos de tiempo inferiores al año darán lugar a la parte proporcional de la indemnización.

➡ Texto aplicable a los contratos anteriores al 6-6-2013

En arrendamientos de duración pactada superior a cinco años, podrá el arrendatario desistir del contrato siempre que el mismo hubiere durado al menos cinco años y dé el correspondiente preaviso al arrendador con una antelación mínima de dos meses.

Las partes podrán pactar en el contrato que, para el caso de desistimiento, deba el arrendatario indemnizar al arrendador con una cantidad equivalente a una mensualidad de la renta en vigor por cada año del contrato que reste de cumplir. Los períodos de tiempo inferiores al año darán lugar a la parte proporcional de la indemnización.

> Precepto modificado por Ley 4/2013, de 4 de junio, con entrada en vigor a partir del 6-6-2013 (Modificado artículo 11)

Artículo 12. Desistimiento y vencimiento en caso de matrimonio o convivencia del arrendatario

1. Si el arrendatario manifestase su voluntad de no renovar el contrato o de desistir de él, sin el consentimiento del cónyuge que conviviera con dicho arrendatario, podrá el arrendamiento continuar en beneficio de dicho cónyuge.

2. A estos efectos, podrá el arrendador requerir al cónyuge del arrendatario para que manifieste su voluntad al respecto.

Efectuado el requerimiento, el arrendamiento se extinguirá si el cónyuge no contesta en un plazo de quince días a contar de aquél. El cónyuge deberá abonar la renta correspondiente hasta la extinción del contrato, si la misma no estuviera ya abonada.

3. Si el arrendatario abandonara la vivienda sin manifestación expresa de desistimiento o de no renovación, el arrendamiento podrá continuar en beneficio del cónyuge que conviviera con aquél siempre que en el plazo de un mes de dicho abandono, el arrendador reciba notificación escrita del cónyuge manifestando su voluntad de ser arrendatario.

Si el contrato se extinguiera por falta de notificación, el cónyuge quedará obligado al pago de la renta correspondiente a dicho mes.

4. Lo dispuesto en los apartados anteriores será también de aplicación en favor de la persona que hubiera venido conviviendo con el arrendatario de forma permanente en análoga relación de afectividad a la de cónyuge, con independencia de su orientación sexual, durante, al menos, los dos años anteriores al desistimiento o abandono, salvo que hubieran tenido descendencia en común, en cuyo caso bastará la mera convivencia.

Artículo 13. Resolución del derecho del arrendador

➡ **Texto aplicable a los contratos celebrados desde el 6-3-2019**

1. Si durante los cinco primeros años de duración del contrato, o siete años si el arrendador fuese persona jurídica, el derecho del arrendador quedara resuelto por el ejercicio de un retracto convencional, la apertura de una sustitución fideicomisaria, la enajenación forzosa derivada de una ejecución hipotecaria o de sentencia judicial o el ejercicio de un derecho de opción de compra, el arrendatario tendrá derecho, en todo caso, a continuar en el arrendamiento hasta que se cumplan cinco años o siete años respectivamente, sin perjuicio de la facultad de no renovación prevista en el artículo 9.1.

En contratos de duración pactada superior a cinco años, o siete años si el arrendador fuese persona jurídica, si, transcurridos los cinco primeros años del mismo, o los primeros siete años si el arrendador fuese persona jurídica, el derecho del arrendador quedará resuelto por cualquiera de las circunstancias mencionadas en el párrafo anterior, quedará extinguido el arrendamiento. Se exceptúa el supuesto en que el contrato de arrendamiento haya accedido al Registro de la Propiedad con anterioridad a los derechos determinantes de la resolución del derecho del arrendador. En este caso, continuará el arrendamiento por la duración pactada.

2. Los arrendamientos otorgados por usufructuario, superficiario y cuantos tengan un análogo derecho de goce sobre el inmueble, se extinguirán al término del derecho del arrendador, además de por las demás causas de extinción que resulten de lo dispuesto en la presente ley.

3. Durarán cinco años los arrendamientos de vivienda ajena que el arrendatario haya concertado de buena fe con la persona que aparezca como propietario de la finca en el Registro de la Propiedad, o que parezca serlo en virtud de un estado de cosas cuya creación sea imputable al verdadero propietario, sin perjuicio de la facultad de no renovación a que se refiere el artículo 9.1, salvo que el referido propietario sea persona jurídica, en cuyo caso durarán siete años.

➡ **Texto aplicable a los contratos celebrados desde el 6-6-2013 hasta el 5-3-2019**

1. Si durante la duración del contrato el derecho del arrendador quedara resuelto por el ejercicio de un retracto convencional, la apertura de una sustitución fideicomisaria, la enajenación forzosa derivada de una ejecución hipotecaria o de sentencia judicial o el ejercicio de un derecho de opción de compra, quedará extinguido el arrendamiento.

Conforme a lo dispuesto en el apartado segundo del artículo 7 y en el artículo 14, se exceptúan los supuestos en los que el contrato de arrendamiento hubiera accedido al Registro de la Propiedad con anterioridad a los derechos determinantes de la resolución del derecho del arrendado. En este caso continuará el arrendamiento por la duración pactada.

Cuando se trate de un arrendamiento sobre finca no inscrita se estará a la duración establecida en el apartado 4 del artículo 9.

2. Los arrendamientos otorgados por usufructuario, superficiario y cuantos tengan un análogo derecho de goce sobre el inmueble, se extinguirán al término del derecho del arrendador, además de por las demás causas de extinción que resulten de lo dispuesto en la presente ley.

➡ Texto aplicable a los contratos anteriores al 6-6-2013

1. Si durante los cinco primeros años de duración del contrato el derecho del arrendador quedara resuelto por el ejercicio de un retracto convencional, la apertura de una sustitución fideicomisaria, la enajenación forzosa derivada de una ejecución hipotecaria o de sentencia judicial o el ejercicio de un derecho de opción de compra, el arrendatario tendrá derecho, en todo caso, a continuar en el arrendamiento hasta que se cumplan cinco años, sin perjuicio de la facultad de no renovación prevista en el artículo 9.1.

En contratos de duración pactada superior a cinco años, si, transcurridos los cinco primeros años del mismo, el derecho del arrendador quedara resuelto por cualquiera de las circunstancias mencionadas en el párrafo anterior, quedará extinguido el arrendamiento. Se exceptúa el supuesto en que el contrato de arrendamiento haya accedido al Registro de la Propiedad con anterioridad a los derechos determinantes de la resolución del derecho del arrendador. En este caso, continuará el arrendamiento por la duración pactada.

2. Los arrendamientos otorgados por usufructuario, superficiario y cuantos tengan un análogo derecho de goce sobre el inmueble, se extinguirán al término del derecho del arrendador, además de por las demás causas de extinción que resulten de lo dispuesto en la presente ley.

3. Durarán cinco años los arrendamientos de vivienda ajena que el arrendatario haya concertado de buena fe con la persona que aparezca como propietario de la finca en el Registro de la Propiedad, o que parezca serlo en virtud de un estado de cosas cuya creación sea imputable al verdadero propietario, sin perjuicio de la facultad de no renovación a que se refiere el artículo 9.1.

> Precepto modificado por RD-Ley 7/2019, de 1 de marzo, con entrada en vigor a partir del 6-3-2019 (Modificado artículo 13)

> Precepto modificado por Ley 4/2013, de 4 de junio, con entrada en vigor a partir del 6-6-2013 (Modificado artículo 13)

Artículo 14. Enajenación de la vivienda arrendada

➡ Texto aplicable a los contratos celebrados desde el 6-3-2019

El adquirente de una vivienda arrendada quedará subrogado en los derechos y obligaciones del arrendador durante los cinco primeros años de vigencia del contrato, o siete años si el arrendador anterior fuese persona jurídica, aun cuando concurran en él los requisitos del artículo 34 de la Ley Hipotecaria.

Si la duración pactada fuera superior a cinco años, o superior a siete años si el arrendador anterior fuese persona jurídica, el adquirente quedará subrogado por la totalidad de la duración pactada, salvo que concurran en él los requisitos del artículo 34 de la Ley Hipotecaria. En este caso, el adquirente sólo deberá soportar el arrendamiento durante el tiempo que reste para el transcurso del plazo de cinco años, o siete años en caso de persona jurídica, debiendo el enajenante indemnizar al arrendatario con una cantidad equivalente a una mensualidad de la renta en vigor por cada año del contrato que, excediendo del plazo citado de cinco años, o siete años si el arrendador anterior fuese persona jurídica, reste por cumplir.

Cuando las partes hayan estipulado que la enajenación de la vivienda extinguirá el arrendamiento, el adquirente sólo deberá soportar el arrendamiento durante el tiempo que reste para el transcurso del plazo de cinco años, o siete años si el arrendador anterior fuese persona jurídica.

➡ Texto aplicable a los contratos celebrados desde el 6-6-2013 hasta el 5-3-2019

1. El adquirente de una finca inscrita en el Registro de la Propiedad, arrendada como vivienda en todo o en parte, que reúna los requisitos exigidos por el artículo 34 de la Ley Hipotecaria, solo quedará subrogado en los derechos y obligaciones del arrendador si el arrendamiento se hallase inscrito, conforme a lo dispuesto por los artículos 7 y 10 de la presente ley, con anterioridad a la transmisión de la finca.

2. Si la finca no se hallase inscrita en el Registro de la Propiedad, se aplicará lo dispuesto en el párrafo primero del artículo 1571 del Código Civil. Si el adquirente usare del derecho reconocido por el artículo citado, el arrendatario podrá exigir que se le deje continuar durante tres meses, desde que el adquirente le notifique fehacientemente su propósito, durante los cuales deberá satisfacer la renta y demás cantidades que se devenguen al adquirente. Podrá exigir, además, al vendedor, que le indemnice los daños y perjuicios que se le causen.

➡ Texto aplicable a los contratos anteriores al 6-6-2013

El adquirente de una vivienda arrendada quedará subrogado en los derechos y obligaciones del arrendador durante los cinco primeros años de vigencia del contrato, aun cuando concurran en él los requisitos del artículo 34 de la Ley Hipotecaria.

Si la duración pactada fuera superior a cinco años, el adquirente quedará subrogado por la totalidad de la duración pactada, salvo que concurran en él los requisitos del artículo 34 de la Ley Hipotecaria. En este caso, el adquirente solo deberá soportar el arrendamiento durante el tiempo que reste para el transcurso del plazo de cinco años, debiendo el enajenante indemnizar al arrendatario con una cantidad equivalente a una mensualidad de la renta en vigor por cada año del contrato que, excediendo del plazo citado de cinco años, reste por cumplir.

Cuando las partes hayan estipulado que la enajenación de la vivienda extinguirá el arrendamiento, el adquirente solo deberá soportar el arrendamiento durante el tiempo que reste para el transcurso del plazo de cinco años.

> Precepto modificado por RD-Ley 7/2019, de 1 de marzo, con entrada en vigor a partir del 6-3-2019 (Modificado artículo 14)
>
> Precepto modificado por Ley 4/2013, de 4 de junio, con entrada en vigor a partir del 6-6-2013 (Modificado artículo 14)

Artículo 15. Separación, divorcio o nulidad del matrimonio del arrendatario

➡ Texto aplicable a los contratos celebrados desde el 6-6-2013

1. En los casos de nulidad del matrimonio, separación judicial o divorcio del arrendatario, el cónyuge no arrendatario podrá continuar en el uso de la vivienda arrendada cuando le sea atribuida de acuerdo con lo dispuesto en la legislación civil que resulte de aplicación. El cónyuge a quien se haya atribuido el uso de la vivienda arrendada de forma permanente o en un plazo superior al plazo que reste por cumplir del contrato de arrendamiento, pasará a ser el titular del contrato.

2. La voluntad del cónyuge de continuar en el uso de la vivienda deberá ser comunicada al arrendador en el plazo de dos meses desde que fue notificada la resolución judicial correspondiente, acompañando copia de dicha resolución judicial o de la parte de la misma que afecte al uso de la vivienda.

➡ Texto aplicable a los contratos anteriores al 6-6-2013

1. En los casos de nulidad del matrimonio, separación judicial o divorcio del arrendatario, el cónyuge no arrendatario podrá continuar en el uso de la vivienda arrendada cuando le sea atribuida de acuerdo con lo dispuesto en los artículos 90 y 96 del Código Civil.

2. La voluntad del cónyuge de continuar en el uso de la vivienda deberá ser comunicada al arrendador en el plazo de dos meses desde que fue notificada la resolución judicial correspondiente, acompañando copia de dicha resolución judicial o de la parte de la misma que afecte al uso de la vivienda.

Precepto modificado por Ley 4/2013, de 4 de junio, con entrada en vigor a partir del 6-6-2013 (Modificado artículo 15)

Artículo 16. Muerte del arrendatario

➡ **Texto aplicable a los contratos celebrados desde el 6-3-2019**

1. En caso de muerte del arrendatario, podrán subrogarse en el contrato:

a) El cónyuge del arrendatario que al tiempo del fallecimiento conviviera con él.

b) La persona que hubiera venido conviviendo con el arrendatario de forma permanente en análoga relación de afectividad a la de cónyuge, con independencia de su orientación sexual, durante, al menos, los dos años anteriores al tiempo del fallecimiento, salvo que hubieran tenido descendencia en común, en cuyo caso bastará la mera convivencia.

c) Los descendientes del arrendatario que en el momento de su fallecimiento estuvieran sujetos a su patria potestad o tutela, o hubiesen convivido habitualmente con él durante los dos años precedentes.

d) Los ascendientes del arrendatario que hubieran convivido habitualmente con él durante los dos años precedentes a su fallecimiento.

e) Los hermanos del arrendatario en quienes concurra la circunstancia prevista en la letra anterior.

f) Las personas distintas de las mencionadas en las letras anteriores que sufran una minusvalía igual o superior al 65 por 100, siempre que tengan una relación de parentesco hasta el tercer grado colateral con el arrendatario y hayan convivido con éste durante los dos años anteriores al fallecimiento.

Si al tiempo del fallecimiento del arrendatario no existiera ninguna de estas personas, el arrendamiento quedará extinguido.

2. Si existiesen varias de las personas mencionadas, a falta de acuerdo unánime sobre quién de ellos será el beneficiario de la subrogación, regirá el orden de prelación establecido en el apartado anterior, salvo en que los padres septuagenarios serán preferidos a los descendientes. Entre los descendientes y entre los ascendientes, tendrá preferencia el más próximo en grado, y entre los hermanos, el de doble vínculo sobre el medio hermano.

Los casos de igualdad se resolverán en favor de quien tuviera una minusvalía igual o superior al 65 por 100; en defecto de esta situación, de quien tuviera mayores cargas familiares y, en última instancia, en favor del descendiente de menor edad, el ascendiente de mayor edad o el hermano más joven.

3. El arrendamiento se extinguirá si en el plazo de tres meses desde la muerte del arrendatario el arrendador no recibe notificación por escrito del hecho del fallecimiento, con certificado registral de defunción, y de la identidad del subrogado, indicando su parentesco con el fallecido y ofreciendo, en su caso, un principio de prueba de que cumple los requisitos legales para subrogarse. Si la extinción se produce, todos los que pudieran suceder al arrendatario, salvo los que renuncien a su opción notificándolo por escrito al arrendador en el plazo del mes siguiente al fallecimiento, quedarán solidariamente obligados al pago de la renta de dichos tres meses.

Si el arrendador recibiera en tiempo y forma varias notificaciones cuyos remitentes sostengan su condición de beneficiarios de la subrogación, podrá el arrendador considerarles deudores solidarios de las obligaciones propias del arrendatario, mientras mantengan su pretensión de subrogarse.

4. En arrendamientos cuya duración inicial sea superior a cinco años, o siete años si el arrendador fuese persona jurídica, las partes podrán pactar que no haya derecho de subrogación en caso de fallecimiento del arrendatario, cuando este tenga lugar transcurridos los cinco primeros años de duración del arrendamiento, o los siete primeros años si el arrendador fuese persona jurídica, o que el arrendamiento se extinga a los cinco años cuando el fallecimiento se hubiera producido con anterioridad, o a los siete años si el arrendador fuese persona jurídica. En todo caso, no podrá pactarse esta renuncia al derecho de subrogación en caso de que las personas que puedan ejercitar tal derecho en virtud de lo dispuesto en el apartado 1 de este artículo se encuentren en situación de especial vulnerabilidad y afecte a menores de edad, personas con discapacidad o personas mayores de 65 años.

➡️**Texto aplicable a los contratos celebrados desde el 6-6-2013 hasta el 18-12-2018 y posteriores al 24-1-2019 hasta el 5-3-2019**[*]

1. En caso de muerte del arrendatario, podrán subrogarse en el contrato:

a) El cónyuge del arrendatario que al tiempo del fallecimiento conviviera con él.

b) La persona que hubiera venido conviviendo con el arrendatario de forma permanente en análoga relación de afectividad a la de cónyuge, con independencia de su orientación sexual, durante, al menos, los dos años anteriores al tiempo del fallecimiento, salvo que hubieran tenido descendencia en común, en cuyo caso bastará la mera convivencia.

c) Los descendientes del arrendatario que en el momento de su fallecimiento estuvieran sujetos a su patria potestad o tutela, o hubiesen convivido habitualmente con él durante los dos años precedentes.

d) Los ascendientes del arrendatario que hubieran convivido habitualmente con él durante los dos años precedentes a su fallecimiento.

e) Los hermanos del arrendatario en quienes concurra la circunstancia prevista en la letra anterior.

f) Las personas distintas de las mencionadas en las letras anteriores que sufran una minusvalía igual o superior al 65 por 100, siempre que tengan una relación de parentesco hasta el tercer grado colateral con el arrendatario y hayan convivido con este durante los dos años anteriores al fallecimiento.

Si al tiempo del fallecimiento del arrendatario no existiera ninguna de estas personas, el arrendamiento quedará extinguido.

2. Si existiesen varias de las personas mencionadas, a falta de acuerdo unánime sobre quién de ellos será el beneficiario de la subrogación, regirá el orden de prelación establecido en el apartado anterior, salvo en que los padres septuagenarios serán preferidos a los descendientes. Entre los descendientes y entre los ascendientes, tendrá preferencia el más próximo en grado, y entre los hermanos, el de doble vínculo sobre el medio hermano.

Los casos de igualdad se resolverán en favor de quien tuviera una minusvalía igual o superior al 65 por 100; en defecto de esta situación, de quien tuviera mayores cargas familiares y, en última instancia, en favor del descendiente de menor edad, el ascendiente de mayor edad o el hermano más joven.

3. El arrendamiento se extinguirá si en el plazo de tres meses desde la muerte del arrendatario el arrendador no recibe notificación por escrito del hecho del fallecimiento, con certificado registral de defunción, y de la identidad del subrogado, indicando su parentesco con el fallecido y ofreciendo, en su caso, un principio de prueba de que cumple los requisitos legales para subrogarse. Si la extinción se produce, todos los que pudieran suceder al arrendatario, salvo los que renuncien a su opción notificándolo por escrito al arrendador en el plazo del mes siguiente al fallecimiento, quedarán solidariamente obligados al pago de la renta de dichos tres meses.

Si el arrendador recibiera en tiempo y forma varias notificaciones cuyos remitentes sostengan su condición de beneficiarios de la subrogación, podrá el arrendador considerarles deudores solidarios de las obligaciones propias del arrendatario, mientras mantengan su pretensión de subrogarse.

4. En arrendamientos cuya duración inicial sea superior a tres años, las partes podrán pactar que no haya derecho de subrogación en caso de fallecimiento del arrendatario, cuando este tenga lugar transcurridos los tres primeros años de duración del arrendamiento, o que el arrendamiento se extinga a los tres años cuando el fallecimiento se hubiera producido con anterioridad.

➡️ **Texto aplicable a los contratos celebrados desde el 19-12-2018 hasta el 23-1-2019**

1. En caso de muerte del arrendatario, podrán subrogarse en el contrato:

a) El cónyuge del arrendatario que al tiempo del fallecimiento conviviera con él.

---

[*] El RDL 21/2018, de 14 de diciembre, de medidas urgentes en materia de vivienda y alquiler, no fue convalidado por resolución del Congreso el 22/01/2019, con entrada en vigor el 24/01/2019, por lo que a los contratos posteriores y hasta el RDL 7/2019, de 1 de marzo, se le aplica de nuevo la LAU 29/1994 reformada por Ley 4/2013.

b) La persona que hubiera venido conviviendo con el arrendatario de forma permanente en análoga relación de afectividad a la de cónyuge, con independencia de su orientación sexual, durante, al menos, los dos años anteriores al tiempo del fallecimiento, salvo que hubieran tenido descendencia en común, en cuyo caso bastará la mera convivencia.

c) Los descendientes del arrendatario que en el momento de su fallecimiento estuvieran sujetos a su patria potestad o tutela, o hubiesen convivido habitualmente con él durante los dos años precedentes.

d) Los ascendientes del arrendatario que hubieran convivido habitualmente con él durante los dos años precedentes a su fallecimiento.

e) Los hermanos del arrendatario en quienes concurra la circunstancia prevista en la letra anterior.

f) Las personas distintas de las mencionadas en las letras anteriores que sufran una minusvalía igual o superior al 65 por 100, siempre que tengan una relación de parentesco hasta el tercer grado colateral con el arrendatario y hayan convivido con este durante los dos años anteriores al fallecimiento.

Si al tiempo del fallecimiento del arrendatario no existiera ninguna de estas personas, el arrendamiento quedará extinguido.

2. Si existiesen varias de las personas mencionadas, a falta de acuerdo unánime sobre quién de ellos será el beneficiario de la subrogación, regirá el orden de prelación establecido en el apartado anterior, salvo en que los padres septuagenarios serán preferidos a los descendientes. Entre los descendientes y entre los ascendientes, tendrá preferencia el más próximo en grado, y entre los hermanos, el de doble vínculo sobre el medio hermano.

Los casos de igualdad se resolverán en favor de quien tuviera una minusvalía igual o superior al 65 por 100; en defecto de esta situación, de quien tuviera mayores cargas familiares y, en última instancia, en favor del descendiente de menor edad, el ascendiente de mayor edad o el hermano más joven.

3. El arrendamiento se extinguirá si en el plazo de tres meses desde la muerte del arrendatario el arrendador no recibe notificación por escrito del hecho del fallecimiento, con certificado registral de defunción, y de la identidad del subrogado, indicando su parentesco con el fallecido y ofreciendo, en su caso, un principio de prueba de que cumple los requisitos legales para subrogarse. Si la extinción se produce, todos los que pudieran suceder al arrendatario, salvo los que renuncien a su opción notificándolo por escrito al arrendador en el plazo del mes siguiente al fallecimiento, quedarán solidariamente obligados al pago de la renta de dichos tres meses.

Si el arrendador recibiera en tiempo y forma varias notificaciones cuyos remitentes sostengan su condición de beneficiarios de la subrogación, podrá el arrendador considerarles deudores solidarios de las obligaciones propias del arrendatario, mientras mantengan su pretensión de subrogarse.

4. En arrendamientos cuya duración inicial sea superior a cinco años, o siete años si el arrendador fuese persona jurídica, las partes podrán pactar que no haya derecho de subrogación en caso de fallecimiento del arrendatario, cuando este tenga lugar transcurridos los cinco primeros años de duración del arrendamiento, o los siete primeros años si el arrendador fuese persona jurídica, o que el arrendamiento se extinga a los cinco años cuando el fallecimiento se hubiera producido con anterioridad, o a los siete años si el arrendador fuese persona jurídica.

➡ **Texto aplicable a los contratos anteriores al 6-6-2013**

1. En caso de muerte del arrendatario, podrán subrogarse en el contrato:

a) El cónyuge del arrendatario que al tiempo del fallecimiento conviviera con él.

b) La persona que hubiera venido conviviendo con el arrendatario de forma permanente en análoga relación de afectividad a la de cónyuge, con independencia de su orientación sexual, durante, al menos, los dos años anteriores al tiempo del fallecimiento, salvo que hubieran tenido descendencia en común, en cuyo caso bastará la mera convivencia.

c) Los descendientes del arrendatario que en el momento de su fallecimiento estuvieran sujetos a su patria potestad o tutela, o hubiesen convivido habitualmente con él durante los dos años precedentes.

d) Los ascendientes del arrendatario que hubieran convivido habitualmente con él durante los dos años precedentes a su fallecimiento.

e) Los hermanos del arrendatario en quienes concurra la circunstancia prevista en la letra anterior.

f) Las personas distintas de las mencionadas en las letras anteriores que sufran una minusvalía igual o superior al 65 por 100, siempre que tengan una relación de parentesco hasta el tercer grado colateral con el arrendatario y hayan convivido con este durante los dos años anteriores al fallecimiento.

Si al tiempo del fallecimiento del arrendatario no existiera ninguna de estas personas, el arrendamiento quedará extinguido.

2. Si existiesen varias de las personas mencionadas, a falta de acuerdo unánime sobre quién de ellos será el beneficiario de la subrogación, regirá el orden de prelación establecido en el apartado anterior, salvo en que los padres septuagenarios serán preferidos a los descendientes. Entre los descendientes y entre los ascendientes, tendrá preferencia el más próximo en grado, y entre los hermanos, el de doble vínculo sobre el medio hermano.

Los casos de igualdad se resolverán en favor de quien tuviera una minusvalía igual o superior al 65 por 100; en defecto de esta situación, de quien tuviera mayores cargas familiares y, en última instancia, en favor del descendiente de menor edad, el ascendiente de mayor edad o el hermano más joven.

3. El arrendamiento se extinguirá si en el plazo de tres meses desde la muerte del arrendatario el arrendador no recibe notificación por escrito del hecho del fallecimiento, con certificado registral de defunción, y de la identidad del subrogado, indicando su parentesco con el fallecido y ofreciendo, en su caso, un principio de prueba de que cumple los requisitos legales para subrogarse. Si la extinción se produce, todos los que pudieran suceder al arrendatario, salvo los que renuncien a su opción notificándolo por escrito al arrendador en el plazo del mes siguiente al fallecimiento, quedarán solidariamente obligados al pago de la renta de dichos tres meses.

Si el arrendador recibiera en tiempo y forma varias notificaciones cuyos remitentes sostengan su condición de beneficiarios de la subrogación, podrá el arrendador considerarles deudores solidarios de las obligaciones propias del arrendatario, mientras mantengan su pretensión de subrogarse.

4. En arrendamientos cuya duración inicial sea superior a cinco años, las partes podrán pactar que no haya derecho de subrogación en caso de fallecimiento del arrendatario, cuando este tenga lugar transcurridos los cinco primeros años de duración del arrendamiento, o que el arrendamiento se extinga a los cinco años cuando el fallecimiento se hubiera producido con anterioridad.

> **Precepto modificado por RD-Ley 7/2019, de 1 de marzo, con entrada en vigor a partir del 6-3-2019 (Modificado apartado 4 del artículo 16)**
>
> **Precepto modificado por Res 22/01/2019, de 22 de enero, con entrada en vigor a partir del 24-1-2019 (Dejado sin efecto apartado 4 del artículo 16 en su redacción dada por el Real Decreto-Ley 21/2018, de 14 de diciembre)**
>
> **Precepto modificado por RD-Ley 21/2018, de 14 de diciembre, con entrada en vigor a partir del 19-12-2018 (Modificado apartado 4 del artículo 16)**
>
> **Precepto modificado por Ley 4/2013, de 4 de junio, con entrada en vigor a partir del 6-6-2013 (Modificado apartado 4 del artículo 16)**

CAPÍTULO III-De la renta

Artículo 17. Determinación de la renta

➡ **Texto aplicable a los contratos celebrados desde el 26 de mayo de 2023**

1. La renta será la que libremente estipulen las partes.

2. Salvo pacto en contrario, el pago de la renta será mensual y habrá de efectuarse en los siete primeros días del mes. En ningún caso podrá el arrendador exigir el pago anticipado de más de una mensualidad de renta.

3. El pago se efectuará a través de medios electrónicos. Excepcionalmente, cuando alguna de las partes carezca de cuenta bancaria o acceso a medios electrónicos de pago y a solicitud de esta, se podrá efectuar en metálico y en la vivienda arrendada.

4. El arrendador queda obligado a entregar al arrendatario recibo del pago, salvo que se hubiera pactado que éste se realice mediante procedimientos que acrediten el efectivo cumplimiento de la obligación de pago por el arrendatario.

El recibo o documento acreditativo que lo sustituya deberá contener separadamente las cantidades abonadas por los distintos conceptos de los que se componga la totalidad del pago y, específicamente, la renta en vigor.

Si el arrendador no hace entrega del recibo, serán de su cuenta todos los gastos que se originen al arrendatario para dejar constancia del pago.

5. En los contratos de arrendamiento podrá acordarse libremente por las partes que, durante un plazo determinado, la obligación del pago de la renta pueda reemplazarse total o parcialmente por el compromiso del arrendatario de reformar o rehabilitar el inmueble en los términos y condiciones pactadas. Al finalizar el arrendamiento, el arrendatario no podrá pedir en ningún caso compensación adicional por el coste de las obras realizadas en el inmueble. El incumplimiento por parte del arrendatario de la realización de las obras en los términos y condiciones pactadas podrá ser causa de resolución del contrato de arrendamiento y resultará aplicable lo dispuesto en el apartado 2 del artículo 23.

6. En los contratos de arrendamiento de vivienda sujetos a la presente ley en los que el inmueble se ubique en una zona de mercado residencial tensionado dentro del periodo de vigencia de la declaración de la referida zona en los términos dispuestos en la Ley 12/2023, de 24 de mayo, por el derecho a la vivienda, la renta pactada al inicio del nuevo contrato no podrá exceder de la última renta de contrato de arrendamiento de vivienda habitual que hubiese estado vigente en los últimos cinco años en la misma vivienda, una vez aplicada la cláusula de actualización anual de la renta del contrato anterior, sin que se puedan fijar nuevas condiciones que establezcan la repercusión al arrendatario de cuotas o gastos que no estuviesen recogidas en el contrato anterior.

Únicamente podrá incrementarse, más allá de lo que proceda de la aplicación de la cláusula de actualización anual de la renta del contrato anterior, en un máximo del 10 por ciento sobre la última renta de contrato de arrendamiento de vivienda habitual que hubiese estado vigente en los últimos cinco años en la misma vivienda, cuando se acredite alguno de los siguientes supuestos:

a) Cuando la vivienda hubiera sido objeto de una actuación de rehabilitación en los términos previstos en el apartado 1 del artículo 41 del Reglamento del Impuesto sobre la Renta de las Personas Físicas, que hubiera finalizado en los dos años anteriores a la fecha de la celebración del nuevo contrato de arrendamiento.

b) Cuando en los dos años anteriores a la fecha de la celebración del nuevo contrato de arrendamiento se hubieran finalizado actuaciones de rehabilitación o mejora de la vivienda en la que se haya acreditado un ahorro de energía primaria no renovable del 30 por ciento, a través de sendos certificados de eficiencia energética de la vivienda, uno posterior a la actuación y otro anterior que se hubiese registrado como máximo dos años antes de la fecha de la referida actuación.

c) Cuando en los dos años anteriores a la fecha de la celebración del nuevo contrato de arrendamiento se hubieran finalizado actuaciones de mejora de la accesibilidad, debidamente acreditadas.

d) Cuando el contrato de arrendamiento se firme por un periodo de diez o más años, o bien, se establezca un derecho de prórroga al que pueda acogerse voluntariamente el arrendatario, que le permita de manera potestativa prorrogar el contrato en los mismos términos y condiciones durante un periodo de diez o más años.

7. Sin perjuicio de lo dispuesto en el apartado anterior, en los contratos de arrendamiento de vivienda sujetos a la presente ley en los que el arrendador sea un gran tenedor de vivienda de acuerdo con la definición establecida en la Ley 12/2023, de 24 de mayo, por el derecho a la vivienda, y en los que el inmueble se ubique en una zona de mercado residencial tensionado dentro del periodo de vigencia de la declaración de la referida zona en los términos dispuestos en la referida Ley 12/2023, de 24 de mayo, por el derecho a la vivienda, la renta pactada al inicio del nuevo contrato no podrá exceder del límite máximo del precio aplicable conforme al sistema de índices de precios de referencia atendiendo a las condiciones y características de la vivienda arrendada y del edificio en que se ubique, pudiendo desarrollarse reglamentariamente las bases metodológicas de dicho sistema y los protocolos de colaboración e intercambio de datos con los sistemas de información estatales y autonómicos de aplicación.

Esta misma limitación se aplicará a los contratos de arrendamiento de vivienda en los que el inmueble se ubique en una zona de mercado residencial tensionado dentro del periodo de vigencia de la declaración de la referida zona en los términos dispuestos en la referida Ley 12/2023, de 24 de mayo, por el derecho a la vivienda, y sobre el que no hubiese estado vigente ningún contrato de arrendamiento de vivienda vigente en los últimos cinco años, siempre que así se recoja en la resolución del Ministerio de Transportes, Movilidad y Agenda Urbana, al haberse justificado dicha aplicación en la declaración de la zona de mercado residencial tensionado.

➡ **Texto aplicable a los contratos celebrados desde el 6-6-2013 hasta el 25-5-2023**

1. La renta será la que libremente estipulen las partes.

2. Salvo pacto en contrario, el pago de la renta será mensual y habrá de efectuarse en los siete primeros días del mes. En ningún caso podrá el arrendador exigir el pago anticipado de más de una mensualidad de renta.

3. El pago se efectuará en el lugar y por el procedimiento que acuerden las partes o, en su defecto, en metálico y en la vivienda arrendada.

4. El arrendador queda obligado a entregar al arrendatario recibo del pago, salvo que se hubiera pactado que este se realice mediante procedimientos que acrediten el efectivo cumplimiento de la obligación de pago por el arrendatario.

El recibo o documento acreditativo que lo sustituya deberá contener separadamente las cantidades abonadas por los distintos conceptos de los que se componga la totalidad del pago y, específicamente, la renta en vigor.

Si el arrendador no hace entrega del recibo, serán de su cuenta todos los gastos que se originen al arrendatario para dejar constancia del pago.

5. En los contratos de arrendamiento podrá acordarse libremente por las partes que, durante un plazo determinado, la obligación del pago de la renta pueda reemplazarse total o parcialmente por el compromiso del arrendatario de reformar o rehabilitar el inmueble en los términos y condiciones pactadas. Al finalizar el arrendamiento, el arrendatario no podrá pedir en ningún caso compensación adicional por el coste de las obras realizadas en el inmueble. El incumplimiento por parte del arrendatario de la realización de las obras en los términos y condiciones pactadas podrá ser causa de resolución del contrato de arrendamiento y resultará aplicable lo dispuesto en el apartado 2 del artículo 23.

➡ **Texto aplicable a los contratos anteriores al 6-6-2013**

1. La renta será la que libremente estipulen las partes.

2. Salvo pacto en contrario, el pago de la renta será mensual y habrá de efectuarse en los siete primeros días del mes. En ningún caso podrá el arrendador exigir el pago anticipado de más de una mensualidad de renta.

3. El pago se efectuará en el lugar y por el procedimiento que acuerden las partes o, en su defecto, en metálico y en la vivienda arrendada.

4. El arrendador queda obligado a entregar al arrendatario recibo del pago, salvo que se hubiera pactado que este se realice mediante procedimientos que acrediten el efectivo cumplimiento de la obligación de pago por el arrendatario.

El recibo o documento acreditativo que lo sustituya deberá contener separadamente las cantidades abonadas por los distintos conceptos de los que se componga la totalidad del pago y, específicamente, la renta en vigor.

Si el arrendador no hace entrega del recibo, serán de su cuenta todos los gastos que se originen al arrendatario para dejar constancia del pago.

Precepto modificado por Ley 12/2023, de 24 de mayo, con entrada en vigor a partir del 26-5-2023 (Modificado apartado 3 del artículo 17. Añadidos apartados 6 y 7 del artículo 17)

Precepto modificado por Ley 4/2013, de 4 de junio, con entrada en vigor a partir del 6-6-2013 (Añadido apartado 5 del artículo 17)

Artículo 18. Actualización de la renta

➡ **Texto aplicable a los contratos celebrados desde el 6-3-2019**

1. Durante la vigencia del contrato, la renta solo podrá ser actualizada por el arrendador o el arrendatario en la fecha en que se cumpla cada año de vigencia del contrato, en los términos pactados por las partes. En defecto de pacto expreso, no se aplicará actualización de rentas a los contratos.

En caso de pacto expreso entre las partes sobre algún mecanismo de actualización de valores monetarios que no detalle el índice o metodología de referencia, la renta se actualizará para cada anualidad por referencia a la variación anual del Índice de Garantía de Competitividad a fecha de cada actualización, tomando como mes de referencia para la actualización el que corresponda al último índice que estuviera publicado en la fecha de actualización del contrato.

En todo caso, el incremento producido como consecuencia de la actualización anual de la renta no podrá exceder del resultado de aplicar la variación porcentual experimentada por el Índice de Precios al Consumo a fecha de cada actualización, tomando como mes de referencia para la actualización el que corresponda al último índice que estuviera publicado en la fecha de actualización del contrato.

2. La renta actualizada será exigible al arrendatario a partir del mes siguiente a aquel en que la parte interesada lo notifique a la otra parte por escrito, expresando el porcentaje de alteración aplicado y acompañando, si el arrendatario lo exigiera, la oportuna certificación del Instituto Nacional de Estadística.

Será válida la notificación efectuada por nota en el recibo de la mensualidad del pago precedente.

➡ **Texto aplicable a los contratos celebrados desde el 1-4-2015 hasta el 18-12-2018 y posteriores al 24-1-2019 hasta el 5-3-2019**[*]

1. Durante la vigencia del contrato, la renta solo podrá ser revisada por el arrendador o el arrendatario en la fecha en que se cumpla cada año de vigencia del contrato, en los términos pactados por las partes. En defecto de pacto expreso, no se aplicará revisión de rentas a los contratos.

En caso de pacto expreso entre las partes sobre algún mecanismo de revisión de valores monetarios que no detalle el índice o metodología de referencia, la renta se revisará para cada anualidad por referencia a la variación anual del Índice de Garantía de Competitividad a fecha de cada revisión, tomando como mes de referencia para la revisión el que corresponda al último índice que estuviera publicado en la fecha de revisión del contrato.

2. La renta actualizada será exigible al arrendatario a partir del mes siguiente a aquel en que la parte interesada lo notifique a la otra parte por escrito, expresando el porcentaje de alteración aplicado y acompañando, si el arrendatario lo exigiera, la oportuna certificación del Instituto Nacional de Estadística.

Será válida la notificación efectuada por nota en el recibo de la mensualidad del pago precedente.

➡ **Texto aplicable a los contratos celebrados desde el 19-12-2018 hasta el 23-1-2019**

1. Durante la vigencia del contrato, la renta solo podrá ser revisada por el arrendador o el arrendatario en la fecha en que se cumpla cada año de vigencia del contrato, en los términos pactados por las partes. En defecto de pacto expreso, no se aplicará revisión de rentas a los contratos.

En caso de pacto expreso entre las partes sobre algún mecanismo de revisión de valores monetarios que no detalle el índice o metodología de referencia, la renta se revisará para cada anualidad por referencia a la variación anual del Índice de Garantía de Competitividad a fecha de cada revisión, tomando como mes de referencia para la revisión el que corresponda al último índice que estuviera publicado en la fecha de revisión del contrato.

En los contratos de arrendamiento de renta reducida, de hasta cinco años de duración, o de hasta siete años si el arrendador fuese persona jurídica, el incremento producido como consecuencia de la actualización anual

---

[*] El RDL 21/2018, de 14 de diciembre, de medidas urgentes en materia de vivienda y alquiler, no fue convalidado por resolución del Congreso el 22/01/2019, con entrada en vigor el 24/01/2019, por lo que a los contratos posteriores y hasta el RDL 7/2019, de 1 de marzo, se le aplica de nuevo la LAU 29/1994 reformada por Ley 4/2013.

de la renta no podrá exceder del resultado de aplicar la variación porcentual experimentada por el Índice de Precios al Consumo a fecha de cada revisión, tomando como mes de referencia para la revisión el que corresponda al último índice que estuviera publicado en la fecha de revisión del contrato. A estos efectos, se entenderá como "renta reducida" la que se encuentre por debajo de la establecida, para el conjunto del Estado y con carácter general, en el Real Decreto que regule el plan estatal de vivienda vigente a los efectos de tener habilitada la posibilidad de acogerse a algún programa de ayudas al alquiler.

2. La renta actualizada será exigible al arrendatario a partir del mes siguiente a aquel en que la parte interesada lo notifique a la otra parte por escrito, expresando el porcentaje de alteración aplicado y acompañando, si el arrendatario lo exigiera, la oportuna certificación del Instituto Nacional de Estadística.

Será válida la notificación efectuada por nota en el recibo de la mensualidad del pago precedente.

➡ Texto aplicable a los contratos celebrados desde el 6-6-2013 hasta el 31-3-2015

1. Durante la vigencia del contrato la renta solo podrá ser actualizada por el arrendador o el arrendatario en la fecha en que se cumpla cada año de vigencia del contrato, en los términos pactados por las partes. En defecto de pacto expreso, el contrato se actualizará aplicando a la renta correspondiente a la anualidad anterior la variación porcentual experimentada por el índice general nacional del sistema de índices de precios de consumo en un período de doce meses inmediatamente anteriores a la fecha de cada actualización, tomando como mes de referencia para la primera actualización el que corresponda al último índice que estuviera publicado en la fecha de celebración del contrato, y en las sucesivas, el que corresponda al último aplicado.

2. La renta actualizada será exigible al arrendatario a partir del mes siguiente a aquel en que la parte interesada lo notifique a la otra parte por escrito, expresando el porcentaje de alteración aplicado y acompañando, si el arrendatario lo exigiera, la oportuna certificación del Instituto Nacional de Estadística.

Será válida la notificación efectuada por nota en el recibo de la mensualidad del pago precedente.

➡ Texto aplicable a los contratos anteriores al 6-6-2013

1. Durante los cinco primeros años de duración del contrato la renta solo podrá ser actualizada por el arrendador o el arrendatario en la fecha en que se cumpla cada año de vigencia del contrato, aplicando a la renta correspondiente a la anualidad anterior la variación porcentual experimentada por el Índice General Nacional del Sistema de Índices de Precios de Consumo en un período de doce meses inmediatamente anteriores a la fecha de cada actualización, tomando como mes de referencia para la primera actualización el que corresponda al último índice que estuviera publicado en la fecha de celebración del contrato, y en las sucesivas el que corresponda al último aplicado.

2. A partir del sexto año de duración la actualización de la renta se regirá por lo estipulado al respecto por las partes y, en su defecto, por lo establecido en el apartado anterior.

3. La renta actualizada será exigible al arrendatario a partir del mes siguiente a aquel en que la parte interesada lo notifique a la otra parte por escrito, expresando el porcentaje de alteración aplicado y acompañando, si el arrendatario lo exigiera, la oportuna certificación del Instituto Nacional de Estadística, o haciendo referencia al «Boletín Oficial» en que se haya publicado.

Será válida la notificación efectuada por nota en el recibo de la mensualidad del pago precedente.

Precepto modificado por RD-Ley 7/2019, de 1 de marzo, con entrada en vigor a partir del 6-3-2019 (Modificado apartado 1 del artículo 18)

Precepto modificado por Res 22/01/2019, de 22 de enero, con entrada en vigor a partir del 24-1-2019 (Dejado sin efecto apartado 1 del artículo 18 en su redacción dada por el Real Decreto-Ley 21/2018, de 14 de diciembre)

Precepto modificado por RD-Ley 21/2018, de 14 de diciembre, con entrada en vigor a partir del 19-12-2018 (Modificado apartado 1 del artículo 18)

Precepto modificado por Ley 2/2015, de 30 de marzo, con entrada en vigor a partir del 1-4-2015 (Modificado apartado 1 del artículo 18)

Precepto modificado por Ley 4/2013, de 4 de junio, con entrada en vigor a partir del 6-6-2013 (Modificado artículo 18)

Artículo 19. Elevación de renta por mejoras

➡ **Texto aplicable a los contratos celebrados desde el 6-3-2019**

1. La realización por el arrendador de obras de mejora, transcurridos cinco años de duración del contrato, o siete años si el arrendador fuese persona jurídica, le dará derecho, salvo pacto en contrario, a elevar la renta anual en la cuantía que resulte de aplicar al capital invertido en la mejora, el tipo de interés legal del dinero en el momento de la terminación de las obras incrementado en tres puntos, sin que pueda exceder el aumento del veinte por ciento de la renta vigente en aquel momento.

Para el cálculo del capital invertido, deberán descontarse las subvenciones públicas obtenidas para la realización de la obra.

2. Cuando la mejora afecte a varias fincas de un edificio en régimen de propiedad horizontal, el arrendador deberá repartir proporcionalmente entre todas ellas el capital invertido, aplicando, a tal efecto, las cuotas de participación que correspondan a cada una de aquellas.

En el supuesto de edificios que no se encuentren en régimen de propiedad horizontal, el capital invertido se repartirá proporcionalmente entre las fincas afectadas por acuerdo entre arrendador y arrendatarios. En defecto de acuerdo, se repartirá proporcionalmente en función de la superficie de la finca arrendada.

3. La elevación de renta se producirá desde el mes siguiente a aquel en que, ya finalizadas las obras, el arrendador notifique por escrito al arrendatario la cuantía de aquella, detallando los cálculos que conducen a su determinación y aportando copias de los documentos de los que resulte el coste de las obras realizadas.

4. Sin perjuicio de lo dispuesto en los apartados anteriores y de la indemnización que proceda en virtud del artículo 22, en cualquier momento desde el inicio de la vigencia del contrato de arrendamiento y previo acuerdo entre arrendador y arrendatario, podrán realizarse obras de mejora en la vivienda arrendada e incrementarse la renta del contrato, sin que ello implique la interrupción del periodo de prórroga obligatoria establecido en el artículo 9 o de prórroga tácita a que se refiere el artículo 10 de la presente Ley, o un nuevo inicio del cómputo de tales plazos. En todo caso, el alcance de las obras de mejora deberá ir más allá del cumplimiento del deber de conservación por parte del arrendador al que se refiere el artículo 21 de esta Ley.

➡ **Texto aplicable a los contratos celebrados desde el 6-6-2013 hasta el 18-12-2018 y posteriores al 24-1-2019 hasta el 5-3-2019[*]**

1. La realización por el arrendador de obras de mejora, transcurridos tres años de duración del contrato le dará derecho, salvo pacto en contrario, a elevar la renta anual en la cuantía que resulte de aplicar al capital invertido en la mejora, el tipo de interés legal del dinero en el momento de la terminación de las obras incrementado en tres puntos, sin que pueda exceder el aumento del veinte por ciento de la renta vigente en aquel momento.

Para el cálculo del capital invertido, deberán descontarse las subvenciones públicas obtenidas para la realización de la obra.

2. Cuando la mejora afecte a varias fincas de un edificio en régimen de propiedad horizontal, el arrendador deberá repartir proporcionalmente entre todas ellas el capital invertido, aplicando, a tal efecto, las cuotas de participación que correspondan a cada una de aquellas.

En el supuesto de edificios que no se encuentren en régimen de propiedad horizontal, el capital invertido se repartirá proporcionalmente entre las fincas afectadas por acuerdo entre arrendador y arrendatarios. En defecto de acuerdo, se repartirá proporcionalmente en función de la superficie de la finca arrendada.

---

[*] El RDL 21/2018, de 14 de diciembre, de medidas urgentes en materia de vivienda y alquiler, no fue convalidado por resolución del Congreso el 22/01/2019, con entrada en vigor el 24/01/2019, por lo que a los contratos posteriores y hasta el RDL 7/2019, de 1 de marzo, se le aplica de nuevo la LAU 29/1994 reformada por Ley 4/2013.

3. La elevación de renta se producirá desde el mes siguiente a aquel en que, ya finalizadas las obras, el arrendador notifique por escrito al arrendatario la cuantía de aquella, detallando los cálculos que conducen a su determinación y aportando copias de los documentos de los que resulte el coste de las obras realizadas.

➡ **Texto aplicable a los contratos celebrados desde el 19-12-2018 hasta el 23-1-2019**

1. La realización por el arrendador de obras de mejora, transcurridos cinco años de duración del contrato, o siete años si el arrendador fuese persona jurídica, le dará derecho, salvo pacto en contrario, a elevar la renta anual en la cuantía que resulte de aplicar al capital invertido en la mejora, el tipo de interés legal del dinero en el momento de la terminación de las obras incrementado en tres puntos, sin que pueda exceder el aumento del veinte por ciento de la renta vigente en aquel momento.

Para el cálculo del capital invertido, deberán descontarse las subvenciones públicas obtenidas para la realización de la obra.

2. Cuando la mejora afecte a varias fincas de un edificio en régimen de propiedad horizontal, el arrendador deberá repartir proporcionalmente entre todas ellas el capital invertido, aplicando, a tal efecto, las cuotas de participación que correspondan a cada una de aquellas.

En el supuesto de edificios que no se encuentren en régimen de propiedad horizontal, el capital invertido se repartirá proporcionalmente entre las fincas afectadas por acuerdo entre arrendador y arrendatarios. En defecto de acuerdo, se repartirá proporcionalmente en función de la superficie de la finca arrendada.

3. La elevación de renta se producirá desde el mes siguiente a aquel en que, ya finalizadas las obras, el arrendador notifique por escrito al arrendatario la cuantía de aquella, detallando los cálculos que conducen a su determinación y aportando copias de los documentos de los que resulte el coste de las obras realizadas.

4. Sin perjuicio de lo dispuesto en los apartados anteriores y de la indemnización que proceda en virtud del artículo 22, en cualquier momento desde el inicio de la vigencia del contrato de arrendamiento y previo acuerdo entre arrendador y arrendatario, podrán realizarse obras de mejora en la vivienda arrendada e incrementarse la renta del contrato, sin que ello implique la interrupción del periodo de prórroga obligatoria establecido en el artículo 9 o de prórroga tácita a que se refiere el artículo 10 de la presente Ley, o un nuevo inicio del cómputo de tales plazos. En todo caso, el alcance de las obras de mejora deberá ir más allá del cumplimiento del deber de conservación por parte del arrendador al que se refiere el artículo 21 de esta Ley.

➡ **Texto aplicable a los contratos anteriores al 6-6-2013**

1. La realización por el arrendador de obras de mejora, transcurridos cinco años de duración del contrato le dará derecho, salvo pacto en contrario, a elevar la renta anual en la cuantía que resulte de aplicar al capital invertido en la mejora el tipo de interés legal del dinero en el momento de la terminación de las obras incrementado en tres puntos, sin que pueda exceder el aumento del 20 por 100 de la renta vigente en aquel momento.

Para el cálculo del capital invertido, deberán descontarse las subvenciones públicas obtenidas para la realización de la obra.

2. Cuando la mejora afecte a varias fincas de un edificio en régimen de propiedad horizontal, el arrendador deberá repartir proporcionalmente entre todas ellas el capital invertido, aplicando, a tal efecto, las cuotas de participación que correspondan a cada una de aquellas.

En el supuesto de edificios que no se encuentren en régimen de propiedad horizontal, el capital invertido se repartirá proporcionalmente entre las fincas afectadas por acuerdo entre arrendador y arrendatarios. En defecto de acuerdo, se repartirá proporcionalmente en función de la superficie de la finca arrendada.

3. La elevación de renta se producirá desde el mes siguiente a aquel en que, ya finalizadas las obras, el arrendador notifique por escrito al arrendatario la cuantía de aquella, detallando los cálculos que conducen a su determinación y aportando copias de los documentos de los que resulte el coste de las obras realizadas.

Precepto modificado por RD-Ley 7/2019, de 1 de marzo, con entrada en vigor a partir del 6-3-2019 (Modificado artículo 19)

Precepto modificado por Res 22/01/2019, de 22 de enero, con entrada en vigor a partir del 24-1-2019 (Dejado sin efecto artículo 19 en su redacción dada por el Real Decreto-Ley 21/2018, de 14 de diciembre)

Precepto modificado por RD-Ley 21/2018, de 14 de diciembre, con entrada en vigor a partir del 19-12-2018 (Modificado artículo 19)

Precepto modificado por Ley 4/2013, de 4 de junio, con entrada en vigor a partir del 6-6-2013 (Modificado apartado 1 del artículo 19)

Artículo 20. Gastos generales y de servicios individuales

➡ Texto aplicable a los contratos celebrados desde el 26 de mayo de 2023

1. Las partes podrán pactar que los gastos generales para el adecuado sostenimiento del inmueble, sus servicios, tributos, cargas y responsabilidades que no sean susceptibles de individualización y que correspondan a la vivienda arrendada o a sus accesorios, sean a cargo del arrendatario.

En edificios en régimen de propiedad horizontal tales gastos serán los que correspondan a la finca arrendada en función de su cuota de participación.

En edificios que no se encuentren en régimen de propiedad horizontal, tales gastos serán los que se hayan asignado a la finca arrendada en función de su superficie.

Para su validez, este pacto deberá constar por escrito y determinar el importe anual de dichos gastos a la fecha del contrato. El pacto que se refiera a tributos no afectará a la Administración.

Los gastos de gestión inmobiliaria y los de formalización del contrato serán a cargo del arrendador.

2. Durante los cinco primeros años de vigencia del contrato, o durante los siete primeros años si el arrendador fuese persona jurídica, la suma que el arrendatario haya de abonar por el concepto a que se refiere el apartado anterior, con excepción de los tributos, sólo podrá incrementarse, por acuerdo de las partes, anualmente, y nunca en un porcentaje superior al doble de aquel en que pueda incrementarse la renta conforme a lo dispuesto en el apartado 1 del artículo 18.

3. Los gastos por servicios con que cuente la finca arrendada que se individualicen mediante aparatos contadores serán en todo caso de cuenta del arrendatario.

4. El pago de los gastos a que se refiere el presente artículo se acreditará en la forma prevista en el artículo 17.4.

➡ Texto aplicable a los contratos celebrados desde el 6-3-2019 hasta el 25-5-2023

1. Las partes podrán pactar que los gastos generales para el adecuado sostenimiento del inmueble, sus servicios, tributos, cargas y responsabilidades que no sean susceptibles de individualización y que correspondan a la vivienda arrendada o a sus accesorios, sean a cargo del arrendatario.

En edificios en régimen de propiedad horizontal tales gastos serán los que correspondan a la finca arrendada en función de su cuota de participación.

En edificios que no se encuentren en régimen de propiedad horizontal, tales gastos serán los que se hayan asignado a la finca arrendada en función de su superficie.

Para su validez, este pacto deberá constar por escrito y determinar el importe anual de dichos gastos a la fecha del contrato. El pacto que se refiera a tributos no afectará a la Administración.

Los gastos de gestión inmobiliaria y de formalización del contrato serán a cargo del arrendador, cuando este sea persona jurídica.

2. Durante los cinco primeros años de vigencia del contrato, o durante los siete primeros años si el arrendador fuese persona jurídica, la suma que el arrendatario haya de abonar por el concepto a que se refiere el apartado anterior, con excepción de los tributos, sólo podrá incrementarse, por acuerdo de las partes, anualmente, y nunca en un porcentaje superior al doble de aquel en que pueda incrementarse la renta conforme a lo dispuesto en el apartado 1 del artículo 18.

3. Los gastos por servicios con que cuente la finca arrendada que se individualicen mediante aparatos contadores serán en todo caso de cuenta del arrendatario.

4. El pago de los gastos a que se refiere el presente artículo se acreditará en la forma prevista en el artículo 17.4.

➡ Texto aplicable a los contratos celebrados desde el 6-6-2013 hasta el 18-12-2018 y a los posteriores al 24-1-2019 hasta el 5-3-2019*

1. Las partes podrán pactar que los gastos generales para el adecuado sostenimiento del inmueble, sus servicios, tributos, cargas y responsabilidades que no sean susceptibles de individualización y que correspondan a la vivienda arrendada o a sus accesorios, sean a cargo del arrendatario.

En edificios en régimen de propiedad horizontal tales gastos serán los que correspondan a la finca arrendada en función de su cuota de participación.

En edificios que no se encuentren en régimen de propiedad horizontal, tales gastos serán los que se hayan asignado a la finca arrendada en función de su superficie.

Para su validez, este pacto deberá constar por escrito y determinar el importe anual de dichos gastos a la fecha del contrato. El pacto que se refiera a tributos no afectará a la Administración.

2. Durante los tres primeros años de vigencia del contrato, la suma que el arrendatario haya de abonar por el concepto a que se refiere el apartado anterior, con excepción de los tributos, solo podrá incrementarse, por acuerdo de las partes, anualmente, y nunca en un porcentaje superior al doble de aquel en que pueda incrementarse la renta conforme a lo dispuesto en el apartado 1 del artículo 18.

3. Los gastos por servicios con que cuente la finca arrendada que se individualicen mediante aparatos contadores serán en todo caso de cuenta del arrendatario.

4. El pago de los gastos a que se refiere el presente artículo se acreditará en la forma prevista en el artículo 17.4.

➡ Texto aplicable a los contratos celebrados desde el 19-12-2018 hasta el 23-1-2019

1. Las partes podrán pactar que los gastos generales para el adecuado sostenimiento del inmueble, sus servicios, tributos, cargas y responsabilidades que no sean susceptibles de individualización y que correspondan a la vivienda arrendada o a sus accesorios, sean a cargo del arrendatario.

En edificios en régimen de propiedad horizontal tales gastos serán los que correspondan a la finca arrendada en función de su cuota de participación.

En edificios que no se encuentren en régimen de propiedad horizontal, tales gastos serán los que se hayan asignado a la finca arrendada en función de su superficie.

Para su validez, este pacto deberá constar por escrito y determinar el importe anual de dichos gastos a la fecha del contrato. El pacto que se refiera a tributos no afectará a la Administración.

Los gastos de gestión inmobiliaria y de formalización del contrato serán a cargo del arrendador, cuando este sea persona jurídica, salvo en el caso de aquellos servicios que hayan sido contratados por iniciativa directa del arrendatario.

2. Durante los cinco primeros años de vigencia del contrato, o durante los siete primeros años si el arrendador fuese persona jurídica, la suma que el arrendatario haya de abonar por el concepto a que se refiere el apartado anterior, con excepción de los tributos, solo podrá incrementarse, por acuerdo de las partes, anualmente, y nunca en un porcentaje superior al doble de aquel en que pueda incrementarse la renta conforme a lo dispuesto en el apartado 1 del artículo 18.

3. Los gastos por servicios con que cuente la finca arrendada que se individualicen mediante aparatos contadores serán en todo caso de cuenta del arrendatario.

---

* El RDL 21/2018, de 14 de diciembre, de medidas urgentes en materia de vivienda y alquiler, no fue convalidado por resolución del Congreso el 22/01/2019, con entrada en vigor el 24/01/2019, por lo que a los contratos posteriores y hasta el RDL 7/2019, de 1 de marzo, se le aplica de nuevo la LAU 29/1994 reformada por Ley 4/2013.

4. El pago de los gastos a que se refiere el presente artículo se acreditará en la forma prevista en el artículo 17.4.

➡ Texto aplicable a los contratos anteriores al 6-6-2013

1. Las partes podrán pactar que los gastos generales para el adecuado sostenimiento del inmueble, sus servicios, tributos, cargas y responsabilidades que no sean susceptibles de individualización y que correspondan a la vivienda arrendada o a sus accesorios, sean a cargo del arrendatario.

En edificios en régimen de propiedad horizontal tales gastos serán los que correspondan a la finca arrendada en función de su cuota de participación.

En edificios que no se encuentren en régimen de propiedad horizontal, tales gastos serán los que se hayan asignado a la finca arrendada en función de su superficie.

Para su validez, este pacto deberá constar por escrito y determinar el importe anual de dichos gastos a la fecha del contrato. El pacto que se refiera a tributos no afectará a la Administración.

2. Durante los cinco primeros años de vigencia del contrato, la suma que el arrendatario haya de abonar por el concepto a que se refiere el apartado anterior, con excepción de los tributos, solo podrá incrementarse anualmente, y nunca en un porcentaje superior al doble de aquel en que pueda incrementarse la renta conforme a lo dispuesto en el artículo 18.1.

3. Los gastos por servicios con que cuente la finca arrendada que se individualicen mediante aparatos contadores serán en todo caso de cuenta del arrendatario.

4. El pago de los gastos a que se refiere el presente artículo se acreditará en la forma prevista en el artículo 17.4

> Precepto modificado por Ley 12/2023, de 24 de mayo, con entrada en vigor a partir del 26-5-2023 (Modificado apartado 1 del artículo 20)
>
> Precepto modificado por RD-Ley 7/2019, de 1 de marzo, con entrada en vigor a partir del 6-3-2019 (Modificados apartados 1 y 2 del artículo 20)
>
> Precepto modificado por Res 22/01/2019, de 22 de enero, con entrada en vigor a partir del 24-1-2019 (Dejados sin efecto apartados 1 y 2 del artículo 20 en su redacción dada por el Real Decreto-Ley 21/2018, de 14 de diciembre)
>
> Precepto modificado por RD-Ley 21/2018, de 14 de diciembre, con entrada en vigor a partir del 19-12-2018 (Modificados apartados 1 y 2 del artículo 20)
>
> Precepto modificado por Ley 4/2013, de 4 de junio, con entrada en vigor a partir del 6-6-2013 (Modificado apartado 2 del artículo 20)

CAPÍTULO IV-De los derechos y obligaciones de las partes

Artículo 21. Conservación de la vivienda

1. El arrendador está obligado a realizar, sin derecho a elevar por ello la renta, todas las reparaciones que sean necesarias para conservar la vivienda en las condiciones de habitabilidad para servir al uso convenido, salvo cuando el deterioro de cuya reparación se trate sea imputable al arrendatario a tenor de lo dispuesto en los artículos 1.563 y 1.564 del Código Civil.

La obligación de reparación tiene su límite en la destrucción de la vivienda por causa no imputable al arrendador. A este efecto, se estará a lo dispuesto en el artículo 28.

2. Cuando la ejecución de una obra de conservación no pueda razonablemente diferirse hasta la conclusión del arrendamiento, el arrendatario estará obligado a soportarla, aunque le sea muy molesta o durante ella se vea privado de una parte de la vivienda.

Si la obra durase más de veinte días, habrá de disminuirse la renta en proporción a la parte de la vivienda de la que el arrendatario se vea privado.

3. El arrendatario deberá poner en conocimiento del arrendador, en el plazo más breve posible, la necesidad de las reparaciones que contempla el apartado 1 de este artículo, a cuyos solos efectos deberá facilitar al arrendador la verificación directa, por sí mismo o por los técnicos que designe, del estado de la vivienda. En todo momento, y previa comunicación al arrendador, podrá realizar las que sean urgentes para evitar un daño inminente o una incomodidad grave, y exigir de inmediato su importe al arrendador.

4. Las pequeñas reparaciones que exija el desgaste por el uso ordinario de la vivienda serán de cargo del arrendatario.

Artículo 22. Obras de mejora

1. El arrendatario estará obligado a soportar la realización por el arrendador de obras de mejora cuya ejecución no pueda razonablemente diferirse hasta la conclusión del arrendamiento.

2. El arrendador que se proponga realizar una de tales obras deberá notificar por escrito al arrendatario, al menos con tres meses de antelación, su naturaleza, comienzo, duración y coste previsible. Durante el plazo de un mes desde dicha notificación, el arrendatario podrá desistir del contrato, salvo que las obras no afecten o afecten de modo irrelevante a la vivienda arrendada. El arrendamiento se extinguirá en el plazo de dos meses a contar desde el desistimiento, durante los cuales no podrán comenzar las obras.

3. El arrendatario que soporte las obras tendrá derecho a una reducción de la renta en proporción a la parte de la vivienda de la que se vea privado por causa de aquéllas, así como a la indemnización de los gastos que las obras le obliguen a efectuar.

Artículo 23. Obras del arrendatario

➡ Texto aplicable a los contratos celebrados desde el 6-6-2013

1. El arrendatario no podrá realizar sin el consentimiento del arrendador, expresado por escrito, obras que modifiquen la configuración de la vivienda o de los accesorios a que se refiere el apartado 2 del artículo 2. En ningún caso el arrendatario podrá realizar obras que provoquen una disminución en la estabilidad o seguridad de la vivienda.

2. Sin perjuicio de la facultad de resolver el contrato, el arrendador que no haya autorizado la realización de las obras podrá exigir, al concluir el contrato, que el arrendatario reponga las cosas al estado anterior o conservar la modificación efectuada, sin que éste pueda reclamar indemnización alguna.

Si, a pesar de lo establecido en el apartado 1 del presente artículo, el arrendatario ha realizado unas obras que han provocado una disminución de la estabilidad de la edificación o de la seguridad de la vivienda o sus accesorios, el arrendador podrá exigir de inmediato del arrendatario la reposición de las cosas al estado anterior.

➡ Texto aplicable a los contratos anteriores al 6-6-2013

1. El arrendatario no podrá realizar sin el consentimiento del arrendador, expresado por escrito, obras que modifiquen la configuración de la vivienda o de los accesorios a que se refiere el apartado 2 del artículo 2, o que provoquen una disminución en la estabilidad o seguridad de la misma.

2. Sin perjuicio de la facultad de resolver el contrato, el arrendador que no haya autorizado la realización de las obras podrá exigir, al concluir el contrato, que el arrendatario reponga las cosas al estado anterior o conservar la modificación efectuada, sin que este pueda reclamar indemnización alguna.

Si las obras han provocado una disminución de la estabilidad de la edificación o de la seguridad de la vivienda o sus accesorios, el arrendador podrá exigir de inmediato del arrendatario la reposición de las cosas al estado anterior.

> **Precepto modificado por Ley 4/2013, de 4 de junio, con entrada en vigor a partir del 6-6-2013 (Modificado artículo 23)**

Artículo 24. Arrendatarios con discapacidad

➡️ **Texto aplicable a los contratos celebrados desde el 6-6-2013**

1. El arrendatario, previa notificación escrita al arrendador, podrá realizar en el interior de la vivienda aquellas obras o actuaciones necesarias para que pueda ser utilizada de forma adecuada y acorde a la discapacidad o a la edad superior a setenta años, tanto del propio arrendatario como de su cónyuge, de la persona con quien conviva de forma permanente en análoga relación de afectividad, con independencia de su orientación sexual, o de sus familiares que con alguno de ellos convivan de forma permanente, siempre que no afecten a elementos o servicios comunes del edificio ni provoquen una disminución en su estabilidad o seguridad.

2. El arrendatario estará obligado, al término del contrato, a reponer la vivienda al estado anterior, si así lo exige el arrendador.

➡️ **Texto aplicable a los contratos anteriores al 6-6-2013**

1. El arrendatario, previa notificación escrita al arrendador, podrá realizar en la vivienda las obras que sean necesarias para adecuar ésta a su condición de minusválido o a la de su cónyuge o de la persona con quien conviva de forma permanente en análoga relación de afectividad, con independencia de su orientación sexual, o a la de los familiares que con él convivan.

2. El arrendatario estará obligado, al término del contrato, a reponer la vivienda al estado anterior, si así lo exige el arrendador.

> **Precepto modificado por Ley 4/2013, de 4 de junio, con entrada en vigor a partir del 6-6-2013 (Modificado artículo 24)**

> **Nota:** Véase la Ley 15/1995, de 30 de mayo, sobre límites del dominio sobre inmuebles para eliminar barreras arquitectónicas a las personas con discapacidad (BOE n.º 129, de 31 de mayo de 1995).

Artículo 25. Derecho de adquisición preferente

➡️ **Texto aplicable a los contratos celebrados desde el 6-3-2019**

1. En caso de venta de la vivienda arrendada, tendrá el arrendatario derecho de adquisición preferente sobre la misma, en las condiciones previstas en los apartados siguientes.

2. El arrendatario podrá ejercitar un derecho de tanteo sobre la finca arrendada en un plazo de treinta días naturales, a contar desde el siguiente en que se le notifique en forma fehaciente la decisión de vender la finca arrendada, el precio y las demás condiciones esenciales de la transmisión.

Los efectos de la notificación prevenida en el párrafo anterior caducarán a los ciento ochenta días naturales siguientes a la misma.

3. En el caso a que se refiere el apartado anterior, podrá el arrendatario ejercitar el derecho de retracto, con sujeción a lo dispuesto en el artículo 1.518 del Código Civil, cuando no se le hubiese hecho la notificación prevenida o se hubiese omitido en ella cualquiera de los requisitos exigidos, así como cuando resultase inferior el precio efectivo de la compraventa o menos onerosas sus restantes condiciones esenciales. El derecho de retracto caducará a los treinta días naturales, contados desde el siguiente a la notificación que en forma fehaciente deberá hacer el adquirente al arrendatario de las condiciones esenciales en que se efectuó la compraventa, mediante entrega de copia de la escritura o documento en que fuere formalizada.

4. El derecho de tanteo o retracto del arrendatario tendrá preferencia sobre cualquier otro derecho similar, excepto el retracto reconocido al condueño de la vivienda o el convencional que figurase inscrito en el Registro de la Propiedad al tiempo de celebrarse el contrato de arrendamiento.

5. Para inscribir en el Registro de la Propiedad los títulos de venta de viviendas arrendadas deberá justificarse que han tenido lugar, en sus respectivos casos, las notificaciones prevenidas en los apartados anteriores, con los requisitos en ellos exigidos. Cuando la vivienda vendida no estuviese arrendada, para que sea inscribible

la adquisición, deberá el vendedor declararlo así en la escritura, bajo la pena de falsedad en documento público.

6. Cuando la venta recaiga, además de sobre la vivienda arrendada, sobre los demás objetos alquilados como accesorios de la vivienda por el mismo arrendador a que se refiere el artículo 3, no podrá el arrendatario ejercitar los derechos de adquisición preferente sólo sobre la vivienda.

7. No habrá lugar a los derechos de tanteo o retracto cuando la vivienda arrendada se venda conjuntamente con las restantes viviendas o locales propiedad del arrendador que formen parte de un mismo inmueble ni tampoco cuando se vendan de forma conjunta por distintos propietarios a un mismo comprador la totalidad de los pisos y locales del inmueble. En tales casos, la legislación sobre vivienda podrá establecer el derecho de tanteo y retracto, respecto a la totalidad del inmueble, en favor del órgano que designe la Administración competente en materia de vivienda, resultando de aplicación lo dispuesto en los apartados anteriores a los efectos de la notificación y del ejercicio de tales derechos.

Si en el inmueble sólo existiera una vivienda, el arrendatario tendrá los derechos de tanteo y retracto previstos en este artículo.

8. No obstante lo establecido en los apartados anteriores, las partes podrán pactar la renuncia del arrendatario al derecho de adquisición preferente.

En los casos en los que se haya pactado dicha renuncia, el arrendador deberá comunicar al arrendatario su intención de vender la vivienda con una antelación mínima de treinta días a la fecha de formalización del contrato de compraventa.

➡ Texto aplicable a los contratos celebrados desde el 6-6-2013 hasta el 18-12-2018 y posteriores al 24-1-2019 hasta el 5-3-2019*

1. En caso de venta de la vivienda arrendada, tendrá el arrendatario derecho de adquisición preferente sobre la misma, en las condiciones previstas en los apartados siguientes.

2. El arrendatario podrá ejercitar un derecho de tanteo sobre la finca arrendada en un plazo de treinta días naturales, a contar desde el siguiente en que se le notifique en forma fehaciente la decisión de vender la finca arrendada, el precio y las demás condiciones esenciales de la transmisión.

Los efectos de la notificación prevenida en el párrafo anterior caducarán a los ciento ochenta días naturales siguientes a la misma.

3. En el caso a que se refiere el apartado anterior, podrá el arrendatario ejercitar el derecho de retracto, con sujeción a lo dispuesto en el artículo 1.518 del Código Civil, cuando no se le hubiese hecho la notificación prevenida o se hubiese omitido en ella cualquiera de los requisitos exigidos, así como cuando resultase inferior el precio efectivo de la compraventa o menos onerosas sus restantes condiciones esenciales. El derecho de retracto caducará a los treinta días naturales, contados desde el siguiente a la notificación que en forma fehaciente deberá hacer el adquirente al arrendatario de las condiciones esenciales en que se efectuó la compraventa, mediante entrega de copia de la escritura o documento en que fuere formalizada.

4. El derecho de tanteo o retracto del arrendatario tendrá preferencia sobre cualquier otro derecho similar, excepto el retracto reconocido al condueño de la vivienda o el convencional que figurase inscrito en el Registro de la Propiedad al tiempo de celebrarse el contrato de arrendamiento.

5. Para inscribir en el Registro de la Propiedad los títulos de venta de viviendas arrendadas deberá justificarse que han tenido lugar, en sus respectivos casos, las notificaciones prevenidas en los apartados anteriores, con los requisitos en ellos exigidos. Cuando la vivienda vendida no estuviese arrendada, para que sea inscribible la adquisición, deberá el vendedor declararlo así en la escritura, bajo la pena de falsedad en documento público.

---

* El RDL 21/2018, de 14 de diciembre, de medidas urgentes en materia de vivienda y alquiler, no fue convalidado por resolución del Congreso el 22/01/2019, con entrada en vigor el 24/01/2019, por lo que a los contratos posteriores y hasta el RDL 7/2019, de 1 de marzo, se le aplica de nuevo la LAU 29/1994 reformada por Ley 4/2013.

6. Cuando la venta recaiga, además de sobre la vivienda arrendada, sobre los demás objetos alquilados como accesorios de la vivienda por el mismo arrendador a que se refiere el artículo 3, no podrá el arrendatario ejercitar los derechos de adquisición preferente solo sobre la vivienda.

7. No habrá lugar a los derechos de tanteo o retracto cuando la vivienda arrendada se venda conjuntamente con las restantes viviendas o locales propiedad del arrendador que formen parte de un mismo inmueble ni tampoco cuando se vendan de forma conjunta por distintos propietarios a un mismo comprador la totalidad de los pisos y locales del inmueble.

Si en el inmueble solo existiera una vivienda, el arrendatario tendrá los derechos de tanteo y retracto previstos en este artículo.

8. No obstante lo establecido en los apartados anteriores, las partes podrán pactar la renuncia del arrendatario al derecho de adquisición preferente.

En los casos en los que se haya pactado dicha renuncia, el arrendador deberá comunicar al arrendatario su intención de vender la vivienda con una antelación mínima de treinta días a la fecha de formalización del contrato de compraventa.

➡ Texto aplicable a los contratos celebrados desde el 19-12-2018 hasta el 23-1-2019

1. En caso de venta de la vivienda arrendada, tendrá el arrendatario derecho de adquisición preferente sobre la misma, en las condiciones previstas en los apartados siguientes.

2. El arrendatario podrá ejercitar un derecho de tanteo sobre la finca arrendada en un plazo de treinta días naturales, a contar desde el siguiente en que se le notifique en forma fehaciente la decisión de vender la finca arrendada, el precio y las demás condiciones esenciales de la transmisión.

Los efectos de la notificación prevenida en el párrafo anterior caducarán a los ciento ochenta días naturales siguientes a la misma.

3. En el caso a que se refiere el apartado anterior, podrá el arrendatario ejercitar el derecho de retracto, con sujeción a lo dispuesto en el artículo 1.518 del Código Civil, cuando no se le hubiese hecho la notificación prevenida o se hubiese omitido en ella cualquiera de los requisitos exigidos, así como cuando resultase inferior el precio efectivo de la compraventa o menos onerosas sus restantes condiciones esenciales. El derecho de retracto caducará a los treinta días naturales, contados desde el siguiente a la notificación que en forma fehaciente deberá hacer el adquirente al arrendatario de las condiciones esenciales en que se efectuó la compraventa, mediante entrega de copia de la escritura o documento en que fuere formalizada.

4. El derecho de tanteo o retracto del arrendatario tendrá preferencia sobre cualquier otro derecho similar, excepto el retracto reconocido al condueño de la vivienda o el convencional que figurase inscrito en el Registro de la Propiedad al tiempo de celebrarse el contrato de arrendamiento.

5. Para inscribir en el Registro de la Propiedad los títulos de venta de viviendas arrendadas deberá justificarse que han tenido lugar, en sus respectivos casos, las notificaciones prevenidas en los apartados anteriores, con los requisitos en ellos exigidos. Cuando la vivienda vendida no estuviese arrendada, para que sea inscribible la adquisición, deberá el vendedor declararlo así en la escritura, bajo la pena de falsedad en documento público.

6. Cuando la venta recaiga, además de sobre la vivienda arrendada, sobre los demás objetos alquilados como accesorios de la vivienda por el mismo arrendador a que se refiere el artículo 3, no podrá el arrendatario ejercitar los derechos de adquisición preferente solo sobre la vivienda.

7. No habrá lugar a los derechos de tanteo o retracto cuando la vivienda arrendada se venda conjuntamente con las restantes viviendas o locales propiedad del arrendador que formen parte de un mismo inmueble ni tampoco cuando se vendan de forma conjunta por distintos propietarios a un mismo comprador la totalidad de los pisos y locales del inmueble. En tales casos, la legislación sobre vivienda podrá establecer el derecho de tanteo y retracto, respecto a la totalidad del inmueble, en favor del órgano que designe la Administración competente en materia de vivienda, resultando de aplicación lo dispuesto en los apartados anteriores a los efectos de la notificación y del ejercicio de tales derechos.

Si en el inmueble solo existiera una vivienda, el arrendatario tendrá los derechos de tanteo y retracto previstos en este artículo.

8. No obstante lo establecido en los apartados anteriores, las partes podrán pactar la renuncia del arrendatario al derecho de adquisición preferente.

En los casos en los que se haya pactado dicha renuncia, el arrendador deberá comunicar al arrendatario su intención de vender la vivienda con una antelación mínima de treinta días a la fecha de formalización del contrato de compraventa.

➡ Texto aplicable a los contratos anteriores al 6-6-2013

1. En caso de venta de la vivienda arrendada, tendrá el arrendatario derecho de adquisición preferente sobre la misma, en las condiciones previstas en los apartados siguientes.

2. El arrendatario podrá ejercitar un derecho de tanteo sobre la finca arrendada en un plazo de treinta días naturales, a contar desde el siguiente en que se le notifique en forma fehaciente la decisión de vender la finca arrendada, el precio y las demás condiciones esenciales de la transmisión.

Los efectos de la notificación prevenida en el párrafo anterior caducarán a los ciento ochenta días naturales siguientes a la misma.

3. En el caso a que se refiere el apartado anterior, podrá el arrendatario ejercitar el derecho de retracto, con sujeción a lo dispuesto en el artículo 1.518 del Código Civil, cuando no se le hubiese hecho la notificación prevenida o se hubiese omitido en ella cualquiera de los requisitos exigidos, así como cuando resultase inferior el precio efectivo de la compraventa o menos onerosas sus restantes condiciones esenciales. El derecho de retracto caducará a los treinta días naturales, contados desde el siguiente a la notificación que en forma fehaciente deberá hacer el adquirente al arrendatario de las condiciones esenciales en que se efectuó la compraventa, mediante entrega de copia de la escritura o documento en que fuere formalizada.

4. El derecho de tanteo o retracto del arrendatario tendrá preferencia sobre cualquier otro derecho similar, excepto el retracto reconocido al condueño de la vivienda o el convencional que figurase inscrito en el Registro de la Propiedad al tiempo de celebrarse el contrato de arrendamiento.

5. Para inscribir en el Registro de la Propiedad los títulos de venta de viviendas arrendadas deberá justificarse que han tenido lugar, en sus respectivos casos, las notificaciones prevenidas en los apartados anteriores, con los requisitos en ellos exigidos. Cuando la vivienda vendida no estuviese arrendada, para que sea inscribible la adquisición, deberá el vendedor declararlo así en la escritura, bajo la pena de falsedad en documento público.

6. Cuando la venta recaiga, además de sobre la vivienda arrendada, sobre los demás objetos alquilados como accesorios de la vivienda por el mismo arrendador a que se refiere el artículo 3, no podrá el arrendatario ejercitar los derechos de adquisición preferente solo sobre la vivienda.

7. No habrá lugar a los derechos de tanteo o retracto cuando la vivienda arrendada se venda conjuntamente con las restantes viviendas o locales propiedad del arrendador que formen parte de un mismo inmueble ni tampoco cuando se vendan de forma conjunta por distintos propietarios a un mismo comprador la totalidad de los pisos y locales del inmueble.

Si en el inmueble solo existiera una vivienda, el arrendatario tendrá los derechos de tanteo y retracto previstos en este artículo.

8. El pacto por el cual el arrendatario renuncia a los derechos de tanteo y retracto será válido en contratos de duración pactada superior a cinco años.

> Precepto modificado por RD-Ley 7/2019, de 1 de marzo, con entrada en vigor a partir del 6-3-2019 (Modificado apartado 7 del artículo 25)
>
> Precepto modificado por Res 22/01/2019, de 22 de enero, con entrada en vigor a partir del 24-1-2019 (Dejado sin efecto apartado 7 del artículo 25 en su redacción dada por el Real Decreto-Ley 21/2018, de 14 de diciembre)
>
> Precepto modificado por RD-Ley 21/2018, de 14 de diciembre, con entrada en vigor a partir del 19-12-2018 (Modificado apartado 7 del artículo 25)
>
> Precepto modificado por Ley 4/2013, de 4 de junio, con entrada en vigor a partir del 6-6-2013 (Modificado apartado 8 del artículo 25)

CAPÍTULO V-De la suspensión, resolución y extinción del contrato

Artículo 26. Habitabilidad de la vivienda

Cuando la ejecución en la vivienda arrendada de obras de conservación o de obras acordadas por una autoridad competente la hagan inhabitable, tendrá el arrendatario la opción de suspender el contrato o de desistir del mismo, sin indemnización alguna.

La suspensión del contrato supondrá, hasta la finalización de las obras, la paralización del plazo del contrato y la suspensión de la obligación de pago de la renta.

Artículo 27. Incumplimiento de obligaciones

➡ **Texto aplicable a los contratos celebrados desde el 6-6-2013**

1. El incumplimiento por cualquiera de las partes de las obligaciones resultantes del contrato dará derecho a la parte que hubiere cumplido las suyas a exigir el cumplimiento de la obligación o a promover la resolución del contrato de acuerdo con lo dispuesto en el artículo 1.124 del Código Civil.

2. Además, el arrendador podrá resolver de pleno derecho el contrato por las siguientes causas:

a) La falta de pago de la renta o, en su caso, de cualquiera de las cantidades cuyo pago haya asumido o corresponda al arrendatario.

b) La falta de pago del importe de la fianza o de su actualización.

c) El subarriendo o la cesión inconsentidos.

d) La realización de daños causados dolosamente en la finca o de obras no consentidas por el arrendador cuando el consentimiento de éste sea necesario.

e) Cuando en la vivienda tengan lugar actividades molestas, insalubres, nocivas, peligrosas o ilícitas.

f) Cuando la vivienda deje de estar destinada de forma primordial a satisfacer la necesidad permanente de vivienda del arrendatario o de quien efectivamente la viniera ocupando de acuerdo con lo dispuesto en el artículo 7.

3. Del mismo modo, el arrendatario podrá resolver el contrato por las siguientes causas:

a) La no realización por el arrendador de las reparaciones a que se refiere el artículo 21.

b) La perturbación de hecho o de derecho que realice el arrendador en la utilización de la vivienda.

4. Tratándose de arrendamientos de finca urbana inscritos en el Registro de la Propiedad, si se hubiera estipulado en el contrato que el arrendamiento quedará resuelto por falta de pago de la renta y que deberá en tal caso restituirse inmediatamente el inmueble al arrendador, la resolución tendrá lugar de pleno derecho una vez el arrendador haya requerido judicial o notarialmente al arrendatario en el domicilio designado al efecto en la inscripción, instándole al pago o cumplimiento, y éste no haya contestado al requerimiento en los diez días hábiles siguientes, o conteste aceptando la resolución de pleno derecho, todo ello por medio del mismo juez o notario que hizo el requerimiento.

El título aportado al procedimiento registral, junto con la copia del acta de requerimiento, de la que resulte la notificación y que no se haya contestado por el requerido de pago o que se haya contestado aceptando la resolución de pleno derecho, será título suficiente para practicar la cancelación del arrendamiento en el Registro de la Propiedad.

Si hubiera cargas posteriores que recaigan sobre el arrendamiento, será además preciso para su cancelación justificar la notificación fehaciente a los titulares de las mismas, en el domicilio que obre en el Registro, y acreditar la consignación a su favor ante el mismo notario, de la fianza prestada por el arrendatario.

➡ **Texto aplicable a los contratos anteriores al 6-6-2013**

1. El incumplimiento por cualquiera de las partes de las obligaciones resultantes del contrato dará derecho a la parte que hubiere cumplido las suyas a exigir el cumplimiento de la obligación o a promover la resolución del contrato de acuerdo con lo dispuesto en el artículo 1.124 del Código Civil.

2. Además, el arrendador podrá resolver de pleno derecho el contrato por las siguientes causas:

a) La falta de pago de la renta o, en su caso, de cualquiera de las cantidades cuyo pago haya asumido o corresponda al arrendatario.

b) La falta de pago del importe de la fianza o de su actualización.

c) El subarriendo o la cesión inconsentidos.

d) La realización de daños causados dolosamente en la finca o de obras no consentidas por el arrendador cuando el consentimiento de este sea necesario.

e) Cuando en la vivienda tengan lugar actividades molestas, insalubres, nocivas, peligrosas o ilícitas.

f) Cuando la vivienda deje de estar destinada de forma primordial a satisfacer la necesidad permanente de vivienda del arrendatario o de quien efectivamente la viniera ocupando de acuerdo con lo dispuesto en el artículo 7.

3. Del mismo modo, el arrendatario podrá resolver el contrato por las siguientes causas:

a) La no realización por el arrendador de las reparaciones a que se refiere el artículo 21.

b) La perturbación de hecho o de derecho que realice el arrendador en la utilización de la vivienda.

> **Precepto modificado por Ley 4/2013, de 4 de junio, con entrada en vigor a partir del 6-6-2013 (Añadido apartado 4 del artículo 27)**

Artículo 28. Extinción del arrendamiento

El contrato de arrendamiento se extinguirá, además de por las restantes causas contempladas en el presente Título, por las siguientes:

a) Por la pérdida de la finca arrendada por causa no imputable al arrendador.

b) Por la declaración firme de ruina acordada por la autoridad competente.

TÍTULO III-De los arrendamientos para uso distinto del de vivienda

Artículo 29. Enajenación de la finca arrendada

El adquirente de la finca arrendada quedará subrogado en los derechos y obligaciones del arrendador, salvo que concurran en el adquirente los requisitos del artículo 34 de la Ley Hipotecaria.

Artículo 30. Conservación, mejora y obras del arrendatario

Lo dispuesto en los artículos 21, 22, 23 y 26 de esta ley será también aplicable a los arrendamientos que regula el presente Título. También lo será lo dispuesto en el artículo 19 desde el comienzo del arrendamiento.

Artículo 31. Derecho de adquisición preferente

Lo dispuesto en el artículo 25 de la presente ley será de aplicación a los arrendamientos que regula este Título.

Artículo 32. Cesión del contrato y subarriendo

1. Cuando en la finca arrendada se ejerza una actividad empresarial o profesional, el arrendatario podrá subarrendar la finca o ceder el contrato de arrendamiento sin necesidad de contar con el consentimiento del arrendador.

2. El arrendador tiene derecho a una elevación de renta del 10 por 100 de la renta en vigor en el caso de producirse un subarriendo parcial, y del 20 en el caso de producirse la cesión del contrato o el subarriendo total de la finca arrendada.

3. No se reputará cesión el cambio producido en la persona del arrendatario por consecuencia de la fusión, transformación o escisión de la sociedad arrendataria, pero el arrendador tendrá derecho a la elevación de la renta prevista en el apartado anterior.

4. Tanto la cesión como el subarriendo deberán notificarse de forma fehaciente al arrendador en el plazo de un mes desde que aquéllos se hubieran concertado.

Nota: Téngase en cuenta, respecto a las actividades de Loterías del Estado, lo establecido en la Disposición Adicional Cuadragésima de la Ley 39/2010, de 23 de diciembre, de Presupuestos Generales del Estado para el año 2011 (BOE n.º 311, de 23 de diciembre de 2010).

Artículo 33. Muerte del arrendatario

En caso de fallecimiento del arrendatario, cuando en el local se ejerza una actividad empresarial o profesional, el heredero o legatario que continúe el ejercicio de la actividad podrá subrogarse en los derechos y obligaciones del arrendatario hasta la extinción del contrato.

La subrogación deberá notificarse por escrito al arrendador dentro de los dos meses siguientes a la fecha del fallecimiento del arrendatario.

Artículo 34. Indemnización al arrendatario

La extinción por transcurso del término convencional del arrendamiento de una finca en la que durante los últimos cinco años se haya venido ejerciendo una actividad comercial de venta al público, dará al arrendatario derecho a una indemnización a cargo del arrendador, siempre que el arrendatario haya manifestado con cuatro meses de antelación a la expiración del plazo su voluntad de renovar el contrato por un mínimo de cinco años más y por una renta de mercado. Se considerará renta de mercado la que al efecto acuerden las partes; en defecto de pacto, la que, al efecto, determine el árbitro designado por las partes.

La cuantía de la indemnización se determinará en la forma siguiente:

1. Si el arrendatario iniciara en el mismo municipio, dentro de los seis meses siguientes a la expiración del arrendamiento, el ejercicio de la misma actividad a la que viniera estando dedicada, la indemnización comprenderá los gastos del traslado y los perjuicios derivados de la pérdida de clientela ocurrida con respecto a la que tuviera en el local anterior, calculada con respecto a la habida durante los seis primeros meses de la nueva actividad.

2. Si el arrendatario iniciara dentro de los seis meses siguientes a la extinción del arrendamiento una actividad diferente o no iniciara actividad alguna, y el arrendador o un tercero desarrollan en la finca dentro del mismo plazo la misma actividad o una afín a la desarrollada por el arrendatario, la indemnización será de una mensualidad por año de duración del contrato, con un máximo de dieciocho mensualidades.

Se considerarán afines las actividades típicamente aptas para beneficiarse, aunque sólo en parte de la clientela captada por la actividad que ejerció el arrendatario.

En caso de falta de acuerdo entre las partes sobre la cuantía de la indemnización, la misma será fijada por el árbitro designado por aquéllas.

Artículo 35. Resolución de pleno derecho

➡ **Texto aplicable a los contratos celebrados desde el 6-6-2013**

El arrendador podrá resolver de pleno derecho el contrato por las causas previstas en las letras a), b), d) y e) del apartado 2 del artículo 27 y por la cesión o subarriendo del local incumpliendo lo dispuesto en el artículo 32.

➡ **Texto aplicable a los contratos anteriores al 6-6-2013**

El arrendador podrá resolver de pleno derecho el contrato por las causas previstas en las letras a), b) y e) del artículo 27.2 y por la cesión o subarriendo del local incumpliendo lo dispuesto en el artículo 32.

> Precepto modificado por Ley 4/2013, de 4 de junio, con entrada en vigor a partir del 6-6-2013 (Modificado artículo 35)

TÍTULO IV-Disposiciones comunes

Artículo 36. Fianza

➡ Texto aplicable a los contratos celebrados desde el 6-3-2019

1. A la celebración del contrato será obligatoria la exigencia y prestación de fianza en metálico en cantidad equivalente a una mensualidad de renta en el arrendamiento de viviendas y de dos en el arrendamiento para uso distinto del de vivienda.

2. Durante los cinco primeros años de duración del contrato, o durante los siete primeros años si el arrendador fuese persona jurídica, la fianza no estará sujeta a actualización. Pero cada vez que el arrendamiento se prorrogue, el arrendador podrá exigir que la fianza sea incrementada, o el arrendatario que disminuya, hasta hacerse igual a una o dos mensualidades de la renta vigente, según proceda, al tiempo de la prórroga.

3. La actualización de la fianza durante el período de tiempo en que el plazo pactado para el arrendamiento exceda de cinco años, o de siete años si el arrendador fuese persona jurídica, se regirá por lo estipulado al efecto por las partes. A falta de pacto específico, lo acordado sobre actualización de la renta se presumirá querido también para la actualización de la fianza.

4. El saldo de la fianza en metálico que deba ser restituido al arrendatario al final del arriendo, devengará el interés legal, transcurrido un mes desde la entrega de las llaves por el mismo sin que se hubiere hecho efectiva dicha restitución.

5. Las partes podrán pactar cualquier tipo de garantía del cumplimiento por el arrendatario de sus obligaciones arrendaticias adicional a la fianza en metálico.

En el caso del arrendamiento de vivienda, en contratos de hasta cinco años de duración, o de hasta siete años si el arrendador fuese persona jurídica, el valor de esta garantía adicional no podrá exceder de dos mensualidades de renta.

6. Quedan exceptuadas de la obligación de prestar fianza la Administración General del Estado, las Administraciones de las comunidades autónomas y las entidades que integran la Administración Local, los organismos autónomos, las entidades públicas empresariales y demás entes públicos vinculados o dependientes de ellas, y las Mutuas colaboradoras con la Seguridad Social en su función pública de colaboración en la gestión de la Seguridad Social, así como sus Centros Mancomunados, cuando la renta haya de ser satisfecha con cargo a sus respectivos presupuestos.

➡ Texto aplicable a los contratos celebrados desde el 6-6-2013 hasta el 18-12-2018 y posteriores al 24-1-2019 hasta el 5-3-2019[*]

1. A la celebración del contrato será obligatoria la exigencia y prestación de fianza en metálico en cantidad equivalente a una mensualidad de renta en el arrendamiento de viviendas y de dos en el arrendamiento para uso distinto del de vivienda.

2. Durante los tres primeros años de duración del contrato, la fianza no estará sujeta a actualización. Pero cada vez que el arrendamiento se prorrogue, el arrendador podrá exigir que la fianza sea incrementada, o el arrendatario que disminuya, hasta hacerse igual a una o dos mensualidades de la renta vigente, según proceda, al tiempo de la prórroga.

3. La actualización de la fianza durante el período de tiempo en que el plazo pactado para el arrendamiento exceda de tres años, se regirá por lo estipulado al efecto por las partes. A falta de pacto específico, lo acordado sobre actualización de la renta se presumirá querido también para la actualización de la fianza.

---

[*] El RDL 21/2018, de 14 de diciembre, de medidas urgentes en materia de vivienda y alquiler, no fue convalidado por resolución del Congreso el 22/01/2019, con entrada en vigor el 24/01/2019, por lo que a los contratos posteriores y hasta el RDL 7/2019, de 1 de marzo, se le aplica de nuevo la LAU 29/1994 reformada por Ley 4/2013.

4. El saldo de la fianza en metálico que deba ser restituido al arrendatario al final del arriendo, devengará el interés legal, transcurrido un mes desde la entrega de las llaves por el mismo sin que se hubiere hecho efectiva dicha restitución.

5. Las partes podrán pactar cualquier tipo de garantía del cumplimiento por el arrendatario de sus obligaciones arrendaticias adicional a la fianza en metálico.

6. Quedan exceptuadas de la obligación de prestar fianza la Administración General del Estado, las Administraciones de las Comunidades Autónomas y las entidades que integran la Administración Local, los organismos autónomos, las entidades públicas empresariales y demás entes públicos vinculados o dependientes de ellas, y las Mutuas de Accidentes de Trabajo y Enfermedades Profesionales de la Seguridad Social en su función pública de colaboración en la gestión de la Seguridad Social, así como sus Centros y Entidades Mancomunados, cuando la renta haya de ser satisfecha con cargo a sus respectivos presupuestos.

➡ Texto aplicable a los contratos celebrados desde el 19-12-2018 hasta el 23-1-2019

1. A la celebración del contrato será obligatoria la exigencia y prestación de fianza en metálico en cantidad equivalente a una mensualidad de renta en el arrendamiento de viviendas y de dos en el arrendamiento para uso distinto del de vivienda.

2. Durante los cinco primeros años de duración del contrato, o durante los siete primeros años si el arrendador fuese persona jurídica, la fianza no estará sujeta a actualización. Pero cada vez que el arrendamiento se prorrogue, el arrendador podrá exigir que la fianza sea incrementada, o el arrendatario que disminuya, hasta hacerse igual a una o dos mensualidades de la renta vigente, según proceda, al tiempo de la prórroga.

3. La actualización de la fianza durante el período de tiempo en que el plazo pactado para el arrendamiento exceda de cinco años, o de siete años si el arrendador fuese persona jurídica, se regirá por lo estipulado al efecto por las partes. A falta de pacto específico, lo acordado sobre actualización de la renta se presumirá querido también para la actualización de la fianza.

4. El saldo de la fianza en metálico que deba ser restituido al arrendatario al final del arriendo, devengará el interés legal, transcurrido un mes desde la entrega de las llaves por el mismo sin que se hubiere hecho efectiva dicha restitución.

5. Las partes podrán pactar cualquier tipo de garantía del cumplimiento por el arrendatario de sus obligaciones arrendaticias adicional a la fianza en metálico.

En el caso del arrendamiento de vivienda, en contratos de hasta cinco años de duración, o de hasta siete años si el arrendador fuese persona jurídica, el valor de esta garantía adicional no podrá exceder de dos mensualidades de renta.

6. Quedan exceptuadas de la obligación de prestar fianza la Administración General del Estado, las Administraciones de las Comunidades Autónomas y las entidades que integran la Administración Local, los organismos autónomos, las entidades públicas empresariales y demás entes públicos vinculados o dependientes de ellas, y las Mutuas de Accidentes de Trabajo y Enfermedades Profesionales de la Seguridad Social en su función pública de colaboración en la gestión de la Seguridad Social, así como sus Centros y Entidades Mancomunados, cuando la renta haya de ser satisfecha con cargo a sus respectivos presupuestos.

➡ Texto aplicable a los contratos celebrados desde el 1-1-2011 hasta el 5-6-2013

1. A la celebración del contrato será obligatoria la exigencia y prestación de fianza en metálico en cantidad equivalente a una mensualidad de renta en el arrendamiento de viviendas y de dos en el arrendamiento para uso distinto del de vivienda.

2. Durante los cinco primeros años de duración del contrato, la fianza no estará sujeta a actualización. Pero cada vez que el arrendamiento se prorrogue, el arrendador podrá exigir que la fianza sea incrementada, o el arrendatario que disminuya, hasta hacerse igual a una o dos mensualidades de la renta vigente, según proceda, al tiempo de la prórroga.

3. La actualización de la fianza durante el período de tiempo en que el plazo pactado para el arrendamiento exceda de cinco años, se regirá por lo estipulado al efecto por las partes. A falta de pacto específico, lo acordado sobre actualización de la renta se presumirá querido también para la actualización de la fianza.

4. El saldo de la fianza en metálico que deba ser restituido al arrendatario al final del arriendo, devengará el interés legal, transcurrido un mes desde la entrega de las llaves por el mismo sin que se hubiere hecho efectiva dicha restitución.

5. Las partes podrán pactar cualquier tipo de garantía del cumplimiento por el arrendatario de sus obligaciones arrendaticias adicional a la fianza en metálico.

6. Quedan exceptuadas de la obligación de prestar fianza la Administración General del Estado, las Administraciones de las Comunidades Autónomas y las entidades que integran la Administración Local, los organismos autónomos, las entidades públicas empresariales y demás entes públicos vinculados o dependientes de ellas, y las Mutuas de Accidentes de Trabajo y Enfermedades Profesionales de la Seguridad Social en su función pública de colaboración en la gestión de la Seguridad Social, así como sus Centros y Entidades Mancomunados, cuando la renta haya de ser satisfecha con cargo a sus respectivos presupuestos.

➡ Texto aplicable a los contratos celebrados desde el 1-1-1997 hasta el 31-12-2010

1. A la celebración del contrato será obligatoria la exigencia y prestación de fianza en metálico en cantidad equivalente a una mensualidad de renta en el arrendamiento de viviendas y de dos en el arrendamiento para uso distinto del de vivienda.

2. Durante los cinco primeros años de duración del contrato, la fianza no estará sujeta a actualización. Pero cada vez que el arrendamiento se prorrogue, el arrendador podrá exigir que la fianza sea incrementada, o el arrendatario que disminuya, hasta hacerse igual a una o dos mensualidades de la renta vigente, según proceda, al tiempo de la prórroga.

3. La actualización de la fianza durante el período de tiempo en que el plazo pactado para el arrendamiento exceda de cinco años, se regirá por lo estipulado al efecto por las partes. A falta de pacto específico, lo acordado sobre actualización de la renta se presumirá querido también para la actualización de la fianza.

4. El saldo de la fianza en metálico que deba ser restituido al arrendatario al final del arriendo, devengará el interés legal, transcurrido un mes desde la entrega de las llaves por el mismo sin que se hubiere hecho efectiva dicha restitución.

5. Las partes podrán pactar cualquier tipo de garantía del cumplimiento por el arrendatario de sus obligaciones arrendaticias adicional a la fianza en metálico.

6. Quedan exceptuadas de la obligación de prestar fianza las Administraciones Públicas, la Administración General del Estado, las Administraciones de las Comunidades Autónomas y las entidades que integran la Administración Local, así como los organismos autónomos, entidades de derecho público y demás entes públicos dependientes de ellas, cuando la renta haya de ser satisfecha con cargo a sus respectivos presupuestos.

➡ Texto aplicable a los contratos anteriores al 31-12-1996

1. A la celebración del contrato será obligatoria la exigencia y prestación de fianza en metálico en cantidad equivalente a una mensualidad de renta en el arrendamiento de viviendas y de dos en el arrendamiento para uso distinto del de vivienda.

2. Durante los cinco primeros años de duración del contrato, la fianza no estará sujeta a actualización. Pero cada vez que el arrendamiento se prorrogue, el arrendador podrá exigir que la fianza sea incrementada, o el arrendatario que disminuya, hasta hacerse igual a una o dos mensualidades de la renta vigente, según proceda, al tiempo de la prórroga.

3. La actualización de la fianza durante el período de tiempo en que el plazo pactado para el arrendamiento exceda de cinco años, se regirá por lo estipulado al efecto por las partes. A falta de pacto específico, lo acordado sobre actualización de la renta se presumirá querido también para la actualización de la fianza.

4. El saldo de la fianza en metálico que deba ser restituido al arrendatario al final del arriendo, devengará el interés legal, transcurrido un mes desde la entrega de las llaves por el mismo sin que se hubiere hecho efectiva dicha restitución.

5. Las partes podrán pactar cualquier tipo de garantía del cumplimiento por el arrendatario de sus obligaciones arrendaticias adicional a la fianza en metálico.

> Precepto modificado por RD-Ley 7/2019, de 1 de marzo, con entrada en vigor a partir del 6-3-2019 (Modificado artículo 36)

> Precepto modificado por Res 22/01/2019, de 22 de enero, con entrada en vigor a partir del 24-1-2019 (Dejado sin efecto artículo 36 en su redacción dada por el Real Decreto-Ley 21/2018, de 14 de diciembre)

> Precepto modificado por RD-Ley 21/2018, de 14 de diciembre, con entrada en vigor a partir del 19-12-2018 (Modificado artículo 36)

> Precepto modificado por Ley 4/2013, de 4 de junio, con entrada en vigor a partir del 6-6-2013 (Modificados apartados 2 y 3 del artículo 36)

> Precepto modificado por Ley 39/2010, de 22 de diciembre, con entrada en vigor a partir del 12-1-2011 (Modificado apartado 6 del artículo 36). Efecto: desde 1-1-2011

> Precepto modificado por Ley 13/1996, de 30 de diciembre, con entrada en vigor a partir del 1-1-1997 (Añadido apartado 6 del artículo 36)

Artículo 37. Formalización del arrendamiento

Las partes podrán compelerse recíprocamente a la formalización por escrito del contrato de arrendamiento. En este caso, se hará constar la identidad de los contratantes, la identificación de la finca arrendada, la duración pactada, la renta inicial del contrato y las demás cláusulas que las partes hubieran libremente acordado.

TÍTULO V-Procesos arrendaticios

Artículo 38. Competencia

> Precepto modificado por LEC 1/2000, de 7 de enero, con entrada en vigor a partir del 8-1-2001 (Derogado artículo 38)

Artículo 39. Procedimiento

> Precepto modificado por LEC 1/2000, de 7 de enero, con entrada en vigor a partir del 8-1-2001 (Derogado artículo 39)

Artículo 40. Acumulación de acciones

> Precepto modificado por LEC 1/2000, de 7 de enero, con entrada en vigor a partir del 8-1-2001 (Derogado artículo 40)

DISPOSICIONES ADICIONALES

Primera. Régimen de las viviendas de protección oficial en arrendamiento

➡ **Texto aplicable a los contratos celebrados desde el 1-4-2015**

1. El plazo de duración del régimen legal de las viviendas de protección oficial, que se califiquen para arrendamiento a partir de la entrada en vigor de la presente ley, concluirá al transcurrir totalmente el período establecido en la normativa aplicable para la amortización del préstamo cualificado obtenido para su

promoción o, en caso de no existir dicho préstamo, transcurridos veinticinco años a contar desde la fecha de la correspondiente calificación definitiva.

2. La renta máxima inicial por metro cuadrado útil de las viviendas de protección oficial a que se refiere el apartado anterior, será el porcentaje del precio máximo de venta que corresponda de conformidad con la normativa estatal o autonómica aplicable.

3. No se aplicará revisión de rentas de las viviendas de protección oficial salvo pacto explícito entre las partes. En caso de pacto expreso entre las partes sobre algún mecanismo de revisión de valores monetarios que no detalle el índice o metodología de referencia, la renta se revisará para cada anualidad por referencia a la variación anual del Índice de Garantía de Competitividad.

4. Además de las rentas iniciales o revisadas, el arrendador podrá percibir el coste real de los servicios de que disfrute el arrendatario y satisfaga el arrendador.

5. Sin perjuicio de las sanciones administrativas que procedan, serán nulas las cláusulas y estipulaciones que establezcan rentas superiores a las máximas autorizadas en la normativa aplicable para las viviendas de protección oficial.

6. Lo dispuesto en los apartados anteriores no será de aplicación a las viviendas de promoción pública reguladas por el Real Decreto-ley 31/1978.

7. Lo dispuesto en los apartados anteriores será de aplicación general en defecto de legislación específica de las Comunidades Autónomas con competencia en la materia.

8. El arrendamiento de viviendas de protección oficial de promoción pública se regirá por las normas particulares de éstas respecto del plazo de duración del contrato, las variaciones de la renta, los límites de repercusión de cantidades por reparación de daños y mejoras, y lo previsto respecto del derecho de cesión y subrogación en el arrendamiento, y en lo no regulado por ellas por las de la presente ley, que se aplicará íntegramente cuando el arrendamiento deje de estar sometido a dichas disposiciones particulares.

La excepción no alcanzará a las cuestiones de competencia y procedimiento en las que se estará por entero a lo dispuesto en la presente ley.

➡ Texto aplicable a los contratos anteriores al 1 de abril de 2015

1. El plazo de duración del régimen legal de las viviendas de protección oficial, que se califiquen para arrendamiento a partir de la entrada en vigor de la presente ley, concluirá al transcurrir totalmente el período establecido en la normativa aplicable para la amortización del préstamo cualificado obtenido para su promoción o, en caso de no existir dicho préstamo, transcurridos veinticinco años a contar desde la fecha de la correspondiente calificación definitiva.

2. La renta máxima inicial por metro cuadrado útil de las viviendas de protección oficial a que se refiere el apartado anterior, será el porcentaje del precio máximo de venta que corresponda de conformidad con la normativa estatal o autonómica aplicable.

3. En todo caso, la revisión de las rentas de las viviendas de protección oficial, cualquiera que fuera la legislación a cuyo amparo estén acogidas, podrá practicarse anualmente en función de las variaciones porcentuales del Índice Nacional General del Sistema de Índices de Precios de Consumo.

4. Además de las rentas iniciales o revisadas, el arrendador podrá percibir el coste real de los servicios de que disfrute el arrendatario y satisfaga el arrendador.

5. Sin perjuicio de las sanciones administrativas que procedan, serán nulas las cláusulas y estipulaciones que establezcan rentas superiores a las máximas autorizadas en la normativa aplicable para las viviendas de protección oficial.

6. Lo dispuesto en los apartados anteriores no será de aplicación a las viviendas de promoción pública reguladas por el Real Decreto-Ley 31/1978.

7. Lo dispuesto en los apartados anteriores será de aplicación general en defecto de legislación específica de las Comunidades Autónomas con competencia en la materia.

8. El arrendamiento de viviendas de protección oficial de promoción pública se regirá por las normas particulares de estas respecto del plazo de duración del contrato, las variaciones de la renta, los límites de

repercusión de cantidades por reparación de daños y mejoras, y lo previsto respecto del derecho de cesión y subrogación en el arrendamiento, y en lo no regulado por ellas por las de la presente ley, que se aplicará íntegramente cuando el arrendamiento deje de estar sometido a dichas disposiciones particulares.

La excepción no alcanzará a las cuestiones de competencia y procedimiento en las que se estará por entero a lo dispuesto en la presente ley.

Precepto modificado por Ley 2/2015, de 30 de marzo, con entrada en vigor a partir del 1-4-2015 (Modificado apartado 3 de la disposición adicional primera)

Segunda. Modificación de la Ley Hipotecaria

1. El artículo 2, número 5.º, de la Ley Hipotecaria, aprobada por Decreto de 8 de febrero de 1946, tendrá la siguiente redacción:

«5.º Los contratos de arrendamiento de bienes inmuebles, y los subarriendos, cesiones y subrogaciones de los mismos.»

2. En el plazo de nueve meses desde la entrada en vigor de esta ley se establecerán reglamentariamente los requisitos de acceso de los contratos de arrendamientos urbanos al Registro de la Propiedad.

Nota: Téngase en cuenta lo establecido en la disposición final segunda de la Ley 4/2013, de 4 de junio (SP/LEG/11936).

Nota: Véase Real Decreto 297/1996, de 23 de febrero, sobre inscripción en el Registro de la Propiedad de los Contratos de Arrendamientos Urbanos (SP/LEG/1626).

Tercera. Depósito de fianzas

➡ Texto aplicable a los contratos celebrados desde el 6-3-2019

1. Las comunidades autónomas podrán establecer la obligación de que los arrendadores de finca urbana sujetos a la presente ley depositen el importe de la fianza regulada en el artículo 36.1 de esta ley, sin devengo de interés, a disposición de la Administración autonómica o del ente público que se designe hasta la extinción del correspondiente contrato. Si transcurrido un mes desde la finalización del contrato, la Administración autonómica o el ente público competente no procediere a la devolución de la cantidad depositada, ésta devengará el interés legal correspondiente.

2. Con objeto de favorecer la transparencia y facilitar el intercambio de información para el ejercicio de las políticas públicas, la normativa que regule el depósito de fianza a que se refiere el apartado anterior determinará los datos que deberán aportarse por parte del arrendador, entre los que figurará, como mínimo:

a) Los datos identificativos de las partes arrendadora y arrendataria, incluyendo domicilios a efectos de notificaciones.

b) Los datos identificativos de la finca, incluyendo la dirección postal, año de construcción y, en su caso, año y tipo de reforma, superficie construida de uso privativo por usos, referencia catastral y calificación energética.

c) Las características del contrato de arrendamiento, incluyendo la renta anual, el plazo temporal establecido, el sistema de actualización, el importe de la fianza y, en su caso, garantías adicionales, el tipo de acuerdo para el pago de los suministros básicos, y si se arrienda amueblada.

➡ Texto aplicable a los contratos anteriores al 6-3-2019

Las Comunidades Autónomas podrán establecer la obligación de que los arrendadores de finca urbana sujetos a la presente ley depositen el importe de la fianza regulada en el artículo 36.1 de esta ley, sin devengo de interés, a disposición de la Administración autonómica o del ente público que se designe hasta la extinción del correspondiente contrato. Si transcurrido un mes desde la finalización del contrato, la Administración autonómica o el ente público competente no procediere a la devolución de la cantidad depositada, ésta devengará el interés legal correspondiente.

Precepto modificado por RD-Ley 7/2019, de 1 de marzo, con entrada en vigor a partir del 6-3-2019 (Modificada disposición adicional tercera)

Cuarta. Ayudas para acceso a vivienda

Las personas que, en aplicación de lo establecido en la disposición transitoria segunda de la presente ley, se vean privadas del derecho a la subrogación mortis causa que les reconocía el texto refundido de la Ley de Arrendamientos Urbanos, aprobado por Decreto 4104/1964, de 24 de diciembre, serán sujeto preferente de los programas de ayudas públicas para el acceso a vivienda, siempre que cumplan los requisitos en cuanto a ingresos máximos que se establezcan en dichos programas.

Quinta. Modificación de la Ley de Enjuiciamiento Civil

1. El artículo 1.563 de la Ley de Enjuiciamiento Civil quedará redactado en la forma siguiente:

«1.º El desahucio por falta de pago de las rentas, de las cantidades asimiladas o de las cantidades cuyo pago hubiera asumido el arrendatario en el arrendamiento de viviendas o en el arrendamiento de una finca urbana habitable en la que se realicen actividades profesionales, comerciales o industriales, podrá ser enervado por el arrendatario si en algún momento anterior al señalado para la celebración del juicio, paga al actor o pone a su disposición en el Juzgado o notarialmente el importe de las cantidades en cuya inefectividad se sustente la demanda y el de las que en dicho instante adeude.

2.º Esta enervación no tendrá lugar cuando se hubiera producido otra anteriormente, ni cuando el arrendador hubiese requerido, por cualquier medio que permita acreditar su constancia, de pago al arrendatario con cuatro meses de antelación a la presentación de la demanda y éste no hubiese pagado las cantidades adeudadas al tiempo de dicha presentación.

3.º En todo caso, deberán indicarse en el escrito de interposición de la demanda las circunstancias concurrentes que puedan permitir o no la enervación. Cuando ésta proceda, el Juzgado indicará en la citación el deber de pagar o de consignar el importe antes de la celebración del juicio.»

2. Los recursos contra sentencias en las materias a que se refiere el artículo 38, tendrán tramitación preferente tanto ante las Audiencias Provinciales, como ante los Tribunales Superiores.

En los procesos que lleven aparejado el lanzamiento, no se admitirán al demandado los recursos de apelación y de casación, cuando procedan, si no acredita al interponerlos tener satisfechas las rentas vencidas y las que con arreglo al contrato deba pagar adelantadas, o si no las consigna judicial o notarialmente.

Si el arrendatario no cumpliese lo anterior, se tendrá por firme la sentencia y se procederá a su ejecución, siempre que requerido por el juez o tribunal que conozca de los mismos no cumpliere su obligación de pago o consignación en el plazo de cinco días.

También se tendrá por desierto el recurso de casación o apelación interpuesto por el arrendatario, cualquiera que sea el estado en que se halle, si durante la sustanciación del mismo dejare aquél de pagar los plazos que venzan o los que deba adelantar. Sin embargo, el arrendatario podrá cautelarmente adelantar o consignar el pago de varios períodos no vencidos, los cuales se sujetarán a liquidación una vez firme la sentencia. En todo caso, el abono de dichos importes no se entenderá novación contractual.

3. El artículo 1.687,3 de la Ley de Enjuiciamiento Civil quedará redactado de la forma siguiente:

«Artículo 1.687,3.

Las sentencias dictadas por las Audiencias en los juicios de desahucio que no tengan regulación especial, salvo las dictadas en juicio de desahucio por falta de pago de la renta, las dictadas en procesos sobre arrendamientos urbanos seguidos por los trámites del juicio de cognición, en este último supuesto cuando no fuesen conformes con la dictada en primera instancia, y las recaídas en los juicios de retracto, cuando en todos los casos alcancen la cuantía requerida para esta clase de recursos en los declarativos ordinarios.

No obstante, si se tratase de arrendamiento de vivienda bastará con que la cuantía exceda de 1.500.000 pesetas.

Se entenderá que son conformes la sentencia de apelación y de primera instancia aunque difieran en lo relativo a la imposición de costas.»

Precepto modificado por Ley 50/1998, de 30 de diciembre, con entrada en vigor a partir del 1-1-1999 (Modificado apartado 2 de la disposición adicional quinta)

Nota: Téngase en cuenta que los artículos 1.563 y 1.687,3 del Real Decreto de 3 de febrero de 1881, de promulgación de la Ley de Enjuiciamiento Civil (SP/LEG/2016), han sido derogados por la disposición derogatoria única de la Ley 1/2000, de 7 de enero, de Enjuiciamiento Civil (SP/LEG/2010), con entrada en vigor a partir del 8-1-2001.

Sexta. Censo de arrendamientos urbanos

1. El Gobierno procederá, a través del Ministerio de Obras Públicas, Transportes y Medio Ambiente, en el plazo de un año a partir de la entrada en vigor de la presente ley, a elaborar un censo de los contratos de arrendamiento de viviendas sujetos a la presente ley subsistentes a su entrada en vigor.

2. Este censo comprenderá datos identificativos del arrendador y del arrendatario, de la renta del contrato, de la existencia o no de cláusulas de revisión, de su duración y de la fecha del contrato.

3. A estos efectos, los arrendadores deberán remitir, al Ministerio de Obras Públicas, Transportes y Medio Ambiente, en el plazo máximo de tres meses a partir de la entrada en vigor de la ley, los datos del contrato a que se refiere el párrafo anterior.

4. Los arrendatarios tendrán derecho a solicitar la inclusión en el censo a que se refiere esta disposición de sus respectivos contratos, dando cuenta por escrito al arrendador de los datos remitidos.

5. El incumplimiento de la obligación prevista en el anterior apartado 3 privará al arrendador que la hubiera incumplido del derecho a los beneficios fiscales a que se refiere la disposición final cuarta de la presente ley.

Nota: Véase Orden de 20 de diciembre de 1994, por la que se dictan normas para la elaboración del censo de contratos de arrendamiento de viviendas (BOE n.º 310, de 28 de diciembre de 1994).

Séptima. Modificación Ley 36/1988, de 5 de diciembre, de Arbitraje

Se añade al artículo 30 de la Ley 36/1988, de 5 de diciembre, de Arbitraje, un número 3, cuyo contenido será el siguiente:

«En los procedimientos arbitrales que traigan causa de contratos sometidos al régimen jurídico de la Ley de Arrendamientos Urbanos, a falta de pacto expreso de las partes, los árbitros deberán dictar el laudo en el término de tres meses, contado como se dispone en el número 1 de este artículo.»

Octava. Derecho de retorno

El derecho de retorno regulado en la disposición adicional cuarta. 3.ª del texto refundido de la Ley sobre el Régimen del Suelo y Ordenación Urbana, aprobado por el Real Decreto legislativo 1/1992, de 26 de junio, se regirá por lo previsto en esta disposición y, en su defecto, por las normas del texto refundido de la Ley de Arrendamientos Urbanos de 1964.

Cuando en las actuaciones urbanísticas aisladas no expropiatorias exigidas por el planeamiento urbanístico, fuera necesario proceder a la demolición total o a la rehabilitación integral con conservación de fachada o de estructura de un edificio, en el que existan viviendas urbanas arrendadas sea cualquiera la fecha del arrendamiento, el arrendatario tendrá derecho a que el arrendador de la citada finca le proporcione una nueva vivienda de una superficie no inferior al 50 por 100 de la anterior, siempre que tenga al menos 90 metros cuadrados, o no inferior a la que tuviere, si no alcanzaba dicha superficie, de características análogas a aquélla y que esté ubicada en el mismo solar o en el entorno del edificio demolido o rehabilitado.

Novena. Declaración de la situación de minusvalía

A los efectos prevenidos en esta ley, la situación de minusvalía y su grado deberán ser declarados, de acuerdo con la normativa vigente, por los centros y servicios de las Administraciones Públicas competentes.

Nota: Véase Ley 15/1995, de 30 de mayo, sobre límites del dominio sobre inmuebles para eliminar barreras arquitectónicas a las personas con discapacidad (BOE n.º 129, de 31 de mayo de 1995).

Décima. Prescripción

Todos los derechos, obligaciones y acciones que resulten de los contratos de arrendamiento contemplados en la presente ley, incluidos los subsistentes a la entrada en vigor de la misma, prescribirán, cuando no exista plazo específico de prescripción previsto, de acuerdo con lo dispuesto en el régimen general contenido en el Código Civil.

Undécima. Índice de referencia para la actualización anual de los contratos de arrendamiento de vivienda

El Instituto Nacional de Estadística definirá, antes del 31 de diciembre de 2024, un índice de referencia para la actualización anual de los contratos de arrendamiento de vivienda que se fijará como límite de referencia a los efectos del artículo 18 de esta ley, con el objeto de evitar incrementos desproporcionados en la renta de los contratos de arrendamiento.

Añadida disposición adicional undécima por Ley 12/2023, de 24 de mayo, con entrada en vigor a partir del 26-5-2023

DISPOSICIONES TRANSITORIAS

Primera. Contratos celebrados a partir del 9 de mayo de 1985

1. Los contratos de arrendamiento de vivienda celebrados a partir del 9 de mayo de 1985 que subsistan a la fecha de entrada en vigor de la presente ley, continuarán rigiéndose por lo dispuesto en el artículo 9.º del Real Decreto-ley 2/1985, de 30 de abril, sobre medidas de política económica, y por lo dispuesto para el contrato de inquilinato en el texto refundido de la Ley de Arrendamientos Urbanos, aprobado por Decreto 4104/1964, de 24 de diciembre.

Será aplicable a estos contratos lo dispuesto en los apartados 2 y 3 de la disposición transitoria segunda.

La tácita reconducción prevista en el artículo 1.566 del Código Civil lo será por un plazo de tres años, sin perjuicio de la facultad de no renovación prevista en el artículo 9 de esta ley. El arrendamiento renovado se regirá por lo dispuesto en la presente ley para los arrendamientos de vivienda.

2. Los contratos de arrendamiento de local de negocio celebrados a partir del 9 de mayo de 1985, que subsistan en la fecha de entrada en vigor de esta ley, continuarán rigiéndose por lo dispuesto en el artículo 9.º del Real Decreto-ley 2/1985, de 30 de abril, y por lo dispuesto en el texto refundido de la Ley de Arrendamientos Urbanos de 1964. En el caso de tácita reconducción conforme a lo dispuesto en el artículo 1.566 del Código Civil, el arrendamiento renovado se regirá por las normas de la presente ley relativas a los arrendamientos para uso distinto al de vivienda.

Lo dispuesto en el párrafo anterior será de aplicación a los contratos de arrendamiento asimilados al de inquilinato y al de local de negocio que se hubieran celebrado a partir del 9 de mayo de 1985 y que subsistan en la fecha de entrada en vigor de esta ley.

Segunda. Contratos de arrendamiento de vivienda celebrados con anterioridad al 9 de mayo de 1985

A) Régimen normativo aplicable.

1. Los contratos de arrendamiento de vivienda celebrados antes del 9 de mayo de 1985 que subsistan en la fecha de entrada en vigor de la presente ley, continuarán rigiéndose por las normas relativas al contrato de inquilinato del texto refundido de la Ley de Arrendamientos Urbanos de 1964, salvo las modificaciones contenidas en los apartados siguientes de esta disposición transitoria.

2. Será aplicable a estos contratos lo dispuesto en los artículos 12, 15 y 24 de la presente ley.

3. Dejará de ser aplicable lo dispuesto en el apartado 1 del artículo 24 del texto refundido de la Ley de Arrendamientos Urbanos de 1964.

No procederán los derechos de tanteo y retracto, regulados en el capítulo VI del texto refundido de la Ley de Arrendamientos Urbanos de 1964, en los casos de adjudicación de vivienda por consecuencia de división de cosa común cuando los contratos de arrendamiento hayan sido otorgados con posterioridad a la constitución de la comunidad sobre la cosa, ni tampoco en los casos de división y adjudicación de cosa común adquirida por herencia o legado.

B) Extinción y subrogación.

4. A partir de la entrada en vigor de esta ley, la subrogación a que se refiere el artículo 58 del texto refundido de la Ley de Arrendamientos Urbanos de 1964, sólo podrá tener lugar a favor del cónyuge del arrendatario no separado legalmente o de hecho, o en su defecto, de los hijos que conviviesen con él durante los dos años anteriores a su fallecimiento; en defecto de los anteriores, se podrán subrogar los ascendientes del arrendatario que estuviesen a su cargo y conviviesen con él con tres años, como mínimo, de antelación a la fecha de su fallecimiento.

El contrato se extinguirá al fallecimiento del subrogado, salvo que lo fuera un hijo del arrendatario no afectado por una minusvalía igual o superior al 65 por 100, en cuyo caso se extinguirá a los dos años o en la fecha en que el subrogado cumpla veinticinco años, si ésta fuese posterior.

No obstante, si el subrogado fuese el cónyuge y al tiempo de su fallecimiento hubiese hijos del arrendatario que conviviesen con aquél, podrá haber una ulterior subrogación. En este caso, el contrato quedará extinguido a los dos años o cuando el hijo alcance la edad de veinticinco años si esta fecha es posterior, o por su fallecimiento si está afectado por la minusvalía mencionada en el párrafo anterior.

5. Al fallecimiento de la persona que, a tenor de lo dispuesto en los artículos 24.1 y 58 del texto refundido de la Ley de Arrendamientos Urbanos de 1964, se hubiese subrogado en la posición del inquilino antes de la entrada en vigor de la presente ley, sólo se podrá subrogar su cónyuge no separado legalmente o de hecho y, en su defecto, los hijos del arrendatario que habitasen en la vivienda arrendada y hubiesen convivido con él durante los dos años anteriores a su fallecimiento.

El contrato se extinguirá al fallecimiento del subrogado, salvo que lo fuera un hijo del arrendatario no afectado por una minusvalía igual o superior al 65 por 100, en cuyo caso se extinguirá a los dos años o cuando el hijo alcance la edad de veinticinco años si esta fecha es posterior.

No se autorizan ulteriores subrogaciones.

6. Al fallecimiento de la persona que de acuerdo con el artículo 59 del texto refundido de la Ley de Arrendamientos Urbanos de 1964 ocupase la vivienda por segunda subrogación no se autorizan ulteriores subrogaciones.

7. Los derechos reconocidos en los apartados 4 y 5 de esta disposición al cónyuge del arrendatario, serán también de aplicación respecto de la persona que hubiera venido conviviendo con el arrendatario de forma permanente en análoga relación de afectividad a la de cónyuge, con independencia de su orientación sexual, durante, al menos, los dos años anteriores al tiempo del fallecimiento, salvo que hubieran tenido descendencia en común, en cuyo caso bastará la mera convivencia.

8. Durante los diez años siguientes a la entrada en vigor de la ley, si la subrogación prevista en los apartados 4 y 5 anteriores se hubiera producido a favor de hijos mayores de sesenta y cinco años o que fueren perceptores de prestaciones públicas por jubilación o invalidez permanente en grado de incapacidad permanente absoluta o gran invalidez el contrato se extinguirá por el fallecimiento del hijo subrogado.

9. Corresponde a las personas que ejerciten la subrogación contemplada en los apartados 4, 5 y 7 de esta disposición probar la condición de convivencia con el arrendatario fallecido que para cada supuesto proceda.

La condición de convivencia con el arrendatario fallecido deberá ser habitual y darse necesariamente en la vivienda arrendada.

Serán de aplicación a la subrogación por causa de muerte regulada en los apartados 4 a 7 anteriores, las disposiciones sobre procedimiento y orden de prelación establecidas en el artículo 16 de la presente ley.

En ningún caso los beneficiarios de una subrogación podrán renunciarla a favor de otro de distinto grado de prelación.

C) Otros derechos del arrendador.

10. Para las anualidades del contrato que se inicien a partir de la entrada en vigor de esta ley, el arrendador tendrá los siguientes derechos:

10.1 En el Impuesto sobre el Patrimonio, el valor del inmueble arrendado se determinará por capitalización al 4 por 100 de la renta devengada, siempre que el resultado sea inferior al que resultaría de la aplicación de las reglas de valoración de bienes inmuebles previstas en la Ley del Impuesto sobre el Patrimonio.

10.2 Podrá exigir del arrendatario el total importe de la cuota del Impuesto sobre Bienes Inmuebles que corresponda al inmueble arrendado. Cuando la cuota no estuviese individualizada se dividirá en proporción a la superficie de cada vivienda.

10.3 Podrá repercutir en el arrendatario el importe de las obras de reparación necesarias para mantener la vivienda en estado de servir para el uso convenido, en los términos resultantes del artículo 108 del texto refundido de la Ley de Arrendamientos Urbanos de 1964 o de acuerdo con las reglas siguientes:

1.ª Que la reparación haya sido solicitada por el arrendatario o acordada por resolución judicial o administrativa firme.

En caso de ser varios los arrendatarios afectados, la solicitud deberá haberse efectuado por la mayoría de los arrendatarios afectados o, en su caso, por arrendatarios que representen la mayoría de las cuotas de participación correspondientes a los pisos afectados.

2.ª Del capital invertido en los gastos realizados, se deducirán los auxilios o ayudas públicas percibidos por el propietario.

3.ª Al capital invertido se le sumará el importe del interés legal del dinero correspondiente a dicho capital calculado para un período de cinco años.

4.ª El arrendatario abonará anualmente un importe equivalente al 10 por 100 de la cantidad referida en la regla anterior, hasta su completo pago.

En el caso de ser varios los arrendatarios afectados, la cantidad referida en la regla anterior se repartirá entre éstos de acuerdo con los criterios establecidos en el apartado 2 del artículo 19 de la presente ley.

5.ª La cantidad anual pagada por el arrendatario no podrá superar la menor de las dos cantidades siguientes: cinco veces su renta vigente más las cantidades asimiladas a la misma o el importe del salario mínimo interprofesional, ambas consideradas en su cómputo anual.

10.4 Si el arrendador hubiera optado por realizar la repercusión con arreglo a lo dispuesto en el artículo 108 antes citado, la repercusión se hará de forma proporcional a la superficie de la finca afectada.

10.5 Podrá repercutir en el arrendatario el importe del coste de los servicios y suministros que se produzcan a partir de la entrada en vigor de la ley.

Se exceptúa el supuesto en que por pacto expreso entre las partes todos estos gastos sean por cuenta del arrendador.

D) Actualización de la renta.

11. La renta del contrato podrá ser actualizada a instancia del arrendador previo requerimiento fehaciente al arrendatario.

Este requerimiento podrá ser realizado en la fecha en que, a partir de la entrada en vigor de la ley, se cumpla una anualidad de vigencia del contrato.

Efectuado dicho requerimiento, en cada uno de los años en que aplique esta actualización, el arrendador deberá notificar al arrendatario el importe de la actualización, acompañando certificación del Instituto Nacional de Estadística expresiva de los índices determinantes de la cantidad notificada.

La actualización se desarrollará de acuerdo con las siguientes reglas:

1.ª La renta pactada inicialmente en el contrato que dio origen al arrendamiento deberá mantener, durante cada una de las anualidades en que se desarrolle la actualización, con la renta actualizada, la misma proporción que el Índice General Nacional del Sistema de Índices de Precios de Consumo o que el Índice General Nacional o Índice General Urbano del Sistema de Índices de Costes de la Vida del mes anterior a la fecha del contrato con respecto al Índice correspondiente al mes anterior a la fecha de actualización.

En los arrendamientos de viviendas comprendidos en el artículo 6.º, 2, del texto refundido de la Ley de Arrendamientos Urbanos de 1964 celebrados con anterioridad al 12 de mayo de 1956, se tomará como renta inicial la revalorizada a que se refiere el artículo 96.10 del citado texto refundido, háyase o no exigido en su día por el arrendador; y, como índice correspondiente a la fecha del contrato, el del mes de junio de 1964.

En los arrendamientos de viviendas no comprendidas en el artículo 6.º, 2, del citado texto refundido celebrados antes del 12 de mayo de 1956, se tomará como renta inicial, la que se viniera percibiendo en el mes de julio de 1954, y como índice correspondiente a la fecha del contrato el mes de marzo de 1954.

2.ª De la renta actualizada que corresponda a cada período anual calculada con arreglo a lo dispuesto en la regla anterior o en la regla 5.ª, sólo será exigible al arrendatario el porcentaje que resulta de lo dispuesto en las reglas siguientes siempre que este importe sea mayor que la renta que viniera pagando el arrendatario en ese momento incrementada en las cantidades asimiladas a la renta.

En el supuesto de que al aplicar la tabla de porcentajes que corresponda resultase que la renta que estuviera pagando en ese momento fuera superior a la cantidad que corresponda en aplicación de tales tablas, se pasaría a aplicar el porcentaje inmediatamente superior, o en su caso el siguiente o siguientes que correspondan, hasta que la cantidad exigible de la renta actualizada sea superior a la que se estuviera pagando.

3.ª La renta actualizada absorberá las cantidades asimiladas a la renta desde la primera anualidad de la revisión.

Se consideran cantidades asimiladas a la renta a estos exclusivos efectos, la repercusión al arrendatario del aumento de coste de los servicios y suministros a que se refiere el artículo 102 del texto refundido de la Ley de Arrendamientos Urbanos y la repercusión del coste de las obras a que se refiere el artículo 107 del citado texto legal.

4.ª A partir del año en que se alcance el cien por cien de actualización, la renta que corresponda pagar podrá ser actualizada por el arrendador o por el arrendatario conforme a la variación porcentual experimentada en los doce meses anteriores por el Índice General del Sistema de Índices de Precios de Consumo, salvo cuando el contrato contuviera expreso otro sistema de actualización, en cuyo caso será éste de aplicación.

5.ª Cuando la renta actualizada calculada de acuerdo con lo dispuesto en la regla 1.ª sea superior a la que resulte de aplicar lo dispuesto en el párrafo siguiente, se tomará como renta revisada esta última.

La renta a estos efectos se determinará aplicando sobre el valor catastral de la finca arrendada vigente en 1994, los siguientes porcentajes:

- El 12 por 100, cuando el valor catastral derivara de una revisión que hubiera surtido efectos con posterioridad a 1989.

- El 24 por 100 para el resto de los supuestos.

Para fincas situadas en el País Vasco se aplicará sobre el valor catastral el porcentaje del 24 por 100; para fincas situadas en Navarra se aplicará sobre el valor catastral el porcentaje del 12 por 100.

6.ª El inquilino podrá oponerse a la actualización de renta comunicándoselo fehacientemente al arrendador en el plazo de los treinta días naturales siguientes a la recepción del requerimiento de éste, en cuyo caso la renta que viniera abonando el inquilino hasta ese momento, incrementada con las cantidades asimiladas a ella, sólo podrá actualizarse anualmente con la variación experimentada por el Índice General Nacional del Sistema de Índices de Precios de Consumo en los doce meses inmediatamente anteriores a la fecha de cada actualización.

Los contratos de arrendamiento respecto de los que el inquilino ejercite la opción a que se refiere esta regla quedarán extinguidos en un plazo de ocho años, aun cuando se produzca una subrogación, contándose dicho plazo a partir de la fecha del requerimiento fehaciente del arrendador.

7.ª No procederá la actualización de renta prevista en este apartado cuando la suma de los ingresos totales que perciba el arrendatario y las personas que con él convivan habitualmente en la vivienda arrendada, no excedan de los límites siguientes:

Número de personas que convivan en la vivienda arrendada	Límite en número de veces el salario mínimo interprofesional
1 ó 2	2,5
3 ó 4	3
Más de 4	3,5

Los ingresos a considerar serán la totalidad de los obtenidos durante el ejercicio impositivo anterior a aquel en que se promueva por el arrendador la actualización de la renta.

En defecto de acreditación por el arrendatario de los ingresos percibidos por el conjunto de las personas que convivan en la vivienda arrendada, se presumirá que procede la actualización pretendida.

8.ª En los supuestos en que no proceda la actualización, la renta que viniese abonando el inquilino, incrementada en las cantidades asimiladas a ella, podrá actualizarse anualmente a tenor de la variación experimentada por el Índice General de Precios al Consumo en los doce meses inmediatamente anteriores a la fecha de cada actualización.

9.ª La actualización de renta cuando proceda, se realizará en los plazos siguientes:

a) En diez años, cuando la suma de los ingresos totales percibidos por el arrendatario y las personas que con él convivan habitualmente en la vivienda arrendada no exceda de 5,5 veces el salario mínimo interprofesional.

En este caso, los porcentajes exigibles de la renta actualizada serán los siguientes:

Período anual de actualización a partir de la entrada en vigor de la ley	Porcentaje exigible de la renta actualizada
1.º	10
2.º	20
3.º	30
4.º	40
5.º	50
6.º	60
7.º	70
8.º	80
9.º	90
10.º	100

b) En cinco años, cuando la indicada suma sea igual o superior a 5,5 veces el salario mínimo interprofesional.

En este caso, los porcentajes exigibles de la renta actualizada serán el doble de los indicados en la letra a) anterior.

10.ª Lo dispuesto en el presente apartado sustituirá a lo dispuesto para los arrendamientos de vivienda en los números 1 y 4 del artículo 100 del texto refundido de la Ley de Arrendamientos Urbanos de 1964.

Nota: Téngase en cuenta que el apartado 3 de la Disposición Transitoria Segunda entra en vigor el 26 de noviembre de 1994.

Tercera. Contratos de arrendamiento de local de negocio, celebrados antes del 9 de mayo de 1985

A) Régimen normativo aplicable.

1. Los contratos de arrendamiento de local de negocio celebrados antes del 9 de mayo de 1985 que subsistan en la fecha de entrada en vigor de la presente ley, continuarán rigiéndose por las normas del texto refundido de la Ley de Arrendamientos Urbanos de 1964 relativas al contrato de arrendamiento de local de negocio, salvo las modificaciones contenidas en los apartados siguientes de esta disposición transitoria.

B) Extinción y subrogación.

2. Los contratos que en la fecha de entrada en vigor de la presente ley se encuentren en situación de prórroga legal, quedarán extinguidos de acuerdo con lo dispuesto en los apartados 3 a 4 siguientes.

3. Los arrendamientos cuyo arrendatario fuera una persona física se extinguirán por su jubilación o fallecimiento, salvo que se subrogue su cónyuge y continúe la misma actividad desarrollada en el local.

En defecto de cónyuge supérstite que continúe la actividad o en caso de haberse subrogado éste, a su jubilación o fallecimiento, si en ese momento no hubieran transcurrido veinte años a contar desde la aprobación de la ley, podrá subrogarse en el contrato un descendiente del arrendatario que continúe la actividad desarrollada en el local. En este caso, el contrato durará por el número de años suficiente hasta completar veinte años a contar desde la entrada en vigor de la ley.

La primera subrogación prevista en los párrafos anteriores no podrá tener lugar cuando ya se hubieran producido en el arrendamiento dos transmisiones de acuerdo con lo previsto en el artículo 60 del texto refundido de la Ley de Arrendamientos Urbanos. La segunda subrogación prevista no podrá tener lugar cuando ya se hubiera producido en el arrendamiento una transmisión de acuerdo con lo previsto en el citado artículo 60.

El arrendatario actual y su cónyuge, si se hubiera subrogado, podrán traspasar el local de negocio en los términos previstos en el artículo 32 del texto refundido de la Ley de Arrendamientos Urbanos.

Este traspaso permitirá la continuación del arrendamiento por un mínimo de diez años a contar desde su realización o por el número de años que quedaren desde el momento en que se realice el traspaso hasta computar veinte años a contar desde la aprobación de la ley.

Cuando en los diez años anteriores a la entrada en vigor de la ley se hubiera producido el traspaso del local de negocio, los plazos contemplados en este apartado se incrementarán en cinco años.

Se tomará como fecha del traspaso, a los efectos de este apartado, la de la escritura a que se refiere el artículo 32 del texto refundido de la Ley de Arrendamientos Urbanos de 1964.

4. Los arrendamientos de local de negocio cuyo arrendatario sea una persona jurídica se extinguirán de acuerdo con las reglas siguientes:

1.ª Los arrendamientos de locales en los que se desarrollen actividades comerciales, en veinte años.

Se consideran actividades comerciales a estos efectos las comprendidas en la División 6 de la tarifa del Impuesto sobre Actividades Económicas.

Se exceptúan los locales cuya superficie sea superior a 2.500 metros cuadrados, en cuyo caso, la extinción se producirá en cinco años.

2.ª Los arrendamientos de locales en los que se desarrollen actividades distintas de aquéllas a las que se refiere la regla 1.ª a las que correspondan cuotas según las tarifas del Impuesto sobre Actividades Económicas:

- De menos de 85.000 pesetas, en veinte años.

- Entre 85.001 y 130.000 pesetas, en quince años.

- Entre 130.001 y 190.000 pesetas, en diez años.

- De más de 190.000 pesetas, en cinco años.

Las cuotas que deben ser tomadas en consideración a los efectos dispuestos en el presente apartado son las cuotas mínimas municipales o cuotas mínimas según tarifa, que incluyen, cuando proceda, el complemento de superficie, correspondientes al ejercicio 1994. En aquellas actividades a las que corresponda una bonificación en la cuota del Impuesto sobre Actividades Económicas, dicha bonificación se aplicará a la cuota mínima municipal o cuota mínima según tarifa a los efectos de determinar la cantidad que corresponda.

Los plazos citados en las reglas anteriores se contarán a partir de la entrada en vigor de la presente ley. Cuando en los diez años anteriores a dicha entrada en vigor se hubiera producido el traspaso del local de negocio, los plazos de extinción de los contratos se incrementarán en cinco años. Se tomará como fecha de traspaso la de la escritura a que se refiere el artículo 32 del texto refundido de la Ley de Arrendamientos Urbanos.

Cuando en un local se desarrollen actividades a las que correspondan distintas cuotas, sólo se tomará en consideración a los efectos de este apartado la mayor de ellas.

Incumbe al arrendatario la prueba de la cuota que corresponda a la actividad desarrollada en el local arrendado. En defecto de prueba, el arrendamiento tendrá la mínima de las duraciones previstas en el párrafo primero.

5. Los contratos en los que, en la fecha de entrada en vigor de la presente ley, no haya transcurrido aún el plazo determinado pactado en el contrato durarán el tiempo que reste para que dicho plazo se cumpla. Cuando este período de tiempo sea inferior al que resultaría de la aplicación de las reglas del apartado 4, el arrendatario podrá hacer durar el arriendo el plazo que resulte de la aplicación de dichas reglas.

En los casos previstos en este apartado y en el apartado 4, la tácita reconducción se regirá por lo dispuesto en el artículo 1.566 del Código Civil, y serán aplicables al arrendamiento renovado las normas de la presente ley relativas a los arrendamientos de fincas urbanas para uso distinto del de vivienda.

C) Actualización de la renta.

6. A partir de la entrada en vigor de la presente ley, en la fecha en que se cumpla cada año de vigencia del contrato, la renta de los arrendamientos de locales de negocio podrá ser actualizada, a instancia del arrendador, previo requerimiento fehaciente al arrendatario de acuerdo con las siguientes reglas:

1.ª La renta pactada inicialmente en el contrato que dio origen al arrendamiento deberá mantener con la renta actualizada la misma proporción que el Índice General Nacional del Sistema de Índices de Precios de Consumo o que el Índice General Nacional o Índice General Urbano del Sistema de Índices de Costes de la Vida del mes anterior a la fecha del contrato con respecto al índice correspondiente al mes anterior a la fecha de cada actualización.

En los contratos celebrados con anterioridad al 12 de mayo de 1956, se tomará como renta inicial la revalorizada a que se refiere el artículo 96.10 del citado texto refundido, háyase o no exigido en su día por el arrendador, y como índice correspondiente a la fecha del contrato el del mes de junio de 1964.

2.ª De la renta actualizada que corresponda a cada período anual calculado con arreglo a lo dispuesto en la regla anterior, sólo será exigible al arrendatario el porcentaje que resulte de las tablas de porcentajes previstas en las reglas siguientes en función del período de actualización que corresponda, siempre que este importe sea mayor que la renta que viniera pagando el arrendatario en ese momento incrementada en las cantidades asimiladas a la renta.

En el supuesto de que al aplicar la tabla de porcentajes que corresponda resultase que la renta que estuviera cobrando en ese momento fuera superior a la cantidad que corresponda en aplicación de tales tablas, se pasaría a aplicar el porcentaje inmediatamente superior, o en su caso el siguiente o siguientes que correspondan, hasta que la cantidad exigible de la renta actualizada sea superior a la que se estuviera cobrando sin la actualización.

3.ª En los arrendamientos a los que corresponda, de acuerdo con lo dispuesto en el apartado 4, un período de extinción de cinco o diez años, la revisión de renta se hará de acuerdo con la tabla siguiente:

Actualización a partir de la entrada en vigor de la ley	Porcentaje exigible de la renta actualizada
1.º	10
2.º	20
3.º	35
4.º	60
5.º	100

4.ª En los arrendamientos comprendidos en el apartado 3, y en aquéllos a los que corresponda, de acuerdo con lo dispuesto en el apartado 4, un período de extinción de quince o veinte años, la revisión de renta se hará con arreglo a los porcentajes y plazos previstos en la regla 9.ª, a), del apartado 11 de la disposición transitoria segunda.

5.ª La renta actualizada absorberá las cantidades asimiladas a la renta desde la primera anualidad de la revisión.

Se consideran cantidades asimiladas a la renta a estos exclusivos efectos la repercusión al arrendatario del aumento de coste de los servicios y suministros a que se refiere el artículo 102 del texto refundido de la Ley de Arrendamientos Urbanos y la repercusión del coste de las obras a que se refiere el artículo 107 del citado texto legal.

6.ª A partir del año en que se alcance el 100 por 100 de actualización, la renta que corresponda pagar podrá ser actualizada por el arrendador o por el arrendatario conforme a la variación porcentual experimentada en los doce meses anteriores por el Índice General del Sistema de Índices de Precios de Consumo, salvo cuando el contrato contuviera expreso otro sistema de actualización, en cuyo caso será éste de aplicación.

7.ª Lo dispuesto en el presente apartado sustituirá a lo dispuesto para los arrendamientos de locales de negocio en el número 1 del artículo 100 del texto refundido de la Ley de Arrendamientos Urbanos de 1964.

8.ª Para determinar a estos efectos la fecha de celebración del contrato, se atenderá a aquella en que se suscribió, con independencia de que el arrendatario actual sea el originario o la persona subrogada en su posición.

7. El arrendatario podrá revisar la renta de acuerdo con lo dispuesto en las reglas 1.ª, 5.ª y 6.ªdel apartado anterior en la primera renta que corresponda pagar, a partir del requerimiento de revisión efectuado por el arrendador o a iniciativa propia.

En este supuesto, el plazo mínimo de duración previsto en el apartado 3 y los plazos previstos en el apartado 4, se incrementarán en cinco años.

Lo dispuesto en el párrafo anterior será también de aplicación en el supuesto en que la renta que se estuviera pagando en el momento de entrada en vigor de la ley fuera mayor que la resultante de la actualización prevista en el apartado 7.

8. La revisión de renta prevista para los contratos a que se refiere el apartado 3 y para aquellos de los contemplados en el apartado 4 que tengan señalado un período de extinción de quince o veinte años, no procederá cuando el arrendatario opte por la no aplicación de la misma.

Para ello, el arrendatario deberá comunicar por escrito al arrendador su voluntad en un plazo de treinta días naturales siguientes a la recepción del requerimiento de éste para la revisión de la renta.

Los contratos de arrendamiento respecto de los que el arrendatario ejercite la opción de no revisión de la renta, se extinguirán cuando venza la quinta anualidad contada a partir de la entrada en vigor de la presente ley.

D) Otros derechos del arrendador.

9. Para las anualidades del contrato que se inicien a partir de la entrada en vigor de esta ley, y hasta que se produzca la extinción del mismo, será también de aplicación a estos contratos lo previsto en el apartado 10 de la disposición transitoria segunda.

E) Otros derechos del arrendatario.

10. El arrendatario tendrá derecho a una indemnización de una cuantía igual a dieciocho mensualidades de la renta vigente al tiempo de la extinción del arrendamiento cuando antes del transcurso de un año desde la extinción del mismo, cualquier persona comience a ejercer en el local la misma actividad o una actividad afín a la que aquél ejercitaba. Se considerarán afines las actividades típicamente aptas para beneficiarse, aunque sólo sea en parte, de la clientela captada por la actividad que ejerció el arrendatario.

11. Extinguido el contrato de arrendamiento conforme a lo dispuesto en los apartados precedentes, el arrendatario tendrá derecho preferente para continuar en el local arrendado si el arrendador pretendiese celebrar un nuevo contrato con distinto arrendatario antes de haber transcurrido un año a contar desde la extinción legal del arrendamiento.

A tal efecto, el arrendador deberá notificar fehacientemente al arrendatario su propósito de celebrar un nuevo contrato de arrendamiento, la renta ofrecida, las condiciones esenciales del contrato y el nombre, domicilio y circunstancias del nuevo arrendatario.

El derecho preferente a continuar en el local arrendado conforme a las condiciones ofrecidas deberá ejercitarse por el arrendatario en el plazo de treinta días naturales a contar desde el siguiente al de la notificación, procediendo en este plazo a la firma del contrato.

El arrendador, transcurrido el plazo de treinta días naturales desde la notificación sin que el arrendatario hubiera procedido a firmar el contrato de arrendamiento propuesto, deberá formalizar el nuevo contrato de arrendamiento en el plazo de ciento veinte días naturales a contar desde la notificación al arrendatario cuyo contrato se extinguió.

Si el arrendador no hubiese hecho la notificación prevenida u omitiera en ella cualquiera de los requisitos exigidos o resultaran diferentes la renta pactada, la persona del nuevo arrendatario o las restantes condiciones esenciales del contrato, tendrá derecho el arrendatario cuyo contrato se extinguió a subrogarse, por ministerio de la ley, en el nuevo contrato de arrendamiento en el plazo de sesenta días naturales desde que el arrendador le remitiese fehacientemente copia legalizada del nuevo contrato celebrado seguido a tal efecto, estando legitimado para ejercitar la acción de desahucio por el procedimiento establecido para el ejercicio de la acción de retracto.

El arrendador está obligado a remitir al arrendatario cuyo contrato se hubiera extinguido, copia del nuevo contrato celebrado dentro del año siguiente a la extinción, en el plazo de quince días desde su celebración.

El ejercicio de este derecho preferente será incompatible con la percepción de la indemnización prevista en el apartado anterior, pudiendo el arrendatario optar entre uno y otro.

12. La presente disposición transitoria se aplicará a los contratos de arrendamiento de local de negocio para oficina de farmacia celebrados antes del 9 de mayo de 1985 y que subsistan el 31 de diciembre de 1999.

> **Precepto modificado por Ley 55/1999, de 29 de diciembre, con entrada en vigor a partir del 1-1-2000 (Añadido apartado 12 de la disposición transitoria tercera)**

Cuarta. Contratos de arrendamiento asimilados celebrados con anterioridad al 9 de mayo de 1985

1. Los contratos de arrendamientos asimilados a los de inquilinato a que se refiere el artículo 4.2 del texto refundido de la Ley de Arrendamientos Urbanos de 1964 y los asimilados a los de local de negocio a que se refiere el artículo 5.2 del mismo texto legal, celebrados antes del 9 de mayo de 1985 y que subsistan a la entrada en vigor de la presente ley, continuarán rigiéndose por las normas del citado texto refundido que les sean de aplicación, salvo las modificaciones contenidas en los apartados siguientes de esta disposición transitoria.

2. Los arrendamientos asimilados al inquilinato se regirán por lo estipulado en la disposición transitoria tercera. A estos efectos, los contratos celebrados por la Iglesia Católica y por Corporaciones que no persigan ánimo de lucro, se entenderán equiparados a aquellos de los mencionados en la regla 2.ª del apartado 4 a

los que corresponda un plazo de extinción de quince años. Los demás se entenderán equiparados a aquellos de los mencionados en la citada regla 2.ª a los que corresponda un plazo de extinción de diez años.

3. Los arrendamientos asimilados a los de local de negocio se regirán por lo estipulado en la disposición transitoria tercera para los arrendamientos de local a que se refiere la regla 2.ª del apartado 4 a los que corresponda una cuota superior a 190.000 pesetas.

4. Los arrendamientos de fincas urbanas en los que se desarrollen actividades profesionales se regirán por lo dispuesto en el apartado anterior.

Quinta. Arrendamientos de viviendas de protección oficial

Los arrendamientos de viviendas de protección oficial que subsistan a la entrada en vigor de la presente ley continuarán rigiéndose por la normativa que les viniera siendo de aplicación.

Sexta. Procesos judiciales

1. El Título V de la presente ley será aplicable a los litigios relativos a los contratos de arrendamiento de finca urbana que subsistan a la fecha de entrada en vigor de esta ley.

2. Se exceptúa lo establecido respecto al valor de la demanda y a la conformidad de las sentencias, que será inmediatamente aplicable a los recursos de casación en los litigios sobre contratos de arrendamientos de local de negocio en los que la sentencia de la Audiencia Provincial se haya dictado después de la entrada en vigor de la presente ley.

Nota: Téngase en cuenta que el Título V de la presente Ley ha sido derogado por Ley 1/2000, de 7 de enero.

Séptima. Aplicación de las medidas en zonas tensionadas

1. La regulación establecida en el apartado 7 del artículo 17 se aplicará a los contratos que se formalicen desde la entrada en vigor de la Ley 12/2023, de 24 de mayo, por el derecho a la vivienda, y una vez se encuentre aprobado el referido sistema de índices de precios de referencia, de acuerdo con lo previsto en la disposición adicional primera de la Ley 12/2023, de 24 de mayo, por el derecho a la vivienda y lo establecido en la disposición adicional segunda del Real Decreto-ley 7/2019, de 1 de marzo, de medidas urgentes en materia de vivienda y alquiler.

2. La resolución del Departamento ministerial competente en materia de vivienda que apruebe el referido sistema de índices de precios de referencia se realizará por ámbitos territoriales, considerando las bases de datos, sistemas y metodologías desarrolladas por las distintas comunidades autónomas y asegurando en todo caso la coordinación técnica.

Añadida disposición transitoria séptima por Ley 12/2023, de 24 de mayo, con entrada en vigor a partir del 26-5-2023

DISPOSICIÓN DEROGATORIA

Única. Disposiciones que se derogan

Quedan derogados, sin perjuicio de lo previsto en las disposiciones transitorias de la presente ley, el Decreto 4104/1964, de 24 de diciembre, por el que se aprueba el texto refundido de la Ley de Arrendamientos Urbanos de 1964; los artículos 8 y 9 del Real Decreto-ley 2/1985, de 30 de abril, sobre Medidas de Política Económica, y cuantas disposiciones de igual o inferior rango se opongan a lo establecido en esta ley.

También queda derogado el Decreto de 11 de marzo de 1949. Esta derogación producirá sus efectos en el ámbito territorial de cada Comunidad Autónoma cuando se dicten las disposiciones a que se refiere la disposición adicional tercera de la presente ley.

DISPOSICIONES FINALES

Primera. Naturaleza de la Ley

La presente ley se dicta al amparo del artículo 149.1.8.ª de la Constitución.

Segunda. Entrada en vigor

La presente ley entrará en vigor el día 1 de enero de 1995.

El apartado 3 de la disposición transitoria segunda entrará en vigor el día siguiente al de la publicación de la presente ley en el «Boletín Oficial del Estado».

Los traspasos de local de negocio producidos a partir de la fecha señalada en el párrafo anterior se considerarán producidos a partir de la entrada en vigor de la ley.

Tercera. Publicación por el Gobierno de los Índices de Precios al Consumo, a que se refiere esta Ley

El Gobierno, en el plazo de un mes desde la entrada en vigor de la presente ley, publicará en el «Boletín Oficial del Estado» una relación de los Índices de Precios al Consumo desde el año 1954 hasta la entrada en vigor de la misma.

Una vez publicada la relación a que se refiere el párrafo anterior, el Instituto Nacional de Estadística, al anunciar mensualmente las modificaciones sucesivas del Índice de Precios al Consumo, hará constar también la variación de la proporción con el índice base de 1954.

Cuarta. Compensaciones por vía fiscal

El Gobierno procederá, transcurrido un año a contar desde la entrada en vigor de la ley, a presentar a las Cortes Generales un proyecto de ley mediante el que se arbitre un sistema de beneficios fiscales para compensar a los arrendadores, en contratos celebrados con anterioridad al 9 de mayo de 1985 que subsistan a la entrada en vigor de la ley, mientras el contrato siga en vigor, cuando tales arrendadores no disfruten del derecho a la revisión de la renta del contrato por aplicación de la regla 7.ª del apartado 11 de la disposición transitoria segunda de esta ley.

Normativa complementaria

Ley por el derecho a la vivienda

§2. Ley 12/2023, de 24 de mayo, por el derecho a la vivienda

(BOE n.º 124, de 25 de mayo de 2023)

Nota vigencia: la disposición final segunda entra en vigor a partir del 1 de enero del 2024.

PREÁMBULO

III

(...)

En relación con las disposiciones finales, en la disposición final primera, se establece un mecanismo de carácter excepcional y acotado en el tiempo, que pueda intervenir en el mercado para amortiguar las situaciones de tensión y conceder a las administraciones competentes el tiempo necesario para poder compensar en su caso el déficit de oferta o corregir con otras políticas de vivienda las carencias de las zonas declaradas de mercado residencial tensionado. Para ello, se modifica la Ley 29/1994, de 24 de noviembre, de Arrendamientos Urbanos, estableciendo para las viviendas arrendadas, la posibilidad de que el arrendatario pueda acogerse a la finalización del contrato a una prórroga extraordinaria, de carácter anual, y por un periodo máximo de tres años, en los mismos términos y condiciones del contrato en vigor y, en los nuevos contratos de arrendamiento de viviendas que hubiesen estado arrendadas, a nuevos inquilinos, se plantea la limitación del alquiler en estas zonas, con carácter general a la renta del contrato anterior, aplicada la cláusula de actualización anual de la renta del contrato anterior, permitiendo ciertos incrementos adicionales máximos en determinados supuestos establecidos en la ley.

Asimismo, en estas zonas de mercado residencial tensionado, cuando el propietario sea un gran tenedor, o en el caso de viviendas que no hubiesen estado arrendadas como vivienda habitual en los últimos cinco años cuando ello se justifique en la declaración de la zona, no podrá exceder del límite máximo del precio aplicable conforme al sistema de índices de precios de referencia, cuya aplicación se define a través de una nueva disposición transitoria que se introduce en la Ley 29/1994, de 24 de noviembre, de Arrendamientos Urbanos.

En la misma disposición final primera se introducen también determinadas mejoras en la regulación de los contratos de arrendamiento de vivienda a través de diferentes modificaciones de la Ley 29/1994, de 24 de noviembre, de Arrendamientos Urbanos. Entre ellas, se puede destacar la introducción de una prórroga extraordinaria de un año al término del contrato, que podrá solicitarse en situaciones acreditadas de vulnerabilidad social y económica cuando el arrendador sea un gran tenedor de vivienda, así como el establecimiento de la obligación de que los gastos de gestión inmobiliaria y los de formalización del contrato sean a cargo del arrendador.

Finalmente, la disposición final primera, con objeto de evitar incrementos desproporcionados en las actualizaciones anuales de los contratos de alquiler de vivienda, a través de la introducción de una nueva disposición adicional en la Ley 29/1994, de 24 de noviembre, de Arrendamientos Urbanos, encomienda al Instituto Nacional de Estadística la definición, antes de la finalización del año 2024, de un nuevo índice de referencia para la actualización anual de los contratos de arrendamiento de vivienda.

La disposición final segunda recoge una serie de incentivos fiscales aplicables en el Impuesto sobre la Renta de las Personas Físicas, IRPF, a los arrendamientos de inmuebles destinados a vivienda. En particular, se establece una mejora de la regulación del IRPF para estimular el alquiler de vivienda habitual a precios asequibles, a través de la modulación de la actual reducción del 60 por ciento en el rendimiento neto del alquiler de vivienda, estableciendo que, en los nuevos contratos de arrendamiento, el porcentaje de reducción será del 50?%, que podrá incrementarse hasta el 90 por ciento, en el caso de que se firmen nuevos contratos de arrendamiento de vivienda en zonas de mercado residencial tensionado con una reducción de al menos un 5 por ciento sobre el contrato anterior. Esta reducción podrá alcanzar el 70 por ciento cuando se trate de la incorporación al mercado de viviendas destinadas al alquiler en zonas de mercado residencial tensionado y se alquilen a jóvenes de entre 18 y 35 años en dichas áreas, o bien, se trate de vivienda asequible incentivada o protegida, arrendada a la administración pública o entidades del tercer sector o de la economía social que tengan la condición de entidades sin fines lucrativos, o acogida a algún programa público de vivienda que limite la renta del alquiler. Y, podrá alcanzar una reducción del 60 por ciento sobre el rendimiento neto cuando se hubiesen efectuado obras de rehabilitación en los dos años anteriores.

A través de la disposición final tercera se modula el recargo a los inmuebles de uso residencial desocupados con carácter permanente en el Impuesto sobre Bienes Inmuebles, IBI, que podrá aplicarse a aquellas viviendas vacías durante más de dos años, con un mínimo de cuatro viviendas por propietario, salvo causas justificadas de desocupación temporal, tasadas por la ley. Asimismo, se establece el incremento del recargo actualmente situado en el 50 por ciento de la cuota líquida del IBI hasta un máximo del 150 por ciento, en función de la duración de la desocupación y del número de viviendas también desocupadas que sean del mismo titular en el término municipal, con el objetivo de que tenga un mayor efecto en la optimización del uso del parque edificatorio residencial y refuerce el instrumento de los Ayuntamientos para hacer frente a situaciones de vivienda desocupada a través de la fiscalidad.

Por su parte, la disposición final cuarta modifica el texto refundido de la Ley de Suelo y Rehabilitación Urbana, aprobado por Real Decreto Legislativo 7/2015, de 30 de octubre, incrementando el porcentaje de reserva de suelo destinado a vivienda protegida del 30 al 40 por ciento de la edificabilidad residencial prevista por la ordenación urbanística en el suelo rural que vaya a ser incluido en actuaciones de nueva urbanización, y del 10 al 20 por ciento en el caso de suelo urbanizado que deba someterse a actuaciones de reforma o renovación de la urbanización.

A través de la disposición final quinta se introducen importantes mejoras en la regulación del procedimiento de desahucio en situaciones de vulnerabilidad, a través de una modificación de la Ley 1/2000, de 7 de enero, de Enjuiciamiento Civil. Entre otros aspectos, se puede destacar la eliminación de la necesidad de consentimiento del interesado en el traslado a las Administraciones públicas competentes para comprobar su situación de vulnerabilidad en procedimientos de desahucio, se amplía el ámbito de protección cuando se identifiquen situaciones de vulnerabilidad, se introducen diferentes mejoras técnicas en la redacción y, de acuerdo con los estándares jurisprudenciales e internacionales, no se establece un sistema de suspensión automática por el Letrado de la Administración de Justicia si se acredita vulnerabilidad, sino un sistema de decisión por el tribunal previa valoración ponderada y proporcional del caso concreto, fijando un plazo de suspensión en dos meses para las personas físicas y cuatro meses para las personas jurídicas, incrementando los actuales plazos de uno y tres meses, respectivamente.

La disposición final quinta también introduce un procedimiento de conciliación o intermediación en los supuestos en los que la parte actora tenga la condición de gran tenedor de vivienda, el inmueble objeto de demanda constituya vivienda habitual de la persona ocupante y la misma se encuentre en situación de vulnerabilidad económica. La aplicación de este procedimiento facilitará a las Administraciones competentes dar adecuada atención a las personas y hogares afectados, ofreciendo respuesta a través de diferentes instrumentos de protección social y de los programas de política de vivienda.

En la disposición final sexta se extiende la limitación extraordinaria de la actualización anual de la renta de los contratos de arrendamiento de vivienda contenida en el artículo 46 del Real Decreto-ley 6/2022, de 29 de marzo, por el que se adoptan medidas urgentes en el marco del Plan Nacional de respuesta a las consecuencias económicas y sociales de la guerra en Ucrania. En concreto, se amplía temporalmente la medida estableciendo una limitación al 3 por ciento en la actualización anual de la renta de los contratos de arrendamiento de vivienda en el periodo comprendido entre el 1 de enero y el 31 de diciembre de 2024.

Asimismo, se establecen unos concretos parámetros de vulnerabilidad económica basados en criterios de carácter objetivo y, en el caso de ocupaciones de viviendas que hayan de sustanciarse en vía penal, se establece a través de una nueva disposición adicional que los Juzgados darán traslado de la situación a las Administraciones Públicas competentes, para la protección de personas dependientes, personas con discapacidad, víctimas de violencia sobre la mujer o personas menores de edad.

Por último, la disposición final séptima detalla los títulos competenciales que habilitan a la legislación estatal para asumir los contenidos diversos que conforman aquella, habilitando la disposición final octava el desarrollo reglamentario y estableciendo la disposición final novena la entrada en vigor de la norma.

(...)

TÍTULO PRELIMINAR-Disposiciones generales

(...)

Artículo 3. Definiciones

(...)

k) Gran tenedor: a los efectos de lo establecido en esta ley, la persona física o jurídica que sea titular de más de diez inmuebles urbanos de uso residencial o una superficie construida de más de 1.500 m2 de uso residencial, excluyendo en todo caso garajes y trasteros. Esta definición podrá ser particularizada en la declaración de entornos de mercado residencial tensionado hasta aquellos titulares de cinco o más inmuebles urbanos de uso residencial ubicados en dicho ámbito, cuando así sea motivado por la comunidad autónoma en la correspondiente memoria justificativa.

(...)

TÍTULO II-Acción de los poderes públicos en materia de vivienda

CAPÍTULO I-Principios generales de la actuación pública en materia de vivienda

(...)

Artículo 18. Declaración de zonas de mercado residencial tensionado

1. Las Administraciones competentes en materia de vivienda podrán declarar, de acuerdo con los criterios y procedimientos establecidos en su normativa reguladora y en el ámbito de sus respectivas competencias, zonas de mercado residencial tensionado a los efectos de orientar las actuaciones públicas en materia de vivienda en aquellos ámbitos territoriales en los que exista un especial riesgo de oferta insuficiente de vivienda para la población, en condiciones que la hagan asequible para su acceso en el mercado, de acuerdo con las diferentes necesidades territoriales.

2. Sin perjuicio de lo anterior, y a los efectos de la aplicación de las medidas específicas contempladas en esta ley, la declaración de zonas de mercado residencial tensionado deberá realizarse por la Administración competente en materia de vivienda de conformidad con las siguientes reglas:

a) La declaración deberá ir precedida de un procedimiento preparatorio dirigido a la obtención de información relacionada con la situación del mercado residencial en la zona, incluyendo los indicadores de los precios en alquiler y venta de diferentes tipos de viviendas y su evolución en el tiempo; los indicadores de nivel de renta disponible de los hogares residentes y su evolución en el tiempo que, junto con los precios de vivienda, permitan medir la evolución del esfuerzo económico que tienen que realizar los hogares para disponer de una vivienda digna y adecuada. A tal efecto, se podrá tener en cuenta en lo relativo a la distribución de los precios de venta, los ámbitos territoriales homogéneos de los mapas de valores de uso residencial que elabore la Dirección General del Catastro del Ministerio de Hacienda y Función Pública, en el marco de sus informes anuales del mercado inmobiliario, de conformidad con la disposición final tercera del texto refundido de la Ley del Catastro Inmobiliario, aprobado por Real Decreto Legislativo 1/2004, de 5 de marzo.

b) La declaración de un ámbito territorial como zona de mercado residencial tensionado implicará la realización de un trámite de información en el que deberá ponerse a disposición pública la información sobre la que se basa tal declaración, incluyendo los estudios de distribución espacial de la población y hogares, su estructura y dinámica, así como la zonificación por oferta, precios y tipos de viviendas, o cualquier otro estudio que permita evidenciar o prevenir desequilibrios y procesos de segregación socio espacial en detrimento de la cohesión social y territorial.

c) La resolución del procedimiento de delimitación por parte de la Administración competente en materia de vivienda deberá motivarse en deficiencias o insuficiencias del mercado de vivienda en la zona, en cualquiera de sus modalidades, para atender adecuadamente la demanda de vivienda habitual y, en todo caso, a precio razonable según la situación socioeconómica de la población residente y las dinámicas demográficas, así como las particularidades y características de cada ámbito territorial. La referida resolución deberá ser comunicada a la Secretaría General de Agenda Urbana y Vivienda del Ministerio de Transportes, Movilidad y Agenda Urbana.

d) La vigencia de la declaración de un ámbito territorial como zona de mercado residencial tensionado será de tres años, pudiendo prorrogarse anualmente siguiendo el mismo procedimiento, cuando subsistan las circunstancias que motivaron tal declaración y previa justificación de las medidas y acciones públicas adoptadas para revertir o mejorar la situación desde la anterior declaración. Para la aplicación de las medidas contenidas en esta ley, con carácter trimestral el Ministerio de Transportes, Movilidad y Agenda Urbana aprobará una resolución que recoja la relación de zonas de mercado residencial tensionado que hayan sido declaradas en virtud del procedimiento establecido en este artículo.

3. La declaración de una zona de mercado residencial tensionado establecida en el apartado anterior requerirá la elaboración de una memoria que justifique, a través de datos objetivos y fundamentada en la existencia de un especial riesgo de abastecimiento insuficiente de vivienda para la población residente, incluyendo las dinámicas de formación de nuevos hogares, en condiciones que la hagan asequible, por producirse una de las circunstancias siguientes:

a) Que la carga media del coste de la hipoteca o del alquiler en el presupuesto personal o de la unidad de convivencia, más los gastos y suministros básicos, supere el treinta por ciento de los ingresos medios o de la renta media de los hogares.

b) Que el precio de compra o alquiler de la vivienda haya experimentado en los cinco años anteriores a la declaración como área de mercado de vivienda tensionado, un porcentaje de crecimiento acumulado al menos tres puntos porcentuales superior al porcentaje de crecimiento acumulado del índice de precios de consumo de la comunidad autónoma correspondiente.

4. La declaración, de acuerdo con este procedimiento, de un ámbito territorial como zona de mercado residencial tensionado conllevará la redacción, por parte de la Administración competente, de un plan específico que propondrá las medidas necesarias para la corrección de los desequilibrios evidenciados en su declaración, así como su calendario de desarrollo.

5. El Departamento Ministerial competente en materia de vivienda, en el marco del ejercicio de las competencias estatales, podrá desarrollar, de acuerdo con la administración territorial competente, un programa específico para dichas zonas de mercado residencial tensionado, que contemplará la diversidad territorial, tanto en entornos urbanos o metropolitanos como en zonas rurales, que modificará o se anexará al plan estatal de vivienda vigente, y habilitará al Estado para:

a) Promover fórmulas de colaboración con las administraciones competentes y con el sector privado para estimular la oferta de vivienda asequible en dicho ámbito y en su entorno.

b) El diseño y adopción de medidas de financiación específicas para ese ámbito territorial que pudieran favorecer la contención o reducción de los precios de alquiler o venta.

c) El establecimiento de medidas o ayudas públicas específicas adicionales dentro del plan estatal de vivienda vigente, de acuerdo con las previsiones que en su caso éste establezca.

6. La aplicación del programa establecido en el apartado anterior podrá implicar la adopción de medidas en el seno de la Comisión de Coordinación Financiera de Actuaciones Inmobiliarias y Patrimoniales, encaminadas a favorecer el incremento de la oferta de vivienda social y asequible incentivada conforme a lo establecido en la disposición adicional segunda de esta ley.

(...)

TÍTULO III-Parques públicos de vivienda

Artículo 27. Concepto, finalidad y financiación

1. Los parques públicos de vivienda tienen por finalidad contribuir al buen funcionamiento del mercado de la vivienda y servir de instrumento a las distintas Administraciones públicas competentes en materia de vivienda para hacer efectivo el derecho a una vivienda digna y adecuada de los sectores de la población que

tienen más dificultades de acceso en el mercado, con especial atención a personas jóvenes y colectivos sujetos a mayor vulnerabilidad.

A través de los planes estatales de vivienda y otras medidas complementarias adoptadas en el ámbito de las diferentes políticas públicas sectoriales, se incentivará la conservación, mejora y ampliación de los parques públicos de vivienda, estableciéndose para ello objetivos específicos en relación con el número de hogares de cada ámbito territorial, y otras variables territoriales, sociales y económicas.

Los parques públicos de vivienda, regulados específicamente por la legislación autonómica en materia de vivienda, urbanismo y ordenación del territorio, podrán estar integrados al menos por:

a) Las viviendas dotacionales públicas.

b) Las viviendas sociales y protegidas construidas sobre suelo de titularidad pública, así como las que lo hayan sido en ejercicio del derecho de superficie, usufructo o cesión de uso y para alquiler con opción a compra, durante el tiempo en el que no se active la correspondiente opción.

c) Las viviendas sociales adquiridas por las Administraciones Públicas en ejercicio de los derechos de tanteo y retracto, de conformidad con lo que disponga la legislación aplicable y las adquiridas a través de esos mismos derechos, en casos de ejecución hipotecaria o dación en pago de vivienda habitual de colectivos en situación de vulnerabilidad o en exclusión social, tal y como prevé la legislación autonómica.

d) Las viviendas sociales adquiridas por las Administraciones Públicas en actuaciones de regeneración o de renovación urbanas, incluyendo las integradas en complejos inmobiliarios, tanto de forma gratuita en virtud del cumplimiento de los deberes y cargas urbanísticos correspondientes, como onerosa.

e) Cualquier otra vivienda social adquirida por las Administraciones Públicas con competencias en materia de vivienda, o cedida a las mismas.

2. Con objeto de asegurar la financiación de la creación, ampliación, rehabilitación o mejora de los parques públicos de vivienda, podrán utilizarse las cantidades económicas correspondientes a las fianzas de los contratos de arrendamiento depositadas en los registros autonómicos correspondientes en virtud de lo dispuesto en la disposición adicional tercera de la Ley 29/1994, de 24 de noviembre, de Arrendamientos Urbanos, salvo la reserva obligatoria de garantía de devolución, y por parte de las Administraciones que tengan atribuida tal competencia de gestión de depósitos de fianza.

3. **Los ingresos procedentes de las sanciones impuestas por el incumplimiento de la función social de la propiedad de la vivienda, así como los ingresos procedentes de la gestión y, en su caso, enajenación de bienes patrimoniales que formen parte del parque público de vivienda deberán destinarse a la creación, ampliación, rehabilitación o mejora de los parques públicos de vivienda, en los términos establecidos en la legislación y normativa que los regule.**

(...)

> **Nota:** Declarado inconstitucional y nulo el párrafo 3.º del apartado 1 y el apartado 3 del artículo 27, por STC, Pleno, 79/2024, de 21 de mayo de 2024. Recurso de inconstitucionalidad 5491-2023 (SP/SENT/1223945).

TÍTULO IV-Medidas de protección y transparencia en las operaciones de compra y arrendamiento de vivienda

CAPÍTULO I- Régimen general de derechos e información básica

(...)

Artículo 30. Principios básicos de los derechos, facultades y responsabilidades

1. Son derechos de las personas demandantes, adquirentes o arrendatarias de vivienda, o en cualquier otro régimen jurídico de tenencia y disfrute:

a) Los reconocidos en el texto refundido de la Ley General para la Defensa de los Consumidores y Usuarios y otras leyes complementarias, aprobado por Real Decreto Legislativo 1/2007, de 16 de noviembre, y en la legislación autonómica aplicable.

b) El de recibir información, incluida la suministrada por medios publicitarios, en formato accesible para personas con discapacidad o dificultades de comprensión, que sea completa, objetiva, veraz, clara, comprensible y accesible, sobre las características de las viviendas, sus servicios e instalaciones y las condiciones jurídicas y económicas de su adquisición, arrendamiento, cesión o uso.

2. Todos los agentes que, operando en el sector de la edificación y rehabilitación de viviendas y la prestación de servicios inmobiliarios, estén facultados para la transmisión, el arrendamiento y la cesión de las viviendas en nombre propio o por cuenta ajena, tales como promotores, personas propietarias y otras titulares de derechos reales, agentes inmobiliarios y administradores de fincas, deben cumplir en su actividad el deber de información completa, objetiva, veraz, clara, comprensible y accesible conforme lo previsto en esta ley, así como en la legislación de defensa de consumidores y usuarios cuando se trate de relaciones entre consumidores o usuarios y empresarios, quedando sujeta la publicidad que realicen a la legislación general que la regula, con prohibición, en particular, de cualesquiera actos publicitarios con información insuficiente, deficiente o engañosa.

3. A los efectos de los apartados anteriores, se entiende por información o publicidad toda forma de comunicación dirigida a demandantes de vivienda, usuarios o al público en general con el fin de promover de forma directa o indirecta la transmisión, el arrendamiento y cualquier otra forma de cesión de viviendas. Se entiende incompleta, insuficiente o deficiente la información que omita datos esenciales o los contenga en términos capaces de inducir a error a los destinatarios o producir repercusiones económicas o jurídicas que no resulten admisibles, por perturbar el pacífico disfrute de la vivienda en las habituales condiciones de uso.

Artículo 31. Información mínima en las operaciones de compra y arrendamiento de vivienda

1. Sin perjuicio de los principios y requerimientos contenidos en la normativa autonómica de aplicación y con carácter mínimo, la persona interesada en la compra o arrendamiento de una vivienda que se encuentre en oferta podrá requerir, antes de la formalización de la operación y de la entrega de cualquier cantidad a cuenta, la siguiente información, en formato accesible y en soporte duradero, acerca de las condiciones de la operación y de las características de la referida vivienda y del edificio en el que se encuentra:

a) Identificación del vendedor o arrendador y, en su caso, de la persona física o jurídica que intervenga, en el marco de una actividad profesional o empresarial, para la intermediación en la operación.

b) Condiciones económicas de la operación: precio total y conceptos en éste incluidos, así como las condiciones de financiación o pago que, en su caso, pudieran establecerse.

c) Características esenciales de la vivienda y del edificio, entre ellas:

1.º Certificado o cédula de habitabilidad.

2.º Acreditación de la superficie útil y construida de la vivienda, diferenciando en caso de división horizontal la superficie privativa de las comunes, y sin que pueda en ningún caso computarse a estos efectos las superficies de la vivienda con altura inferior a la exigida en la normativa reguladora.

3.º Antigüedad del edificio y, en su caso, de las principales reformas o actuaciones realizadas sobre el mismo.

4.º Servicios e instalaciones de que dispone la vivienda, tanto individuales como comunes.

5.º Certificado de eficiencia energética de la vivienda.

6.º Condiciones de accesibilidad de la vivienda y del edificio.

7.º Estado de ocupación o disponibilidad de la vivienda.

d) Información jurídica del inmueble: la identificación registral de la finca, con la referencia de las cargas, gravámenes y afecciones de cualquier naturaleza, y la cuota de participación fijada en el título de propiedad.

e) En el caso de tratarse de vivienda protegida, indicación expresa de tal circunstancia y de la sujeción al régimen legal de protección que le sea aplicable.

f) En caso de edificios que cuenten oficialmente con protección arquitectónica por ser parte de un entorno declarado o en razón de su particular valor arquitectónico o histórico, se aportará información sobre el grado de protección y las condiciones y limitaciones para las intervenciones de reforma o rehabilitación.

g) Cualquier otra información que pueda ser relevante para la persona interesada en la compra o arrendamiento de la vivienda, incluyendo los aspectos de carácter territorial, urbanístico, físico-técnico, de protección patrimonial, o administrativo relacionados con la misma.

2. En los mismos términos de lo establecido en el apartado anterior, la persona interesada en la compra o arrendamiento de una vivienda podrá requerir información acerca de la detección de amianto u otras sustancias peligrosas o nocivas para la salud.

3. Cuando la vivienda que vaya a ser objeto de arrendamiento como vivienda habitual se encuentre ubicada en una zona de mercado residencial tensionado, el propietario y, en su caso, la persona que intervenga en la intermediación en la operación deberá indicar tal circunstancia e informar, con anterioridad a la formalización del arrendamiento, y en todo caso en el documento del contrato, de la cuantía de la última renta del contrato de arrendamiento de vivienda habitual que hubiese estado vigente en los últimos cinco años en la misma vivienda, así como del valor que le pueda corresponder atendiendo al índice de referencia de precios de alquiler de viviendas que resulte de aplicación.

(...)

DISPOSICIONES ADICIONALES

Primera. Base de datos de contratos de arrendamiento de vivienda y refuerzo de la coordinación en la información sobre contratos de arrendamiento

1. Para el desarrollo de lo previsto en esta ley, se conformará una base de datos de contratos de arrendamiento de vivienda, a partir de la información contenida en los actuales registros autonómicos de fianzas de las comunidades autónomas, en el Registro de la Propiedad y otras fuentes de información de ámbito estatal, autonómico o local, con el objeto de incrementar la información disponible para el desarrollo del Sistema de índices de referencia del precio del alquiler de vivienda establecido en la disposición adicional segunda del Real Decreto-ley 7/2019, de 1 de marzo, de medidas urgentes en materia de vivienda y alquiler.

2. Se promoverán los mecanismos de colaboración con las comunidades autónomas y otros organismos e instituciones, para disponer de la información veraz sobre los contratos de arrendamiento de vivienda vigentes, a través de los datos recogidos en los distintos registros autonómicos y estatales, con el objeto de realizar un adecuado seguimiento del conjunto de medidas incluidas en esta ley y determinar el progreso en el cumplimiento de los objetivos de incrementar la oferta de vivienda en alquiler a precios asequibles.

3. A la entrada en vigor de la ley se iniciará un proceso específico de colaboración entre el Departamento Ministerial competente en materia de vivienda y las comunidades autónomas que hayan desarrollado sistemas de referencia del precio del alquiler en sus respectivos ámbitos territoriales para asegurar la colaboración entre sistemas, la atención a las especificidades territoriales que deban tenerse en cuenta, así como el establecimiento de plazos para agilizar su aplicación efectiva.

Tercera. Revisión de los criterios para la identificación de zonas de mercado residencial tensionado

Las circunstancias establecidas en el artículo 18.3 para la identificación de zonas de mercado residencial tensionado serán objeto de revisión a los tres años desde la entrada en vigor de la ley, para adecuarlos a la realidad y evolución del mercado residencial, sobre la base de la cooperación con las Administraciones competentes en materia de vivienda.

(...)

Quinta. Grupo de trabajo para la regulación de los contratos de arrendamiento de uso distinto del de vivienda

En el plazo de seis meses desde la entrada en vigor de la ley se constituirá un grupo de trabajo para avanzar en una propuesta normativa de regulación de los contratos de arrendamiento de uso distinto del de vivienda a que se refiere el artículo 3 de la Ley 29/1994, de 24 de noviembre, de Arrendamientos Urbanos, y, en particular, de los contratos de arrendamiento celebrados por temporada sobre fincas urbanas de uso vivienda.

(...)

DISPOSICIONES TRANSITORIAS

(...)

Tercera. Procedimientos suspendidos en virtud de los artículos 1 y 1 bis del Real Decreto-ley 11/2020, de 31 de marzo, por el que se adoptan medidas urgentes complementarias en el ámbito social y económico para hacer frente al COVID-19

Tras la entrada en vigor de esta ley, y a partir del 31 de diciembre del 2025, los procedimientos de desahucio y los lanzamientos indicados en los artículos 1 y 1 bis del Real Decreto-ley 11/2020, de 31 de marzo, por el que se adoptan medidas urgentes complementarias en el ámbito social y económico para hacer frente al COVID-19, que se encuentren suspendidos por aplicación de dichos preceptos, cuando la parte actora sea una gran tenedora de vivienda en los términos previstos por el artículo 3.k) de esta ley, sólo se reanudarán a petición expresa de la misma si la parte actora acredita que se ha sometido al procedimiento de conciliación o intermediación que a tal efecto establezcan las Administraciones Públicas, en base al análisis de las circunstancias de ambas partes y de las posibles ayudas y subvenciones existentes conforme a la legislación y normativa autonómica en materia de vivienda.

El requisito anterior podrá acreditarse mediante alguna de las siguientes formas:

1.º La declaración responsable emitida por la parte actora de que ha acudido a los servicios indicados anteriormente, en un plazo máximo de cinco meses de antelación a la presentación de la solicitud de reanudación del trámite o alzamiento de la suspensión, sin que hubiera sido atendida o se hubieran iniciado los trámites correspondientes en el plazo de dos meses desde que presentó su solicitud, junto con justificante acreditativo de la misma.

2.º El documento acreditativo de los servicios competentes que indique el resultado del procedimiento de conciliación o intermediación, en el que se hará constar la identidad de las partes, el objeto de la controversia y si alguna de las partes ha rehusado participar en el procedimiento, en su caso. Este documento no podrá tener una vigencia superior a tres meses.

En el caso de que la parte ejecutante sea una entidad pública de vivienda el requisito anterior se podrá sustituir, en su caso, por la previa concurrencia de la acción de los servicios específicos de intermediación de la propia entidad, que se acreditará en los términos del apartado anterior.

Precepto modificado por Real Decreto-ley 1/2025, de 28 de enero, con entrada en vigor a partir del 30-1-2025 (Sustituida la referencia al 31 de diciembre de 2024 por 31 de diciembre de 2025 de la disposición transitoria tercera)

Precepto modificado por Res 22/01/2025, de 22 de enero, con entrada en vigor a partir del 23-1-2025 (Derogada la modificación de la disposición transitoria tercera en su redacción dada por el RD-ley 9/2024, de 23 de diciembre)

Precepto modificado por RD-ley 9/2024, de 23 de diciembre, con entrada en vigor a partir del 25-12-2024 (Sustituida la referencia al 31 de diciembre de 2024 por 31 de diciembre de 2025 de la disposición transitoria tercera)

Precepto modificado por RD-Ley 8/2023, de 27 de diciembre, con entrada en vigor a partir del 29-12-2023 (Sustituida la referencia al 31 de diciembre de 2023 por 31 de diciembre de 2024 de la disposición transitoria tercera)

Precepto modificado por RD-Ley 5/2023, de 28 de junio, con entrada en vigor a partir del 30-6-2023 (Sustituida la referencia de 30 de junio de 2023 por 31 de diciembre de 2023 de la disposición transitoria tercera)

Cuarta. Régimen de los contratos de arrendamiento celebrados con anterioridad a la entrada en vigor de esta ley

1. Los contratos de arrendamiento sometidos a la Ley 29/1994, de 24 de noviembre, de Arrendamientos Urbanos, celebrados con anterioridad a la entrada en vigor de esta ley, continuarán rigiéndose por lo establecido en el régimen jurídico que les era de aplicación.

2. Sin perjuicio de lo dispuesto en el apartado anterior, cuando las partes lo acuerden y no resulte contrario a las previsiones legales, los contratos preexistentes podrán adaptarse al régimen jurídico establecido en esta ley.

3. Con independencia de lo previsto en los apartados anteriores, la regulación introducida en esta ley no afectará a las diferentes medidas de aplicación extraordinaria a los contratos vigentes de arrendamiento de vivienda y, en particular, la recogida en el artículo 46 del Real Decreto-ley 6/2022, de 29 de marzo, por el que se adoptan medidas urgentes en el marco del Plan Nacional de respuesta a las consecuencias económicas y sociales de la guerra en Ucrania, que resultarán de aplicación en los términos en los que se encuentren reguladas.

(...)

DISPOSICIONES FINALES

Primera. Medidas de contención de precios en la regulación de los contratos de arrendamiento de vivienda

La Ley 29/1994, de 24 de noviembre, de Arrendamientos Urbanos, queda modificada como sigue:

Uno. El artículo 10 queda redactado en los siguientes términos:

«Artículo 10. Prórroga del contrato

1. Si llegada la fecha de vencimiento del contrato, o de cualquiera de sus prórrogas, una vez transcurridos como mínimo cinco años de duración de aquel, o siete años si el arrendador fuese persona jurídica, ninguna de las partes hubiese notificado a la otra, al menos con cuatro meses de antelación a aquella fecha en el caso del arrendador y al menos con dos meses de antelación en el caso del arrendatario, su voluntad de no renovarlo, el contrato se prorrogará obligatoriamente por plazos anuales hasta un máximo de tres años más, salvo que el arrendatario manifieste al arrendador con un mes de antelación a la fecha de terminación de cualquiera de las anualidades, su voluntad de no renovar el contrato.

2. En los contratos de arrendamiento de vivienda habitual sujetos a la presente ley en los que finalice el periodo de prórroga obligatoria previsto en el artículo 9.1, o el periodo de prórroga tácita previsto en el artículo 10.1, podrá aplicarse, previa solicitud del arrendatario, una prórroga extraordinaria del plazo del contrato de arrendamiento por un periodo máximo de un año, durante el cual se seguirá aplicando los términos y condiciones establecidos para el contrato en vigor. Esta solicitud de prórroga extraordinaria requerirá la acreditación por parte del arrendatario de una situación de vulnerabilidad social y económica sobre la base de un informe o certificado emitido en el último año por los servicios sociales de ámbito municipal o autonómico y deberá ser aceptada obligatoriamente por el arrendador cuando este sea un gran tenedor de vivienda de acuerdo con la definición establecida en la Ley 12/2023, de 24 de mayo, por el derecho a la vivienda, salvo que se hubiese suscrito entre las partes un nuevo contrato de arrendamiento.

3. En los contratos de arrendamiento de vivienda habitual sujetos a la presente ley, en los que el inmueble se ubique en una zona de mercado residencial tensionado y dentro del periodo de vigencia de la declaración de la referida zona en los términos dispuestos en la legislación estatal en materia de vivienda, finalice el periodo de prórroga obligatoria previsto en el artículo 9.1 de esta ley o el periodo de prórroga tácita previsto en el apartado anterior, previa solicitud del arrendatario, podrá prorrogarse de manera extraordinaria el contrato de arrendamiento por plazos anuales, por un periodo máximo de tres años, durante los cuales se seguirán aplicando los términos y condiciones establecidos para el contrato en vigor. Esta solicitud de prórroga extraordinaria deberá ser aceptada obligatoriamente por el arrendador, salvo que se hayan fijado otros términos o condiciones por acuerdo entre las partes, se haya suscrito un nuevo contrato de arrendamiento con las limitaciones en la renta que en su caso procedan por aplicación de lo dispuesto en los apartados 6 y 7 del artículo 17 de esta ley, o en el caso de que el arrendador haya comunicado en los plazos y condiciones establecidos en el artículo 9.3 de esta ley, la necesidad de ocupar la vivienda arrendada para destinarla a vivienda permanente para sí o sus familiares en primer grado de consanguinidad o por adopción o para su cónyuge en los supuestos de sentencia firme de separación, divorcio o nulidad matrimonial.

4. Al contrato prorrogado, le seguirá siendo de aplicación el régimen legal y convencional al que estuviera sometido.»

Dos. Se modifica el apartado 3 del artículo 17, que queda redactado en los siguientes términos:

«3. El pago se efectuará a través de medios electrónicos. Excepcionalmente, cuando alguna de las partes carezca de cuenta bancaria o acceso a medios electrónicos de pago y a solicitud de esta, se podrá efectuar en metálico y en la vivienda arrendada.»

Tres. Se añaden dos nuevos apartados 6 y 7 en el artículo 17, redactados en los siguientes términos:

«6. En los contratos de arrendamiento de vivienda sujetos a la presente ley en los que el inmueble se ubique en una zona de mercado residencial tensionado dentro del periodo de vigencia de la declaración de la referida zona en los términos dispuestos en la Ley 12/2023, de 24 de mayo, por el derecho a la vivienda, la renta pactada al inicio del nuevo contrato no podrá exceder de la última renta de contrato de arrendamiento de vivienda habitual que hubiese estado vigente en los últimos cinco años en la misma vivienda, una vez aplicada la cláusula de actualización anual de la renta del contrato anterior, sin que se puedan fijar nuevas condiciones que establezcan la repercusión al arrendatario de cuotas o gastos que no estuviesen recogidas en el contrato anterior.

Únicamente podrá incrementarse, más allá de lo que proceda de la aplicación de la cláusula de actualización anual de la renta del contrato anterior, en un máximo del 10 por ciento sobre la última renta de contrato de arrendamiento de vivienda habitual que hubiese estado vigente en los últimos cinco años en la misma vivienda, cuando se acredite alguno de los siguientes supuestos:

a) Cuando la vivienda hubiera sido objeto de una actuación de rehabilitación en los términos previstos en el apartado 1 del artículo 41 del Reglamento del Impuesto sobre la Renta de las Personas Físicas, que hubiera finalizado en los dos años anteriores a la fecha de la celebración del nuevo contrato de arrendamiento.

b) Cuando en los dos años anteriores a la fecha de la celebración del nuevo contrato de arrendamiento se hubieran finalizado actuaciones de rehabilitación o mejora de la vivienda en la que se haya acreditado un ahorro de energía primaria no renovable del 30 por ciento, a través de sendos certificados de eficiencia energética de la vivienda, uno posterior a la actuación y otro anterior que se hubiese registrado como máximo dos años antes de la fecha de la referida actuación.

c) Cuando en los dos años anteriores a la fecha de la celebración del nuevo contrato de arrendamiento se hubieran finalizado actuaciones de mejora de la accesibilidad, debidamente acreditadas.

d) Cuando el contrato de arrendamiento se firme por un periodo de diez o más años, o bien, se establezca un derecho de prórroga al que pueda acogerse voluntariamente el arrendatario, que le permita de manera potestativa prorrogar el contrato en los mismos términos y condiciones durante un periodo de diez o más años.

7. Sin perjuicio de lo dispuesto en el apartado anterior, en los contratos de arrendamiento de vivienda sujetos a la presente ley en los que el arrendador sea un gran tenedor de vivienda de acuerdo con la definición establecida en la Ley 12/2023, de 24 de mayo, por el derecho a la vivienda, y en los que el inmueble se ubique en una zona de mercado residencial tensionado dentro del periodo de vigencia de la declaración de la referida zona en los términos dispuestos en la referida Ley 12/2023, de 24 de mayo, por el derecho a la vivienda, la renta pactada al inicio del nuevo contrato no podrá exceder del límite máximo del precio aplicable conforme al sistema de índices de precios de referencia atendiendo a las condiciones y características de la vivienda arrendada y del edificio en que se ubique, pudiendo desarrollarse reglamentariamente las bases metodológicas de dicho sistema y los protocolos de colaboración e intercambio de datos con los sistemas de información estatales y autonómicos de aplicación.

Esta misma limitación se aplicará a los contratos de arrendamiento de vivienda en los que el inmueble se ubique en una zona de mercado residencial tensionado dentro del periodo de vigencia de la declaración de la referida zona en los términos dispuestos en la referida Ley 12/2023, de 24 de mayo, por el derecho a la vivienda, y sobre el que no hubiese estado vigente ningún contrato de arrendamiento de vivienda vigente en los últimos cinco años, siempre que así se recoja en la resolución del Ministerio de Transportes, Movilidad y Agenda Urbana, al haberse justificado dicha aplicación en la declaración de la zona de mercado residencial tensionado.»

Cuatro. Se modifica el apartado 1 del artículo 20, que queda redactado como sigue:

«1. Las partes podrán pactar que los gastos generales para el adecuado sostenimiento del inmueble, sus servicios, tributos, cargas y responsabilidades que no sean susceptibles de individualización y que correspondan a la vivienda arrendada o a sus accesorios, sean a cargo del arrendatario.

En edificios en régimen de propiedad horizontal tales gastos serán los que correspondan a la finca arrendada en función de su cuota de participación.

En edificios que no se encuentren en régimen de propiedad horizontal, tales gastos serán los que se hayan asignado a la finca arrendada en función de su superficie.

Para su validez, este pacto deberá constar por escrito y determinar el importe anual de dichos gastos a la fecha del contrato. El pacto que se refiera a tributos no afectará a la Administración.

Los gastos de gestión inmobiliaria y los de formalización del contrato serán a cargo del arrendador.»

Cinco. Se añade una disposición adicional undécima, redactada de la siguiente forma:

«Disposición adicional undécima. Índice de referencia para la actualización anual de los contratos de arrendamiento de vivienda.

El Instituto Nacional de Estadística definirá, antes del 31 de diciembre de 2024, un índice de referencia para la actualización anual de los contratos de arrendamiento de vivienda que se fijará como límite de referencia a los efectos del artículo 18 de esta ley, con el objeto de evitar incrementos desproporcionados en la renta de los contratos de arrendamiento.»

Seis. Se añade una disposición transitoria séptima, redactada de la siguiente forma:

«Disposición transitoria séptima. Aplicación de las medidas en zonas tensionadas.

1. La regulación establecida en el apartado 7 del artículo 17 se aplicará a los contratos que se formalicen desde la entrada en vigor de la Ley 12/2023, de 24 de mayo, por el derecho a la vivienda, y una vez se encuentre aprobado el referido sistema de índices de precios de referencia, de acuerdo con lo previsto en la disposición adicional primera de la Ley 12/2023, de 24 de mayo, por el derecho a la vivienda y lo establecido en la disposición adicional segunda del Real Decreto-ley 7/2019, de 1 de marzo, de medidas urgentes en materia de vivienda y alquiler.

2. La resolución del Departamento ministerial competente en materia de vivienda que apruebe el referido sistema de índices de precios de referencia se realizará por ámbitos territoriales, considerando las bases de datos, sistemas y metodologías desarrolladas por las distintas comunidades autónomas y asegurando en todo caso la coordinación técnica.»

Segunda. Incentivos fiscales aplicables en el Impuesto sobre la Renta de las Personas Físicas a los arrendamientos de inmuebles destinados a vivienda

Con efectos para los contratos de arrendamiento de vivienda celebrados a partir de la entrada en vigor de esta ley, se introducen las siguientes modificaciones en la Ley 35/2006, de 28 de noviembre, del Impuesto sobre la Renta de las Personas Físicas y de modificación parcial de las leyes de los Impuestos sobre Sociedades, sobre la Renta de no Residentes y sobre el Patrimonio:

Uno. Se modifica el apartado 2 del artículo 23, que queda redactado de la siguiente forma:

«2. En los supuestos de arrendamiento de bienes inmuebles destinados a vivienda, el rendimiento neto positivo calculado con arreglo a lo dispuesto en el apartado anterior, se reducirá:

a) En un 90 por ciento cuando se hubiera formalizado por el mismo arrendador un nuevo contrato de arrendamiento sobre una vivienda situada en una zona de mercado residencial tensionado, en el que la renta inicial se hubiera rebajado en más de un 5 por ciento en relación con la última renta del anterior contrato de arrendamiento de la misma vivienda, una vez aplicada, en su caso, la cláusula de actualización anual del contrato anterior.

b) En un 70 por ciento cuando no cumpliéndose los requisitos señalados en la letra a) anterior, se produzca alguna de las circunstancias siguientes:

1.º Que el contribuyente hubiera alquilado por primera vez la vivienda, siempre que ésta se encuentre situada en una zona de mercado residencial tensionado y el arrendatario tenga una edad comprendida entre

18 y 35 años. Cuando existan varios arrendatarios de una misma vivienda, esta reducción se aplicará sobre la parte del rendimiento neto que proporcionalmente corresponda a los arrendatarios que cumplan los requisitos previstos en esta letra.

2.º Cuando el arrendatario sea una Administración Pública o entidad sin fines lucrativos a las que sea de aplicación el régimen especial regulado en el título II de la Ley 49/2002, de 23 de diciembre, de régimen fiscal de las entidades sin fines lucrativos y de los incentivos fiscales al mecenazgo, que destine la vivienda al alquiler social con una renta mensual inferior a la establecida en el programa de ayudas al alquiler del plan estatal de vivienda, o al alojamiento de personas en situación de vulnerabilidad económica a que se refiere la Ley 19/2021, de 20 de diciembre, por la que se establece el ingreso mínimo vital, o cuando la vivienda esté acogida a algún programa público de vivienda o calificación en virtud del cual la Administración competente establezca una limitación en la renta del alquiler.

c) En un 60 por ciento cuando, no cumpliéndose los requisitos de las letras anteriores, la vivienda hubiera sido objeto de una actuación de rehabilitación en los términos previstos en el apartado 1 del artículo 41 del Reglamento del Impuesto que hubiera finalizado en los dos años anteriores a la fecha de la celebración del contrato de arrendamiento.

d) En un 50 por ciento, en cualquier otro caso.

Los requisitos señalados deberán cumplirse en el momento de celebrar el contrato de arrendamiento, siendo la reducción aplicable mientras se sigan cumpliendo los mismos.

Estas reducciones sólo resultarán aplicables sobre los rendimientos netos positivos que hayan sido calculados por el contribuyente en una autoliquidación presentada antes de que se haya iniciado un procedimiento de verificación de datos, de comprobación limitada o de inspección que incluya en su objeto la comprobación de tales rendimientos.

En ningún caso resultarán de aplicación las reducciones respecto de la parte de los rendimientos netos positivos derivada de ingresos no incluidos o de gastos indebidamente deducidos en la autoliquidación del contribuyente y que se regularicen en alguno de los procedimientos citados en el párrafo anterior, incluso cuando esas circunstancias hayan sido declaradas o aceptadas por el contribuyente durante la tramitación del procedimiento. Tampoco resultarán de aplicación las reducciones en relación con aquellos contratos de arrendamiento que incumplan lo dispuesto en el apartado 6 del artículo 17 de la Ley de Arrendamientos Urbanos.

Las zonas de mercado residencial tensionado a las que podrá resultar de aplicación lo previsto en este apartado serán las recogidas en la resolución que, de acuerdo con lo dispuesto en la legislación estatal en materia de vivienda, apruebe el Ministerio de Transportes, Movilidad y Agenda urbana.»

Dos. Se introduce una disposición transitoria trigésima octava, que queda redactada de la siguiente forma:

«Disposición transitoria trigésima octava. Reducción aplicable a determinados arrendamientos de viviendas.

A los rendimientos netos positivos de capital inmobiliario derivados de contratos de arrendamiento de vivienda que se hubieran celebrado con anterioridad a la entrada en vigor de la Ley 12/2023, de 24 de mayo, por el derecho a la vivienda, les resultará de aplicación la reducción prevista en el apartado 2 del artículo 23 de esta ley en su redacción vigente a 31 de diciembre de 2021.»

(...)

Quinta. Modificación de la Ley 1/2000, de 7 de enero, de Enjuiciamiento Civil[*]

La Ley 1/2000, de 7 de enero, de Enjuiciamiento Civil, queda modificada como sigue:

Uno. Se modifica el apartado 4 del artículo 150, que queda redactado del siguiente modo:

«4. Cuando la notificación de la resolución contenga fijación de fecha para el lanzamiento de quienes ocupan una vivienda, se dará traslado a las Administraciones Públicas competentes en materia de vivienda, asistencia social, evaluación e información de situaciones de necesidad social y atención inmediata a personas en situación o riesgo de exclusión social, por si procediera su actuación.»

Dos. Se añaden nuevos apartados 6 y 7 en el artículo 439, que quedan redactados como sigue:

«6. En los casos de los números 1.º, 2.º, 4.º y 7.º del apartado 1 del artículo 250, no se admitirán las demandas, que pretendan la recuperación de la posesión de una finca, en que no se especifique:

a) Si el inmueble objeto de las mismas constituye vivienda habitual de la persona ocupante.

b) Si concurre en la parte demandante la condición de gran tenedora de vivienda, en los términos que establece el artículo 3.k) de la Ley 12/2023, de 24 de mayo, por el derecho a la vivienda.

En el caso de indicarse que no se tiene la condición de gran tenedor, a efectos de corroborar tal extremo, se deberá adjuntar a la demanda certificación del Registro de la Propiedad en el que consten la relación de propiedades a nombre de la parte actora.

c) En el caso de que la parte demandante tenga la condición de gran tenedor, si la parte demandada se encuentra o no en situación de vulnerabilidad económica.

Para acreditar la concurrencia o no de vulnerabilidad económica se deberá aportar documento acreditativo, de vigencia no superior a tres meses, emitido, previo consentimiento de la persona ocupante de la vivienda, por los servicios de las Administraciones autonómicas y locales competentes en materia de vivienda, asistencia social, evaluación e información de situaciones de necesidad social y atención inmediata a personas en situación o riesgo de exclusión social que hayan sido específicamente designados conforme la legislación y normativa autonómica en materia de vivienda.

El requisito exigido en esta letra c) también podrá cumplirse mediante:

1.º La declaración responsable emitida por la parte actora de que ha acudido a los servicios indicados anteriormente, en un plazo máximo de cinco meses de antelación a la presentación de la demanda, sin que hubiera sido atendida o se hubieran iniciado los trámites correspondientes en el plazo de dos meses desde que presentó su solicitud, junto con justificante acreditativo de la misma.

2.º El documento acreditativo de los servicios competentes que indiquen que la persona ocupante no consiente expresamente el estudio de su situación económica en los términos previstos en la legislación y normativa autonómica en materia de vivienda. Este documento no podrá tener una vigencia superior a tres meses.

7. En los casos de los números 1.º, 2.º, 4.º y 7.º del apartado 1 del artículo 250, en el caso de que la parte actora tenga la condición de gran tenedora en los términos previstos por el apartado anterior, el inmueble objeto de demanda constituya vivienda habitual de la persona ocupante y la misma se encuentre en situación de vulnerabilidad económica conforme lo previsto igualmente en el apartado anterior, no se admitirán las demandas en las que no se acredite que la parte actora se ha sometido al procedimiento de conciliación o intermediación que a tal efecto establezcan las Administraciones Públicas competentes, en base al análisis de las circunstancias de ambas partes y de las posibles ayudas y subvenciones existentes en materia de vivienda conforme a lo dispuesto en la legislación y normativa autonómica en materia de vivienda.

El requisito anterior podrá acreditarse mediante alguna de las siguientes formas:

1.º La declaración responsable emitida por la parte actora de que ha acudido a los servicios indicados anteriormente, en un plazo máximo de cinco meses de antelación a la presentación de la demanda, sin que hubiera sido atendida o se hubieran iniciado los trámites correspondientes en el plazo de dos meses desde que presentó su solicitud, junto con justificante acreditativo de la misma.

2.º El documento acreditativo de los servicios competentes que indique el resultado del procedimiento de conciliación o intermediación, en el que se hará constar la identidad de las partes, el objeto de la controversia y si alguna de las partes ha rehusado participar en el procedimiento, en su caso. Este documento no podrá tener una vigencia superior a tres meses.

En el caso de que la empresa arrendadora sea una entidad pública de vivienda el requisito anterior se podrá sustituir, en su caso, por la previa concurrencia de la acción de los servicios específicos de intermediación de la propia entidad, que se acreditará en los mismos términos del apartado anterior.»

Tres. Se añade un nuevo apartado 5 en el artículo 440, redactado del siguiente modo:

«5. En todos los casos de desahucio y en todos los decretos o resoluciones judiciales que tengan como objeto el señalamiento del lanzamiento, independientemente de que éste se haya intentado llevar a cabo con anterioridad, se deberá incluir el día y la hora exacta en los que tendrá lugar el mismo.»

Cuatro. Se modifican los apartados 1 bis y 5 del artículo 441 y se añaden nuevos apartados 6 y 7, que quedan redactados como sigue:

«1 bis. Cuando se trate de una demanda de recuperación de la posesión de una vivienda o parte de ella que se tramite según lo previsto en el artículo 250.1.4.º, la notificación se hará a quien se encuentre habitando aquélla. Se podrá hacer además a los ignorados ocupantes de la vivienda. A efectos de proceder a la identificación del receptor y demás ocupantes, quien realice el acto de comunicación podrá ir acompañado de los agentes de la autoridad.

Si el demandante hubiera solicitado la inmediata entrega de la posesión de la vivienda, en el decreto de admisión a trámite de la demanda se requerirá a sus ocupantes para que aporten, en el plazo de cinco días desde la notificación de aquella, título que justifique su situación posesoria.

Si no se aportara justificación suficiente, el tribunal ordenará mediante auto el desalojo de los ocupantes y la inmediata entrega de la posesión de la vivienda al demandante, siempre que el título que se hubiere acompañado a la demanda fuere bastante para la acreditación de su derecho a poseer y sin perjuicio de lo establecido en los apartados 5, 6 y 7 de este mismo artículo si ha sido posible la identificación del receptor de la notificación o demás ocupantes de la vivienda.

Contra el auto que decida sobre el incidente no cabrá recurso alguno y se llevará a efecto contra cualquiera de los ocupantes que se encontraren en ese momento en la vivienda.»

«5. En los casos de los números 1.º, 2.º, 4.º y 7.º del apartado 1 del artículo 250, siempre que el inmueble objeto de la controversia constituya la vivienda habitual de la parte demandada, se informará a esta, en el decreto de admisión a trámite de la demanda, de la posibilidad de acudir a las Administraciones Públicas autonómicas y locales competentes en materia de vivienda, asistencia social, evaluación e información de situaciones de necesidad social y atención inmediata a personas en situación o riesgo de exclusión social. La información deberá comprender los datos exactos de identificación de dichas Administraciones y el modo de tomar contacto con ellas, a efectos de que puedan apreciar la posible situación de vulnerabilidad de la parte demandada.

Sin perjuicio de lo dispuesto en el párrafo anterior, se comunicará inmediatamente y de oficio por el Juzgado la existencia del procedimiento a las Administraciones autonómicas y locales competentes en materia de vivienda, asistencia social, evaluación e información de situaciones de necesidad social y atención inmediata a personas en situación o riesgo de exclusión social, a fin de que puedan verificar la situación de vulnerabilidad y, de existir esta, presentar al Juzgado propuesta de alternativa de vivienda digna en alquiler social a proporcionar por la Administración competente para ello y propuesta de medidas de atención inmediata a adoptar igualmente por la Administración competente, así como de las posibles ayudas económicas y subvenciones de las que pueda ser beneficiaria la parte demandada.

En caso de que estas Administraciones Públicas confirmasen que el hogar afectado se encuentra en situación de vulnerabilidad económica y, en su caso, social, se notificará al órgano judicial a la mayor brevedad y en todo caso en el plazo máximo de diez días.

En los casos previstos por los apartados 6 y 7 del artículo 439, cuando la parte actora sea una gran tenedora de vivienda y hubiera presentado junto con la demanda documento acreditativo de la vulnerabilidad de la parte demandada, en el oficio a las Administraciones públicas competentes se hará constar esta circunstancia a efectos de que efectúen directamente, en el mismo plazo, la propuesta de medidas de atención inmediata a adoptar, así como de las posibles ayudas económicas y subvenciones de las que pueda ser beneficiaria la parte demandada y las causas, que, en su caso, han impedido su aplicación con anterioridad.

Recibida dicha comunicación o transcurrido el plazo, el letrado o letrada de la Administración de Justicia dará traslado a las partes para que en el plazo de cinco días puedan instar lo que a su derecho convenga, procediendo a suspender la fecha prevista para la celebración de la vista o para el lanzamiento, de ser necesaria tal suspensión por la inmediatez de las fechas.»

«6. Presentados los escritos de las partes o transcurrido el plazo concedido para ello, el tribunal resolverá por auto, a la vista de la información recibida de las Administraciones Públicas competentes y de las alegaciones de las partes, sobre si suspende el proceso para que se adopten las medidas propuestas por las Administraciones públicas, durante un plazo máximo de suspensión de dos meses si el demandante es una persona física o de cuatro meses si se trata de una persona jurídica.

Una vez adoptadas las medidas por las Administraciones Públicas competentes o transcurrido el plazo máximo de suspensión previsto en el párrafo anterior, se alzará ésta automáticamente y continuará el procedimiento por todos sus trámites.»

«7. El tribunal tomará la decisión previa valoración ponderada y proporcional del caso concreto, apreciando las situaciones de vulnerabilidad que pudieran concurrir también en la parte actora y cualquier otra circunstancia acreditada en autos.

A estos efectos, en particular, el tribunal para apreciar la situación de vulnerabilidad económica podrá considerar el hecho de que el importe de la renta, si se trata de un juicio de desahucio por falta de pago, más el de los suministros de electricidad, gas, agua y telecomunicaciones suponga más del 30 por 100 de los ingresos de la unidad familiar y que el conjunto de dichos ingresos no alcance:

a) Con carácter general, el límite de 3 veces el Indicador Público de Renta de Efectos Múltiples mensual (en adelante IPREM).

b) Este límite se incrementará en 0,3 veces el IPREM por cada hijo a cargo en la unidad familiar. El incremento aplicable por hijo a cargo será de 0,35 veces el IPREM por cada hijo en el caso de unidad familiar monoparental o en el caso de cada hijo con discapacidad igual o superior al 33 por ciento.

c) Este límite se incrementará en 0,2 veces el IPREM por cada persona mayor de 65 años miembro de la unidad familiar o personas en situación de dependencia a cargo.

d) En caso de que alguno de los miembros de la unidad familiar tenga declarada discapacidad igual o superior al 33 por ciento, situación de dependencia o enfermedad que le incapacite acreditadamente de forma permanente para realizar una actividad laboral, el límite previsto en la letra a) será de 5 veces el IPREM, sin perjuicio de los incrementos acumulados por hijo a cargo.

A estos mismos efectos, el tribunal para apreciar la vulnerabilidad social podrá considerar el hecho de que, entre quienes ocupen la vivienda, se encuentren personas dependientes de conformidad con lo dispuesto en el apartado 2 del artículo 2 de la Ley 39/2006, de 14 de diciembre, de Promoción de la Autonomía Personal y Atención a las personas en situación de dependencia, víctimas de violencia sobre la mujer o personas menores de edad.»

Cinco. Se modifican los apartados 3 y 4 del artículo 549, que quedan redactados como sigue:

«3. En la sentencia condenatoria de todos los tipos de desahucio, o en los decretos que pongan fin al referido desahucio si no hubiera oposición al requerimiento, la solicitud de su ejecución en la demanda de desahucio será suficiente para la ejecución directa de dichas resoluciones, sin necesidad de ningún otro trámite para proceder al lanzamiento en el día y hora exacta señalados en la propia sentencia o en el día y hora exacta que se hubiera fijado al ordenar la realización del requerimiento al demandado, todo ello según el apartado 5 del artículo 440.

4. El plazo de espera legal al que se refiere el artículo anterior no será de aplicación en la ejecución de resoluciones de condena de desahucio por falta de pago de rentas o cantidades debidas, o por expiración legal o contractual del plazo, que se regirá por lo previsto en tales casos.

No obstante, cuando se trate de vivienda habitual, con carácter previo al lanzamiento deberá haberse procedido en los términos de los apartados 5, 6 y 7 del artículo 441 de esta ley.»

Seis. Se introduce un nuevo artículo 655 bis, con el siguiente literal:

«Artículo 655 bis. Subasta de bienes inmuebles

1. Cuando el bien objeto de la subasta sea un bien inmueble que sea la vivienda habitual del ejecutado y el acreedor sea una empresa de vivienda o un gran tenedor de vivienda en los términos previstos por la letra b del apartado 6 del artículo 439 y no haya sido acreditado con anterioridad, deberá acreditarse por la parte actora, antes del inicio de la vía de apremio, si el deudor se encuentra en situación de vulnerabilidad económica.

Para acreditar la concurrencia o no de vulnerabilidad económica de la parte ejecutada se deberá aportar documento acreditativo, de vigencia no superior a tres meses, emitido, previo consentimiento de éste, por los servicios de las Administraciones autonómicas y locales competentes en materia de vivienda, asistencia social, evaluación e información de situaciones de necesidad social y atención inmediata a personas en situación o riesgo de exclusión social que hayan sido específicamente designados conforme a la legislación y normativa autonómica en materia de vivienda.

Este requisito también podrá cumplirse mediante:

1.º La declaración responsable emitida por la parte actora de que ha acudido a los servicios indicados anteriormente, en un plazo máximo de cinco meses de antelación a la presentación de la solicitud de inicio de la vía de apremio, sin que hubiera sido atendida o se hubieran iniciado los trámites correspondientes en el plazo de dos meses desde que presentó su solicitud, junto con justificante acreditativo de la misma. En tal caso el Juzgado se dirigirá a las Administraciones competentes a fin de que confirmen, en el plazo máximo de diez días, si el hogar afectado se encuentra en situación de vulnerabilidad económica y, en su caso, social, así como las medidas previstas que se aplicarán de forma inmediata para que disponga de una vivienda.

2.º El documento acreditativo de los servicios competentes que indiquen que la parte ejecutada no consiente expresamente el estudio de su situación económica en los términos previstos por la legislación y normativa autonómica en materia de vivienda. Este documento no podrá tener una vigencia superior a tres meses.

2. En el caso de que se tenga constancia de que el deudor hipotecario se encuentra en situación de vulnerabilidad económica conforme lo previsto en los apartados anteriores, no se iniciará la vía de apremio si no se acredita que la parte actora se ha sometido al procedimiento de conciliación o intermediación que a tal efecto establezcan las Administraciones Públicas, en base al análisis de las circunstancias de ambas partes y de las posibles ayudas y subvenciones existentes en materia de vivienda conforme a lo dispuesto en la legislación y normativa autonómica en materia de vivienda.

El requisito anterior podrá acreditarse mediante alguna de las siguientes formas:

1.º La declaración responsable emitida por la parte actora de que ha acudido a los servicios indicados anteriormente, en un plazo máximo de cinco meses de antelación a la presentación de la solicitud de inicio de la vía de apremio, sin que hubiera sido atendida o se hubieran iniciado los trámites correspondientes en el plazo de dos meses desde que presentó su solicitud, junto con justificante acreditativo de la misma. En tal caso, inmediatamente a la presentación de la solicitud, el Juzgado se dirigirá a las Administraciones competentes a fin de que confirmen, en el plazo máximo de diez días, si el hogar afectado se encuentra en situación de vulnerabilidad económica y, en su caso, social, así como las medidas previstas que se aplicarán de forma inmediata para que disponga de una vivienda.

2.º El documento acreditativo de los servicios competentes que indique el resultado del procedimiento de conciliación o intermediación, en el que se hará constar la identidad de las partes, el objeto de la controversia y si alguna de las partes ha rehusado participar en el procedimiento, en su caso. Este documento no podrá tener una vigencia superior a tres meses.

En el caso de que la parte ejecutante sea una entidad pública de vivienda el requisito anterior se podrá sustituir, en su caso, por la previa concurrencia de la acción de los servicios específicos de intermediación de la propia entidad, que se acreditará en los términos del apartado anterior.»

Siete. Se modifica el artículo 675, que queda redactado como sigue:

«Artículo 675. Posesión judicial y ocupantes del inmueble

1. Si el adquirente lo solicitara, se le pondrá en posesión del inmueble que no se hallare ocupado.

2. Si el inmueble estuviera ocupado, el Letrado de la Administración de Justicia acordará de inmediato el lanzamiento cuando el Tribunal haya resuelto, con fijación de día y hora exacta y con arreglo a lo previsto en el apartado 2 del artículo 661, que el ocupante u ocupantes no tienen derecho a permanecer en él. Los ocupantes desalojados podrán ejercitar los derechos que crean asistirles en el juicio que corresponda.

Cuando, estando el inmueble ocupado, no se hubiera procedido previamente con arreglo a lo dispuesto en el apartado 2 del artículo 661, el adquirente podrá pedir al Tribunal de la ejecución el lanzamiento de quienes, teniendo en cuenta lo dispuesto en el artículo 661, puedan considerarse ocupantes de mero hecho o sin título suficiente. La petición deberá efectuarse en el plazo de un año desde la adquisición del inmueble por el rematante o adjudicatario, transcurrido el cual la pretensión de desalojo sólo podrá hacerse valer en el juicio que corresponda.

3. La petición de lanzamiento a que se refiere el apartado anterior se notificará a los ocupantes indicados por el adquirente, con citación a una vista que señalará el Letrado de la Administración de Justicia dentro del

plazo de diez días, en la que podrán alegar y probar lo que consideren oportuno respecto de su situación. El Tribunal, por medio de auto, sin ulterior recurso, resolverá sobre el lanzamiento, que decretará en todo caso si el ocupante u ocupantes citados no comparecieren sin justa causa.

4. El auto que resolviere sobre el lanzamiento de los ocupantes de un inmueble deberá ser notificado a los ocupantes y fijará día y hora exacta en la que éste tendrá lugar y dejará a salvo, cualquiera que fuere su contenido, los derechos de los interesados, que podrán ejercitarse en el juicio que corresponda.»

Ocho. Se modifica el apartado 2 del artículo 685 con el siguiente literal:

«2. A la demanda se acompañarán el título o títulos de crédito, revestidos de los requisitos que esta ley exige para el despacho de la ejecución, así como los demás documentos a que se refieren el artículo 550 y, en sus respectivos casos, los artículos 573 y 574 de la presente ley.

En caso de ejecución sobre bienes hipotecados o sobre bienes en régimen de prenda sin desplazamiento, si no pudiese presentarse el título inscrito, deberá acompañarse con el que se presente certificación del Registro que acredite la inscripción y subsistencia de la hipoteca.

En supuestos de demanda de ejecución sobre bienes hipotecados deberá indicarse si el inmueble objeto de la misma constituye la vivienda habitual del deudor, así como si concurre en la parte ejecutante la condición de gran tenedora de vivienda conforme a lo previsto en la letra b) del apartado 6 del artículo 439.

En el caso de indicarse que no se tiene la condición de gran tenedor, a efectos de corroborar tal extremo, se deberá adjuntar a la demanda certificación del Registro de la Propiedad en el que consten la relación de propiedades a nombre de la parte actora.

Asimismo, deberá indicarse si el deudor se encuentra o no en situación de vulnerabilidad económica.

Para acreditar la concurrencia o no de vulnerabilidad económica se deberá aportar documento acreditativo, de vigencia no superior a tres meses, emitido, previo consentimiento del deudor hipotecario de la vivienda, por los servicios de las Administraciones autonómicas y locales competentes en materia de vivienda, asistencia social, evaluación e información de situaciones de necesidad social y atención inmediata a personas en situación o riesgo de exclusión social que hayan sido específicamente designados conforme la legislación y normativa autonómica en materia de vivienda.

Este requisito también podrá cumplirse mediante:

1.º La declaración responsable emitida por la parte actora de que ha acudido a los servicios indicados anteriormente, en un plazo máximo de cinco meses de antelación a la presentación de la demanda, sin que hubiera sido atendida o se hubieran iniciado los trámites correspondientes en el plazo de dos meses desde que presentó su solicitud, junto con justificante acreditativo de la misma.

2.º El documento acreditativo de los servicios competentes que indiquen que el deudor hipotecario no consiente expresamente el estudio de su situación económica en los términos previstos por la legislación y normativa autonómica en materia de vivienda. Este documento no podrá tener una vigencia superior a tres meses.

En el caso de que el acreedor hipotecario sea un gran tenedor de vivienda, el inmueble objeto de demanda sea la vivienda habitual del deudor hipotecario y se tenga constancia, conforme a los apartados anteriores, que éste se encuentra en situación de vulnerabilidad económica, no se admitirán las demandas de ejecución hipotecaria en las que no se acredite que la parte actora se ha sometido al procedimiento de conciliación o intermediación que a tal efecto establezcan las Administraciones Públicas competentes, en base al análisis de las circunstancias de ambas partes y de las posibles ayudas y subvenciones existentes conforme a la legislación y normativa autonómica en materia de vivienda.

El requisito anterior podrá acreditarse mediante alguna de las siguientes formas:

1.º La declaración responsable emitida por la parte actora de que ha acudido a los servicios indicados anteriormente, en un plazo máximo de cinco meses de antelación a la presentación de la demanda, sin que hubiera sido atendida o se hubieran iniciado los trámites correspondientes en el plazo de dos meses desde que presentó su solicitud, junto con justificante acreditativo de la misma.

2.º El documento acreditativo de los servicios competentes que indique el resultado del procedimiento de conciliación o intermediación, en el que se hará constar la identidad de las partes, el objeto de la controversia y si alguna de las partes ha rehusado participar en el procedimiento, en su caso. Este documento no podrá tener una vigencia superior a tres meses.

En el caso de que el acreedor hipotecario sea una entidad pública de vivienda el requisito anterior se podrá sustituir, en su caso, por la previa concurrencia de la acción de los servicios específicos de intermediación de la propia entidad, que se acreditará en los términos del apartado anterior.»

Nueve. Se modifica el apartado 1 del artículo 704, que queda redactado como sigue:

«1. Cuando el inmueble cuya posesión se deba entregar fuera vivienda habitual del ejecutado o de quienes de él dependan, el Letrado de la Administración de Justicia les dará un plazo de un mes para desalojarlo. De existir motivo fundado, podrá prorrogarse dicho plazo un mes más.

Transcurridos los plazos señalados, se procederá de inmediato al lanzamiento, fijándose día y hora exacta de éste tanto en la resolución inicial como en la que acuerde la prórroga o en cualquier resolución ulterior que acuerde el lanzamiento, aunque este se haya intentado practicar con anterioridad.»

Diez. Se incorpora una nueva disposición adicional séptima, que queda redactada como sigue:

«Disposición adicional séptima.

En los procedimientos penales que se sigan por delito de usurpación del apartado 2 del artículo 245 del Código Penal, en caso de sustanciarse con carácter cautelar la medida de desalojo y restitución del inmueble objeto del delito a su legítimo poseedor y siempre que entre quienes ocupen la vivienda se encuentren personas dependientes de conformidad con lo dispuesto en el apartado 2 del artículo 2 de la Ley 39/2006, de 14 de diciembre, de Promoción de la Autonomía Personal y Atención a las personas en situación de dependencia, víctimas de violencia sobre la mujer o personas menores de edad, se dará traslado a las Administraciones Autonómicas y locales competentes en materia de vivienda, asistencia social, evaluación e información de situaciones de necesidad social y atención inmediata a personas en situación o riesgo de exclusión social, con el fin de que puedan adoptar las medidas de protección que correspondan.

Las mismas previsiones se adoptarán cuando el desalojo de la vivienda se acuerde en sentencia.»

Sexta. Limitación extraordinaria de la actualización anual de la renta de los contratos de arrendamiento de vivienda

El Real Decreto-ley 6/2022, de 29 de marzo, por el que se adoptan medidas urgentes en el marco del Plan Nacional de respuesta a las consecuencias económicas y sociales de la guerra en Ucrania, queda modificado como sigue:

El artículo 46 queda redactado en los siguientes términos:

«Artículo 46. Limitación extraordinaria de la actualización anual de la renta de los contratos de arrendamiento de vivienda

1. La persona arrendataria de un contrato de alquiler de vivienda sujeto a la Ley 29/1994, de 24 de noviembre, de Arrendamientos Urbanos, cuya renta deba ser actualizada porque se cumpla la correspondiente anualidad de vigencia dentro del periodo comprendido entre la entrada en vigor de este real decreto-ley y el 31 de diciembre de 2023, podrá negociar con el arrendador el incremento que se aplicará en esa actualización anual de la renta, con sujeción a las siguientes condiciones:

a) En el caso de que el arrendador sea un gran tenedor en los términos que establece el artículo 3.k) de la Ley 12/2023, de 24 de mayo, por el derecho a la vivienda, el incremento de la renta será el que resulte del nuevo pacto entre las partes, sin que pueda exceder del resultado de aplicar la variación anual del Índice de Garantía de Competitividad a fecha de dicha actualización, tomando como mes de referencia para la actualización el que corresponda al último índice que estuviera publicado en la fecha de actualización del contrato. En ausencia de este nuevo pacto entre las partes, el incremento de la renta quedará sujeto a esta misma limitación.

b) En el caso de que el arrendador no sea un gran tenedor, el incremento de la renta será el que resulte del nuevo pacto entre las partes. En ausencia de este nuevo pacto entre las partes, el incremento de la renta no podrá exceder del resultado de aplicar la variación anual del Índice de Garantía de Competitividad a fecha de dicha actualización, tomando como mes de referencia para la actualización el que corresponda al último índice que estuviera publicado en la fecha de actualización del contrato.

2. La persona arrendataria de un contrato de alquiler de vivienda sujeto a la Ley 29/1994, de 24 de noviembre, de Arrendamientos Urbanos, cuya renta deba ser actualizada porque se cumpla la correspondiente anualidad de vigencia dentro del periodo comprendido entre el 1 de enero de 2024 y el 31 de diciembre de 2024, podrá negociar con el arrendador el incremento que se aplicará en esa actualización anual de la renta, con sujeción a las siguientes condiciones:

a) En el caso de que el arrendador sea un gran tenedor en los términos que establece el artículo 3.k) de la Ley 12/2023, de 24 de mayo, por el derecho a la vivienda, el incremento de la renta será el que resulte del nuevo pacto entre las partes, sin que la variación anual de la renta pueda exceder del tres por ciento. En ausencia de este nuevo pacto entre las partes, el incremento de la renta quedará sujeto a esta misma limitación.

b) En el caso de que el arrendador no sea un gran tenedor, el incremento de la renta será el que resulte del nuevo pacto entre las partes. En ausencia de este nuevo pacto entre las partes, el incremento de la renta a aplicar no podrá ser superior al tres por ciento.»

(...)

Novena. Entrada en vigor

La presente ley entrará en vigor el día siguiente al de su publicación en el «Boletín Oficial del Estado», excepto la disposición final segunda, que entrará en vigor el 1 de enero del año siguiente al de su publicación en el «Boletín Oficial del Estado».

---

* Téngase en cuenta que al cierre de esta edición, el Tribunal Constitucional estima el recurso de inconstitucionalidad en relación a los apartados 2 y 6 de la Disposición Final Quinta de la Ley 12/2023 de 24 de mayo, por nota informativa del TC 8/2025.

Registro Único de Arrendamientos y Ventanilla Única Digital

§3. Real Decreto 1312/2024, de 23 de diciembre, por el que se regula el procedimiento de Registro Único de Arrendamientos y se crea la Ventanilla Única Digital de Arrendamientos para la recogida y el intercambio de datos relativos a los servicios de alquiler de alojamientos de corta duración

(BOE n.º 309, de 24 de diciembre de 2024)

Nota vigencia: entra en vigor el día 2 de enero de 2025, desplegando efectos sus disposiciones el 1 de julio de 2025.

PREÁMBULO

El Gobierno ha venido ejecutando en los últimos tiempos decididas intervenciones en materia de vivienda, habida cuenta de la dificultad del acceso a la misma por parte de un gran sector de la población española. Esta situación se ha producido principalmente por un incremento de los precios de venta y alquiler de viviendas, y a pesar de que hay más inmuebles en alquiler, este mercado se ha disgregado en muy diferentes formas de disfrute, ampliándose el espectro desde la propiedad y arrendamiento de larga duración hasta otras formas de negocio como el arrendamiento de temporada o las viviendas de uso turístico. Con el fin de atender a este nuevo conjunto de realidades, ya el Real Decreto-ley 7/2019, de 1 de marzo, de medidas urgentes en materia de vivienda y alquiler, modificó la Ley 49/1960, de 21 de julio, sobre propiedad horizontal, permitiendo a las comunidades de propietarios limitar o condicionar la utilización de viviendas de uso turístico en sus comunidades.

Otros ejemplos de actuaciones promovidas en los últimos años en materia de vivienda han sido el Convenio entre el Ministerio de Vivienda y Agenda Urbana y el Instituto de Crédito Oficial, E.P.E., para la gestión de los avales por cuenta del Estado de la «Línea de avales para la adquisición de primera vivienda de jóvenes y familias con menores a cargo»; el Convenio entre el Ministerio de Vivienda y Agenda Urbana y el Instituto de Crédito Oficial, E.P.E., para la instrumentación de la «Facilidad para promoción de vivienda social»; o el Convenio entre el Ministerio de Vivienda y Agenda Urbana y el Instituto de Crédito Oficial, E.P.E., para la gestión de avales por cuenta del Estado de la Facilidad antes mencionada. Gracias a la suscripción de dichos convenios, el Gobierno ha puesto las bases para facilitar el acceso a la vivienda a jóvenes y familias con menores a cargo, y, además, contribuir al aumento de la oferta de vivienda, poniendo en marcha medidas para destensionar el mercado.

Además, pueden destacarse otras medidas como las promociones urbanísticas y de construcción de vivienda en alquiler asequible que lleva a cabo la Entidad Pública Empresarial del Suelo (SEPES) con la financiación del Ministerio de Vivienda y Agenda Urbana, y que ya han superado los 800 millones de euros transferidos, con ejemplos de actuaciones en el barrio de Campamento de la ciudad de Madrid, u otras como las que se impulsan en Valencia, Sevilla o Illes Balears.

Por último, tras más de cuatro décadas, gracias a la aprobación de la Ley 12/2023, de 24 de mayo, por el derecho a la vivienda, se ha dado cumplimiento al artículo 47 de la Constitución Española, habilitando las medidas necesarias para el desarrollo del derecho al disfrute de una vivienda digna y adecuada.

Sin embargo, desde el Gobierno se considera que todas las mencionadas medidas, algunas con efecto a medio y largo plazo, y otras con efecto inmediato, deben seguir complementándose con nuevas actuaciones en materia de vivienda. La situación actual del mercado español del alquiler, unida a la obligatoriedad por parte del Estado de proceder a sentar las bases para el efectivo cumplimiento de las normas europeas y, en concreto, del Reglamento (UE) 2024/1028 del Parlamento Europeo y del Consejo, de 11 de abril de 2024, sobre la recogida y el intercambio de datos relativos a los servicios de alquiler de alojamientos de corta duración y por el que se modifica el Reglamento (UE) 2018/1724, han puesto las bases para la presente norma. Además, teniendo en cuenta la necesaria aplicación y eficacia directa de los reglamentos europeos, se determina como acto obligado por parte del Gobierno de España la adopción de la presente norma al tenor del referido reglamento europeo, que ordena a los Estados miembros la adopción y publicación de las disposiciones legales, reglamentarias y administrativas necesarias para dar cumplimiento al mismo. De esta manera, el presente reglamento tiene por objeto regular un procedimiento de registro único de arrendamientos y la Ventanilla Única Digital de Arrendamientos.

Hay que tener en cuenta que del examen de los precedentes legislativos europeos que constituyen el germen del Reglamento (UE) 2024/1028 del Parlamento Europeo y del Consejo, de 11 de abril de 2024, destaca la Resolución del Parlamento Europeo, de 21 de enero de 2021, sobre el acceso a una vivienda digna y asequible para todos, que en su considerando 48 señala que el crecimiento expansivo del alquiler de vacaciones a corto plazo está retirando viviendas del mercado y propiciando un aumento de los precios, y puede tener un impacto negativo en la habitabilidad de centros urbanos y turísticos. De este modo, el Parlamento Europeo pedía a la Comisión que interpretara la Directiva de servicios en consonancia con la sentencia del Tribunal de Justicia de la Unión Europea (C-390/18), que establece la asequibilidad de la vivienda y la escasez de viviendas de alquiler como «una razón imperiosa de interés general», y que concede, en consecuencia, una amplia discrecionalidad a las autoridades nacionales para definir normas proporcionadas para los servicios de hostelería, incluido el registro obligatorio, la limitación de licencias y el diseño de políticas públicas para evitar la «turistización», el abandono de los centros urbanos y la disminución de la calidad de vida en ellos, en detrimento de sus residentes.

Otro elemento a tener en cuenta en relación con los alquileres de corta duración a los que se refiere la norma europea es que en nuestro país la Ley 29/1994, de 24 de noviembre, de Arrendamientos Urbanos, parte de la causalidad como elemento fundamental para distinguir los arrendamientos de temporada y, en general los de corta duración, de los ordinarios de vivienda, no haciendo referencia a un plazo determinado para la constitución de un tipo u otro de arrendamiento. Aunque el Reglamento (UE) 2024/1028 del Parlamento Europeo y del Consejo, de 11 de abril de 2024, indica que para definir los alquileres de corta duración se puede partir de una duración habitual inferior a los doce meses, la situación de la normativa española ha llevado a que se hayan producido ciertas dificultades en las labores inspectoras. Estas labores, en lugar de poder aplicar un criterio automático de duración, se han tenido que basar en elementos de carácter causal caso por caso, y sin contar con información suficiente y transparente.

Por todo ello, la falta de información relacionada con los arrendamientos que se van constituyendo, ha llevado a que dicha causalidad se haya visto resentida, y a que sea previsible que pueda existir en la actualidad un porcentaje relevante de arrendamientos en situación de fraude de ley.

Así, mediante el Reglamento (UE) 2024/1028 del Parlamento Europeo y del Consejo, de 11 de abril de 2024, se establecen una serie de obligaciones y regulaciones en materia de información que se aplican a los servicios de alquiler de alojamientos de corta duración cuando los Estados miembros hayan establecido procedimientos de registro para las unidades situadas en su territorio. Además, dispone que cuando existan ese tipo de procedimientos de registro, se deberá crear una Ventanilla Única Digital que funcione en el conjunto del Estado miembro.

Tal y como refleja la parte expositiva del citado reglamento, los servicios de alquiler de alojamientos de corta duración ofrecidos por anfitriones existen desde hace muchos años como complemento de otros servicios de alojamiento, como hoteles, albergues o habitaciones con desayuno. Sin embargo, el volumen de los servicios de alquiler de alojamientos de corta duración está aumentando considerablemente en toda la Unión, y en concreto en España, como consecuencia del crecimiento de la economía de plataformas. Si bien los servicios de alquiler de alojamientos de corta duración crean muchas oportunidades para los huéspedes, los anfitriones y todo el ecosistema turístico, su rápido crecimiento ha suscitado preocupaciones, planteando retos como su contribución a la disminución del número de viviendas destinadas al arrendamiento de larga duración disponibles y al aumento de los precios de los alquileres y de la vivienda en general. La norma europea, partiendo de esa premisa, pretende afrontar el reto de la falta de información fiable sobre los servicios de alquiler de alojamientos de corta duración y, en concreto, garantizar que se cuenta con la identidad del anfitrión y el lugar donde se ofrecen dichos servicios o su duración. Todo ello dado que, la falta de dicha información dificulta que las administraciones puedan evaluar el impacto real de estos servicios y que consigan diseñar e implementar respuestas públicas adecuadas y proporcionadas.

Este real decreto, partiendo precisamente de estas realidades, pretende sentar las bases para afrontar los retos y problemas mencionados a nivel nacional, con un refuerzo de la información disponible en materia de alquileres de corta duración. Así, mediante esta norma se adapta el ordenamiento jurídico español al Reglamento (UE) 2024/1028 del Parlamento Europeo y del Consejo, de 11 de abril de 2024, regulando el procedimiento de registro único de arrendamientos y la Ventanilla Única Digital de Arrendamientos. Mientras que la Ventanilla se residencia en el Ministerio de Vivienda y Agenda Urbana, que será el encargado de coordinar las actuaciones vinculadas a la eficacia de este real decreto, el procedimiento de registro único se residenciará en el Registro de la Propiedad y en el de Bienes Muebles. A través de esta fórmula registral se garantiza la adecuada implementación de la normativa europea, permitiendo a su vez una fórmula eficaz y con garantías de seguridad jurídica. Además, esta fórmula de registro garantiza la comprobación formal de los elementos necesarios recogidos, cuando corresponda, en la normativa de ámbito estatal y del resto de administraciones territoriales, así como el cumplimiento de los estatutos que las diferentes comunidades de propietarios hayan podido aprobar.

La presente norma, en aplicación del reglamento europeo, además, supone una regulación fundamental para incrementar la seguridad jurídica y confianza en el marco de las relaciones civiles inter privados a la hora de suscribir contratos de arrendamiento. Este motivo, hace necesaria la incorporación al Registro de la Propiedad y, en su caso, al de Bienes Muebles, de la información relativa a los servicios de alquiler de alojamientos de corta duración, para que, de esa forma, todos los actores del mercado del alquiler puedan disponer de la información necesaria para la toma de sus decisiones.

A través del procedimiento de registro se obtendrá un número de registro único que se asignará a cada inmueble o unidad parcial del mismo que se pretenda arrendar de manera separada, sin el cual no podrá llevarse a cabo su oferta en las plataformas en línea de alquiler de corta duración. Esto aportará seguridad a los propietarios de viviendas, a las plataformas en línea, así como a las personas arrendatarias, ya que se relacionarán en un mercado caracterizado por una información transparente y confiable. Además, a través de esta medida, se evitará que puedan ser ofertadas viviendas en unas condiciones contrarias a las dispuestas por la normativa de las diferentes administraciones territoriales, permitiendo a todas ellas llevar a cabo sus labores de inspección y control de forma más eficaz. Se facilitará la lucha contra la utilización de la figura de los arrendamientos de corta duración que no cumplan con la causalidad que exige la Ley 29/1994, de 24 de noviembre, así como contra las viviendas de uso turístico contrarias a las normas vigentes. Es previsible que gracias a esta regulación salgan del mercado viviendas actualmente ofertadas de manera irregular, lo que permitirá una mayor oferta de otras fórmulas de arrendamiento como son las de larga duración.

En relación con la distribución competencial en España, cabe recordar que la competencia en materia de la regulación del Registro de la Propiedad, Mercantil y de Bienes Muebles es estatal, como reiteradamente ha señalado el Tribunal Constitucional (STS 118/2022, de 29 de septiembre; STS 37/2022, de 10 de marzo; y STS 151/2021, de 16 de septiembre), consagrada por el artículo 149.1.8.ª de la Constitución Española. Por otro lado, el artículo 149.1.1.ª atribuye al Estado la regulación de las condiciones básicas que garanticen la igualdad de todos los españoles en el ejercicio de los derechos y en el cumplimiento de los deberes constitucionales. Por su parte, el 149.1.13.ª señala que el Estado ostenta competencia exclusiva en las bases y coordinación de la planificación general de la actividad económica. Y, por último, el artículo 149.1.31.ª, que atribuye al Estado la competencia en materia de estadística oficial para fines estatales.

En ejercicio de estas competencias se dicta el presente real decreto, que en ningún caso comprende regulaciones de carácter material sobre competencias de carácter autonómico, sino que se limita al establecimiento de disposiciones vinculadas a la labor del Registro de la Propiedad y del de Bienes Muebles y a la legislación hipotecaria, así como las vinculadas a la normativa de carácter civil asociada a la legislación de arrendamientos urbanos, todo ello competencias de carácter estatal.

Este real decreto, permite la puesta en marcha en nuestro país del Reglamento (UE) 2024/1028 del Parlamento Europeo y del Consejo, de 11 de abril de 2024, especificando el procedimiento de registro único estatal para los servicios de alquiler de alojamientos de corta duración, y asegurando lo dispuesto en la norma europea, que prohíbe la coexistencia de procedimientos de registro duplicados para los servicios de alquiler de alojamientos de corta duración, sin afectar a aquellos procedimientos de autorización o licencia que en ejercicio de sus competencias materiales, fundamentalmente turísticas o de vivienda, puedan haber regulado otras administraciones.

La presente norma se ajusta a los principios de buena regulación contenidos en el artículo 129.1 de la Ley 39/2015, de 1 de octubre, del Procedimiento Administrativo Común de las Administraciones Públicas: necesidad, eficacia, proporcionalidad, seguridad jurídica, transparencia y eficiencia; conforme a los cuales deben actuar las Administraciones Públicas en el ejercicio de la iniciativa legislativa y la potestad reglamentaria. En concreto, los principios de necesidad y eficacia han quedado justificados en el resto de la parte expositiva, siendo necesario para la integración en nuestro país del Reglamento (UE) 2024/1028, del Parlamento Europeo y del Consejo, de 11 de abril de 2024, resultando además el instrumento más adecuado porque permite responder con flexibilidad y garantizar la consecución de los objetivos de la norma europea. El de proporcionalidad se cumple en tanto en cuanto la presente norma recoge la regulación imprescindible para alcanzar el fin descrito, imponiendo las cargas mínimas y simplificando los procedimientos, de tal manera que únicamente se apliquen aquellas derivadas de manera directa de la normativa europea. De acuerdo con el principio de seguridad jurídica, este real decreto es coherente con el resto del ordenamiento jurídico, nacional y de la Unión Europea. En cuanto al principio de transparencia, identifica claramente su propósito, y la memoria, accesible a la ciudadanía, ofrece una explicación completa de su contenido. Por último, se cumple el principio de eficiencia, ya que no implica la generación de costes adicionales no exigibles, ni establece estructuras o procedimientos duplicados.

En su virtud, a propuesta de la Ministra de Vivienda y Agenda Urbana, con la aprobación previa del Ministro para la Transformación Digital y de la Función Pública, oído el Consejo de Estado, y previa deliberación del Consejo de Ministros en su reunión del día 23 de diciembre de 2024,

DISPONGO:

Artículo 1. Objeto

El presente real decreto tiene por objeto la creación de la Ventanilla Única Digital de Arrendamientos y el desarrollo del procedimiento de registro único de arrendamientos, en aplicación del Reglamento (UE) 2024/1028 del Parlamento Europeo y del Consejo, de 11 de abril de 2024, sobre la recogida y el intercambio de datos relativos a los servicios de alquiler de alojamientos de corta duración y por el que se modifica el Reglamento (UE) 2018/1724, y resto de normativa nacional de aplicación.

Artículo 2. Definiciones

A efectos de este real decreto, y de acuerdo con el Reglamento (UE) 2024/1028 del Parlamento Europeo y del Consejo, de 11 de abril de 2024, y resto de normativa nacional aplicable, se entenderá por:

a) Servicio de alquiler de alojamientos de corta duración: el arrendamiento por un período breve de una o varias unidades, con finalidad turística o no, a cambio de una remuneración, ya sea con carácter profesional o no profesional, de forma regular o no, siéndole aplicable la regulación del arrendamiento de temporada del artículo 3.2 de la Ley 29/1994, de 24 de noviembre, de Arrendamientos Urbanos, así como la que resulte de aplicación a los alquileres de embarcaciones sujetos al Reglamento (UE) 2024/1028 del Parlamento Europeo y del Consejo, de 11 de abril de 2024, la que resulte aplicable a los arrendamientos de carácter turístico y su régimen sancionador establecido por comunidades autónomas y entidades locales, así como, cuando proceda, la relativa a la protección y defensa de las personas consumidoras y usuarias.

b) Unidad: un alojamiento amueblado, afecte o no a la totalidad de este cuando así esté previsto en la normativa aplicable, que es objeto de la prestación de un servicio de alquiler de alojamiento de corta duración. No comprenderá:

1.º Hoteles y alojamientos similares, incluidos los complejos hoteleros, los apartahoteles y los moteles, tal como se describen en el grupo 55.1 de la NACE Rev. 2 («hoteles y alojamientos similares»), ni albergues, tal como se describen en el grupo 55.2 de la NACE Rev. 2 («alojamientos turísticos y otros alojamientos de corta estancia») que figura en el anexo I del Reglamento (CE) n.º 1893/2006 del Parlamento Europeo y del Consejo.

2.º La oferta de alojamientos en campings y aparcamientos para caravanas, tal como se describen en el grupo 55.3 de la NACE Rev. 2 («hostales»), que figura en el anexo I del Reglamento (CE) n.º 1893/2006.

c) Anfitrión o persona arrendadora: una persona física o jurídica que presta, o tiene la intención de prestar, un servicio de alquiler de alojamiento de corta duración a cambio de una remuneración a través de una plataforma en línea de alquiler de corta duración ya sea con carácter profesional o no profesional, de forma regular o no.

d) Huésped o persona arrendataria: una persona física alojada en una unidad.

e) Ventanilla Única Digital de Arrendamientos: pasarela digital única nacional para la transmisión electrónica de datos entre las plataformas en línea de alquiler de corta duración y las autoridades competentes, así como para informar sobre los diferentes usos, regulación y destinos de las unidades dedicadas a alquiler de corta duración en todo el territorio nacional, a través de la cual se articula en España el cumplimiento de las obligaciones de comunicación de datos recogidas en el Reglamento (UE) 2024/1028 del Parlamento Europeo y del Consejo, de 11 de abril de 2024.

f) Procedimiento de Registro Único de Arrendamientos: es el procedimiento a través del cual se da cumplimiento en España a las obligaciones de registro recogidas en el Reglamento (UE) 2024/1028 del Parlamento Europeo y del Consejo, de 11 de abril de 2024, que se tramitará por el Registro de la Propiedad competente, donde se halla inscrito el inmueble objeto de arrendamiento y donde se hará constar el número de registro asignado al mismo; o en el Registro de Bienes Muebles competente donde se halla inscrito el buque, la embarcación o artefacto naval objeto de alquiler y donde se hará constar el número de registro asignado al mismo.

g) Plataforma en línea de alquiler de corta duración: plataforma en línea en el sentido del artículo 3.i) del Reglamento (UE) 2022/2065 del Parlamento Europeo y del Consejo de 19 de octubre de 2022 relativo a un mercado único de servicios digitales y por el que se modifica la Directiva 2000/31/CE, que permite a los huéspedes celebrar contratos a distancia con anfitriones para la prestación de servicios de alquiler de alojamientos de corta duración.

h) Plataforma pequeña y microplataforma en línea de alquiler de corta duración: plataforma en línea de alquiler de corta duración, conforme a la definición del párrafo anterior, que se considera una pequeña empresa o una microempresa en el sentido de la Recomendación 2003/361/CE de la Comisión, de 6 de mayo de 2003, sobre la definición de microempresas, pequeñas y medianas empresas.

i) Número de registro: el identificador único de una unidad expedido por el Registrador o Registradora de la Propiedad o de Bienes Muebles competente que permite la identificación de una unidad.

j) Autoridad competente: una autoridad nacional, regional o local de un Estado miembro que es competente para gestionar o hacer cumplir los procedimientos de registro o para recoger datos sobre los servicios de alquiler de alojamientos de corta duración, o es responsable de garantizar el cumplimiento de las normas aplicables de los Estados miembros relativas al acceso a los servicios de alquiler de alojamientos de corta duración y su prestación.

k) Anuncio: la referencia a una unidad ofrecida para servicios de alquiler de alojamientos de corta duración y publicada en el sitio web de una plataforma en línea de alquiler de corta duración.

l) Datos de actividad: el número de noches por las que se alquila una unidad y el número de huéspedes a los que se alquila por noche la unidad junto con el país de residencia de cada huésped, de conformidad con el Reglamento (UE) n.º 692/2011 del Parlamento Europeo y del Consejo, de 6 de julio de 2011, relativo a las estadísticas europeas sobre el turismo y por el que se deroga la Directiva 95/57/CE del Consejo.

Artículo 3. Ámbito de aplicación

1. De acuerdo con el Reglamento (UE) 2024/1028 del Parlamento Europeo y del Consejo, de 11 de abril de 2024, el ámbito objetivo de este real decreto comprende tanto los servicios prestados por las plataformas en línea a anfitriones que prestan servicios de alquiler de alojamientos de corta duración en España, independientemente del lugar de establecimiento de dichas plataformas, como los servicios de alquiler de alojamientos que prestan los anfitriones a través de las plataformas. El ámbito geográfico de aplicación de esta norma será todo el territorio nacional.

2. No resultará de aplicación a los servicios de alquiler de alojamientos que no lleven asociada una remuneración. A estos efectos, por remuneración se entiende cualquier forma de compensación económica, independientemente de su valor o de la forma que adopte.

Artículo 4. Servicios de alquiler de alojamientos de corta duración

1. De acuerdo con el Reglamento (UE) 2024/1028 del Parlamento Europeo y del Consejo, de 11 de abril de 2024, los servicios de alquiler de alojamientos de corta duración pueden recaer sobre la totalidad de una finca o parte de ella, siempre que de acuerdo con la normativa aplicable sea posible, también comprenderán el alojamiento en buques, embarcaciones o artefactos navales, siempre que aquel no esté vinculado a un servicio que posibilite o determine la navegación, en cuyo caso se regirá siempre por la legislación aplicable. En uno y otro caso, el elemento sobre el que recaen los servicios será la unidad, conforme ésta se define en la presente norma.

2. Los servicios de alquiler de alojamientos de corta duración tendrán las siguientes características de acuerdo con la Ley 29/1994, de 24 de noviembre, y el Reglamento (UE) 2024/1028 del Parlamento Europeo y del Consejo, de 11 de abril de 2024:

a) Que tengan como destino primordial uno distinto del de arrendamiento de vivienda regulado en el artículo 2 de la Ley 29/1994, de 24 de noviembre, derivándose de causas de carácter temporal, tales como las vacacionales o turísticas, las laborales, de estudios, de tratamiento médico o cualquier otra que no suponga una necesidad de vivienda de carácter permanente de la persona arrendataria, conforme al artículo 3 de la misma norma.

b) Que cuenten con equipamiento, mobiliario y enseres adecuados para atender el uso de la unidad de carácter temporal de acuerdo con el Reglamento (UE) 2024/1028 del Parlamento Europeo y del Consejo, de 11 de abril de 2024.

Artículo 5. Obligaciones de las personas arrendadoras

Las personas arrendadoras definidas en el artículo 2.c), de acuerdo con el Reglamento (UE) 2024/1028 del Parlamento Europeo y del Consejo, de 11 de abril de 2024, están obligadas a:

a) Obtener previamente el número de registro definido en el artículo 2.i) en el Registro de la Propiedad o en el de Bienes Muebles a los efectos de poder ofrecer sus servicios a través de las plataformas en línea. Este número será otorgado de manera automática e inmediata conforme al artículo 9.

b) Aportar la información que se recoge en el artículo 9.2 junto con la solicitud.

c) Atender a los requerimientos de información de las autoridades competentes que pueda recibir en relación con sus unidades.

d) Actualizar la información aportada sobre sus unidades respecto de las que haya obtenido un número de registro en el momento en el que se produzca un cambio en la misma.

e) Comunicar a las plataformas en línea el número de registro que se haya asignado a su unidad por el Registro de la Propiedad o el de Bienes Muebles, para poder ofrecerlas en dichas plataformas.

Artículo 6. Obligaciones de las plataformas en línea de alquiler de corta duración

Las plataformas en línea de alquiler de corta duración, de acuerdo con el Reglamento (UE) 2024/1028 del Parlamento Europeo y del Consejo, de 11 de abril de 2024, están obligadas a:

a) Recoger funcionalidades en sus aplicaciones que permitan a las personas arrendadoras identificar las unidades ofrecidas mediante el número de registro que se les haya asignado por el Registro de la Propiedad o el de Bienes Muebles.

b) Garantizar que las personas arrendadoras faciliten el número de registro que tengan asignado a sus unidades y que se muestre claramente como parte de sus anuncios antes de permitir la oferta de los servicios de alquiler de alojamiento de las unidades en sus plataformas.

c) Realizar comprobaciones aleatorias y periódicas de las declaraciones de las personas arrendadoras, en su caso, a través de la consulta con la Ventanilla Única Digital de Arrendamientos de los datos del registro, a cuyos efectos se habilitará la posibilidad de que pueda realizarse la consulta de manera permanente y automática para cada anuncio que pretenda publicarse en la plataforma en línea.

d) Informar sin demora indebida a la Ventanilla Única Digital de Arrendamientos y a las personas arrendadoras de los resultados de las comprobaciones aleatorias anteriores en los casos previstos por el Reglamento (UE) 2024/1028 del Parlamento Europeo y del Consejo, de 11 de abril de 2024.

e) Informar a las personas arrendadoras que se propongan utilizar sus servicios de la aplicación del procedimiento de registro único regulado en esta norma, en los casos previstos por el Reglamento (UE) 2024/1028 del Parlamento Europeo y del Consejo, de 11 de abril de 2024.

f) Recoger y transmitir mensualmente los datos de actividad por unidad, junto con el número de registro facilitado por las personas arrendadoras, la dirección específica de la unidad y las URL de los anuncios publicados en sus plataformas, a la Ventanilla Única Digital de Arrendamientos, por medios de comunicación de máquina a máquina.

En el caso de las plataformas definidas en el artículo 2.h), recogidas en el artículo 9.2 del Reglamento (UE) 2024/1028 del Parlamento Europeo y del Consejo, de 11 de abril de 2024, los datos de actividad por unidad, junto con el número de registro facilitado por las personas arrendadoras, la dirección específica de la unidad y las URL de los anuncios publicados en sus plataformas, se transmitirán al final de cada trimestre, por medios de comunicación de máquina a máquina o manualmente.

Esta transmisión se presentará en los plazos y de acuerdo con el modelo que sea aprobado por orden ministerial de la persona titular del Ministerio de Vivienda y Agenda Urbana.

g) Dar cumplimiento en un plazo de cuarenta y ocho horas desde la notificación a las resoluciones administrativas por las que se ordene la eliminación o inhabilitación del acceso a anuncios vinculados a un número de registro suspendido o retirado.

Artículo 7. Ventanilla Única Digital de Arrendamientos

1. Para el cumplimiento de las obligaciones prescritas en el Reglamento (UE) 2024/1028 del Parlamento Europeo y del Consejo, de 11 de abril de 2024, se crea la Ventanilla Única Digital de Arrendamientos de España, como pasarela digital única nacional para la transmisión electrónica de datos entre las plataformas en línea de alquiler de corta duración y para el resto de funciones que la normativa establece.

A efectos del Reglamento (UE) 2024/1028 del Parlamento Europeo y del Consejo, de 11 de abril de 2024, la Ventanilla Única Digital de Arrendamientos será dependiente del Ministerio de Vivienda y Agenda Urbana a través de la Dirección General de Planificación y Evaluación, que será el órgano competente para dictar las resoluciones administrativas por las que se ordene la eliminación o inhabilitación del acceso a anuncios vinculados a unidades ofrecidas sin número de registro o con un número de registro no válido, o en casos de uso indebido de un número de registro, así como todos aquellos vinculados al ejercicio de potestades administrativas atribuidas al Ministerio de Vivienda y Agenda Urbana en relación con esta norma.

A través de la Ventanilla Única Digital de Arrendamientos se llevará a cabo la recepción y transmisión de los datos por parte de las plataformas, de acuerdo con el artículo 6. A estos efectos, las plataformas sujetas al Reglamento (UE) 2024/1028 del Parlamento Europeo y del Consejo, de 11 de abril de 2024, comunicarán a la Ventanilla Única Digital de Arrendamientos los datos necesarios para permitir la notificación de las comunicaciones y resoluciones que emitan órdenes reguladas en esta norma y en el resto de normativa aplicable.

2. La Ventanilla Única Digital de Arrendamientos:

a) Permitirá la transmisión máquina a máquina y manual de los datos de actividad por unidad, junto con el número de registro facilitado por las personas arrendadoras, la dirección específica de la unidad y las URL de los anuncios publicados en las plataformas en línea de alquiler de corta duración.

b) Facilitará a las plataformas en línea de alquiler de corta duración llevar a cabo las comprobaciones aleatorias del artículo 6.c).

c) Recogerá una funcionalidad que permita consultar el número de registro asignado a las unidades de las personas arrendadoras y la dirección o ubicación específica de la unidad.

d) Recogerá una funcionalidad que permita consultar los datos de actividad por unidad y las URL de los anuncios publicados por las personas arrendadoras en las plataformas, mediante su interconexión con las plataformas en línea, únicamente en los casos previstos por el Reglamento (UE) 2024/1028 del Parlamento Europeo y del Consejo, de 11 de abril de 2024.

e) Incluirá una base de datos en línea de libre acceso y legible por máquina para las comprobaciones del artículo 6.c).

f) Garantizará que su información sea reutilizable.

g) Garantizará la confidencialidad, integridad y seguridad en el tratamiento de los datos de acuerdo con el Reglamento (UE) 2016/679 del Parlamento Europeo y del Consejo, de 27 de abril de 2016, relativo a la protección de las personas físicas en lo que respecta al tratamiento de datos personales y a la libre circulación de estos datos y por el que se deroga la Directiva 95/46/CE, y con la Ley Orgánica 3/2018, de 5 de diciembre, de Protección de Datos Personales y garantía de los derechos digitales. Para sus fines, garantizará el tratamiento automático, intermedio y transitorio de los datos personales.

h) Proporcionará una interfaz técnica para que las autoridades competentes a que se refiere el artículo 12 del Reglamento (UE) 2024/1028 del Parlamento Europeo y del Consejo, de 11 de abril de 2024, reciban los datos de actividad, el número de registro pertinente, la dirección específica de la unidad y las URL de los anuncios, transmitidos por las plataformas en línea de alquiler de corta duración únicamente con los fines enumerados en el apartado 2 de ese mismo artículo, relativos a las unidades situadas en su territorio.

i) Facilitará la información a que se refiere el artículo 13 del Reglamento (UE) 2024/1028 del Parlamento Europeo y del Consejo, de 11 de abril de 2024.

Artículo 8. Registro único de arrendamientos

Para el cumplimiento de las obligaciones prescritas en el Reglamento (UE) 2024/1028 del Parlamento Europeo y del Consejo, de 11 de abril de 2024, el procedimiento de registro único de arrendamientos se realizará a través del Registro de la Propiedad o del de Bienes Muebles. Será el único procedimiento de registro aplicable en España a los efectos del Reglamento (UE) 2024/1028 del Parlamento Europeo y del Consejo, de 11 de abril de 2024, y se regirá por lo dispuesto en él, por esta norma y supletoriamente, por la legislación hipotecaria.

Artículo 9. Procedimiento de inscripción y solicitud de número de registro

1. El procedimiento será iniciado a solicitud del interesado. La solicitud será presentada en la sede electrónica del Colegio de Registradores de la Propiedad y Mercantiles de España, adjuntándose toda la documentación preceptiva en formato electrónico, pudiendo optar por sistemas de identificación y firma basados en certificados electrónicos, sistema Cl@ve o firmas no criptográficas como códigos de un solo uso, firmas OTP o similares ofrecidos por terceros de confianza interpuestos, u otros sistemas basados en claves previamente concertadas, siendo todo el procedimiento tramitado de manera electrónica por el Registro de la Propiedad o el de Bienes Muebles. La solicitud también podrá presentarse directamente en papel en el Registro de la Propiedad o en el de Bienes Muebles competente.

2. La solicitud deberá incluir, al menos:

a) Para cada unidad:

1.º La dirección específica de la unidad, el Código Registral Único y su referencia catastral. En el caso de buques, embarcaciones o artefactos navales, alternativamente, el Número de Identificación del Buque (NIB), la matrícula o el Código Registral Único del bien.

2.º El tipo de unidad, incluyendo si se trata de una finca completa, una habitación o en general una parte de una finca, siempre que de acuerdo con la normativa aplicable sea posible, o si se trata de una embarcación u otro tipo de alojamiento sujeto al Reglamento (UE) 2024/1028 del Parlamento Europeo y del Consejo, de 11 de abril de 2024.

3.º Si la unidad se ofrece como una parte o la totalidad de la residencia principal o secundaria de la persona arrendadora, o para otros fines.

4.º El número máximo de personas arrendatarias que se pueden alojar en la unidad.

5.º Si la unidad está sujeta a un régimen de título habilitante como la autorización, licencia, visado o equivalente de acuerdo con la normativa aplicable, el documento que acredite el título habilitante necesario para su destino al uso previsto conforme a la ordenación autonómica o local aplicable, salvo que la legislación aplicable sujetase tales actuaciones a un régimen de comunicación previa o declaración responsable, en cuyo caso aquellos documentos se sustituirán por los que acrediten que la comunicación o declaración ha sido realizada, que ha transcurrido el plazo establecido para que pueda iniciarse la correspondiente actividad si este ha sido establecido y que no se tenga declarada su ineficacia, y sin que del Registro de la Propiedad o del de Bienes Muebles resulte la existencia de resolución obstativa alguna, incluyendo, en su caso, la autorización, prohibición o limitación para tal uso conforme a la Ley 49/1960, de 21 de julio, sobre propiedad horizontal.

6.º La identificación de la categoría o categorías y tipos de arrendamiento para los que pretenda obtener un número de registro, pudiendo ser simultáneos, en su caso, las tres categorías:

– Fincas, habitaciones o unidades parciales de finca destinadas a alquiler de corta duración con una finalidad no turística.

– Fincas, habitaciones o unidades parciales de finca, siempre que de acuerdo con la normativa aplicable sea posible, destinadas a alquiler de corta duración con finalidad turística.

– Embarcaciones flotantes u otras propiedades que permitan el alojamiento de corta duración y no estén excluidas del ámbito de aplicación del Reglamento (UE) 2024/1028 del Parlamento Europeo y del Consejo, de 11 de abril de 2024.

7.º La declaración de que se dispone de lo indicado en el artículo 4.2.b).

b) En las solicitudes presentadas por las personas arrendadoras que sean personas físicas:

1.º El nombre y apellidos del solicitante.

2.º El número de identificación fiscal.

3.º Su domicilio.

4.º Un teléfono de contacto.

5.º Una dirección de correo electrónico para la comunicación por escrito.

c) En las solicitudes presentadas por las personas arrendadoras que sean personas jurídicas:

1.º Su denominación social.

2.º Su número de identificación fiscal.

3.º La identificación de la persona representante legal.

4.º Su domicilio social.

5.º Un teléfono de contacto de una persona representante.

6.º Una dirección de correo electrónico para la comunicación por escrito.

3. Con la presentación de la solicitud y documentación señalada en los apartados anteriores, el Registrador o Registradora de la Propiedad o de Bienes Muebles, según la naturaleza de la unidad, procederá a la asignación automática e inmediata de un número de registro, que recogerá la identificación de la categoría y tipo designado por la persona interesada. A estos efectos, en su caso, podrá ser de aplicación el régimen de recursos aplicable a las resoluciones de los Registradores y Registradoras conforme a la normativa hipotecaria.

4. Será también de aplicación lo dispuesto en los apartados anteriores en aquellos casos en los que sea necesario actualizar la información aportada.

5. Cada unidad solo podrá tener asociado un número de registro por categoría y tipo de arrendamiento conforme a lo recogido en el apartado 2.A.f). De esta manera, una unidad sólo podrá contar con un número de registro destinado a alquiler de corta duración no turístico, un solo número de registro destinado a alquiler de corta duración turístico, y un solo número de registro de embarcación. Si bien, podría contar simultáneamente con un número de registro de finalidad turística y un número de registro de finalidad no turística.

Artículo 10. Verificación del número de registro

1. Tras la calificación favorable del registrador o registradora, este hará constar el número de registro y su categoría y tipo por nota marginal en el folio de la unidad, lo cual se notificará al interesado. En esta calificación se comprobará toda la documentación presentada de acuerdo con el artículo anterior, asegurando la no existencia de elementos obstativos para ella, de acuerdo con la normativa aplicable en cada caso y los posibles acuerdos de la comunidad de vecinos conforme a la Ley 49/1960, de 21 de julio.

2. Si existieran defectos en la solicitud o en la documentación aportada y la persona interesada no procediera a subsanarlos dentro de los siete días hábiles siguientes a la notificación de la resolución negativa, el Registrador o Registradora suspenderá la validez del número de registro afectado y remitirá una comunicación a la Ventanilla Única Digital de Arrendamientos, para que la Dirección General de Planificación y Evaluación dicte resolución ordenando a todas las plataformas en línea de alquiler de corta duración que tengan publicados anuncios relativos a ese número de registro, para que los eliminen o inhabiliten el acceso a ellos sin demora.

3. Si la calificación fuera desfavorable se advertirá en la misma que, transcurrido el tiempo de subsanación, se comunicará a la Ventanilla Única Digital de Arrendamientos y la Dirección General de Planificación y Evaluación ordenará a las plataformas en línea de alquiler de corta duración conforme al apartado anterior.

4. Cada doce meses deberá aportarse el modelo informativo de arrendamientos de corta duración aprobado por orden de la persona titular del Ministerio de Vivienda y Agenda Urbana para cada categoría y tipo de arrendamiento, y que recogerá, al menos, un listado anonimizado de los arrendamientos constituidos, así como la identificación de una de las finalidades descritas en el artículo 4.2.a) y que haya justificado el tipo de arrendamiento. A los efectos de la comprobación de esta finalidad, en caso de que existieran dudas fundadas sobre la realidad de la misma, podrá ser requerido por el Registrador o Registradora documentación acreditativa complementaria.

5. Se producirá la retirada del número de registro relativo a una unidad por incumplimiento de los requisitos de acceso al Registro de la Propiedad o al de Bienes Muebles, o por comunicación de la baja de inscripción en el Registro por la persona arrendadora, lo que determinará la cancelación de la nota marginal en el Registro de la Propiedad o en el de Bienes Muebles donde radique la unidad y su notificación al interesado, así como la comunicación a la Ventanilla Única Digital de Arrendamientos y la emisión, por parte de la Dirección General de Planificación y Evaluación de la resolución del apartado 2 ordenando a las plataformas.

Cuando del modelo informativo del apartado 4 resulte que se ha utilizado el número de registro para usos distintos de los que correspondan a su categoría y tipo, el Registrador o Registradora retirará el número de registro correspondiente, lo que determinará la cancelación de la nota marginal, lo cual será comunicado a la Ventanilla Única Digital de Arrendamientos, y el órgano administrativo al que la gestión de ésta esté asignada emitirá la resolución del apartado 2 ordenando a las plataformas. Si la baja fuera solicitada por una administración pública en virtud de una resolución dictada en el ámbito de sus competencias, será suficiente con aportar la correspondiente resolución firme en vía administrativa por la que con intervención del titular del derecho se hubiera acordado.

6. No se podrán comercializar a través de plataformas en línea unidades en régimen de alquiler de corta duración sin el referido número de registro, ni con un número de registro asociado a una categoría y tipo diferente de arrendamiento.

7. El régimen aplicable a las resoluciones de los Registradores y Registradoras y sus recursos será el correspondiente a la normativa hipotecaria. El régimen aplicable a las resoluciones que incluyan órdenes emitidas por la Dirección General de Planificación y Evaluación, conforme a los apartados anteriores y sus recursos administrativos, será el correspondiente a los artículos 112 y siguientes de la Ley 39/2015, de 1 de octubre, del Procedimiento Administrativo Común de las Administraciones Públicas.

Artículo 11. Estadística oficial

Mensualmente, la Ventanilla Única Digital de Arrendamientos, con las debidas garantías en materia de protección de datos, transmitirá al Instituto Nacional de Estadística, a los institutos de estadística autonómicos en su caso, y a Eurostat, datos relativos a cada unidad y, en particular, los referidos a actividad y números de registro obtenidos, el municipio donde está situada la unidad, y el número máximo de personas arrendatarias que se pueden alojar en esta.

Asimismo, el Instituto Nacional de Estadística y, en su caso, los institutos de estadística autonómicos podrán suscribir o ampliar sus convenios o instrumentos de colaboración con el Registro de la Propiedad y el de Bienes Muebles, para facilitar la realización de estadísticas sujetas a una norma de Derecho de la Unión Europea o que se encuentren incluidas en los instrumentos de programación estadística legalmente previstos.

Artículo 12. Autoridades competentes

A los efectos del Reglamento (UE) 2024/1028 del Parlamento Europeo y del Consejo, de 11 de abril de 2024, serán autoridades competentes en España las siguientes:

a) En relación con la Ventanilla Única Digital de Arrendamientos, el Ministerio de Vivienda y Agenda Urbana.

b) En relación con el procedimiento de registro, el Registrador o Registradora de la Propiedad o de Bienes Muebles.

c) En relación con la normativa sectorial y material aplicable a los arrendamientos que no tengan carácter turístico que puedan constituirse, el Ministerio de Vivienda y Agenda Urbana.

d) En relación con la normativa sectorial y material aplicable a los arrendamientos turísticos que puedan constituirse, la administración autonómica o local que resulte competente en cada caso de acuerdo con la Constitución Española.

DISPOSICIONES ADICIONALES

Primera. Comunicación de datos

Las altas, suspensiones y bajas de los números de registro se notificarán de forma telemática por la Ventanilla Única Digital a las comunidades autónomas y ayuntamientos, para que puedan ejercer las funciones de inspección y control establecidas en sus respectivas normativas. Además, las comunidades autónomas y ayuntamientos podrán establecer mecanismos máquina a máquina de consulta y conexión con la Ventanilla Única Digital de acuerdo con el Reglamento (UE) 2024/1028 del Parlamento Europeo y del Consejo, de 11 de abril de 2024.

Segunda. Número de registro voluntario para los arrendamientos del artículo 2 de la Ley 29/1994, de 24 de noviembre, de Arrendamientos Urbanos

Con carácter voluntario, la persona titular de un derecho real que permita celebrar contratos de arrendamiento sobre un inmueble podrá solicitar un número de registro para alquiler de larga duración de conformidad con el procedimiento previsto en este real decreto. En estos casos, será necesaria la aportación del modelo informativo que sea aprobado por orden de la persona titular del Ministerio de Vivienda y Agenda Urbana cada doce meses.

Tercera. Colaboración entre las comunidades autónomas y ayuntamientos y el Colegio de Registradores de la Propiedad y Mercantiles de España

Las comunidades autónomas y ayuntamientos que lo deseen, podrán suscribir con el Colegio de Registradores de la Propiedad y Mercantiles de España convenios de colaboración para facilitar el cumplimiento del presente real decreto, especialmente en lo relativo a la comprobación, aportación y recepción de documentación que pueda obrar en su poder a partir del ejercicio de sus competencias, y con la finalidad de reducir cargas administrativas para la ciudadanía, así como para garantizar la interoperabilidad del procedimiento de registro regulado en esta norma y aquellos procedimientos de registro que, en ejercicio de sus propias competencias, hayan regulado otras administraciones.

DISPOSICIONES FINALES

Primera. Título competencial

Este real decreto se dicta al amparo de lo previsto en el artículo 149.1 de la Constitución Española, numerales 8.ª, que atribuye al Estado la competencia exclusiva en materia de legislación civil y de ordenación de los registros e instrumentos públicos, 1.ª, que atribuye al Estado la regulación de las condiciones básicas que garanticen la igualdad de todos los españoles en el ejercicio de los derechos y en el cumplimiento de los deberes constitucionales, 13.ª, que atribuye al Estado la competencia sobre bases y coordinación de la planificación general de la actividad económica, y 31.ª, que atribuye al Estado la competencia en materia de estadística oficial para fines estatales.

Segunda. Aplicación de derecho de la Unión Europea

Mediante el presente real decreto se articula la aplicación del Reglamento (UE) 2024/1028 del Parlamento Europeo y del Consejo, de 11 de abril de 2024, sobre la recogida y el intercambio de datos relativos a los servicios de alquiler de alojamientos de corta duración y por el que se modifica el Reglamento (UE) 2018/1724.

Tercera. Habilitación normativa

Se habilita a la persona titular del Ministerio de Vivienda y Agenda Urbana para adoptar las disposiciones necesarias para el desarrollo y ejecución de este real decreto.

Cuarta. Entrada en vigor

El presente real decreto entrará en vigor el día 2 de enero de 2025, desplegando efectos sus disposiciones el 1 de julio de 2025, para otorgar un plazo suficiente para realizar las adaptaciones de carácter tecnológico y funcional necesarias por parte de todos los actores implicados en el cumplimiento de la norma. Hasta la aprobación de un régimen sancionador para las infracciones que se regulen derivadas de la presente norma, resultarán de aplicación los regímenes sancionadores y obligaciones contemplados en la normativa estatal, autonómica y local.

Renta

§4. Resolución de 14 de marzo de 2024, de la Secretaría de Estado de Vivienda y Agenda Urbana, por la que se publica la relación de zonas de mercado residencial tensionado que han sido declaradas en virtud del procedimiento establecido en el artículo 18 de la Ley 12/2023, de 24 de mayo, por el derecho a la vivienda, en el primer trimestre de 2024

(BOE n.º 66, de 15 de marzo de 2024)

Nota vigencia: la presente resolución surtirá efectos desde el día siguiente al de su publicación en el «Boletín Oficial del Estado».

PREÁMBULO

En aplicación de lo dispuesto en el artículo 18.2.d) de la Ley 12/2023, de 24 de mayo, por el derecho a la vivienda, con carácter trimestral, el Ministerio de Vivienda y Agenda Urbana publicará una resolución en la que se recoja la relación de zonas de mercado residencial tensionado que hayan sido declaradas en virtud del procedimiento establecido en el artículo 18 de la referida norma.

En este sentido, el 14 de marzo de 2024 ha sido publicada la «Resolución TER/800/2024, de 13 de marzo, por la que se modifica la Resolución TER/2940/2023, de 11 de agosto, por la que se declaran zona de mercado residencial tensionado varios municipios, de acuerdo con la Ley Estatal 12/2023, de 14 de mayo, por el derecho a la vivienda», que declara una serie de zonas de mercado residencial tensionado en el territorio de su comunidad autónoma. A los efectos de lo dispuesto en el artículo 18.2.d) de la Ley 12/2023, de 24 de mayo, y a partir de dicha declaración, se dicta la presente resolución donde se reflejan los siguientes contenidos derivados de las declaraciones de zonas de mercado residencial tensionado publicadas durante el primer trimestre de 2024:

a) El periodo de vigencia de la zona de mercado residencial tensionado de acuerdo con la declaración publicada por la Comunidad Autónoma de Cataluña.

b) El reflejo de la definición particularizada de gran tenedor que se aplica en la zona de acuerdo con lo indicado en la declaración publicada por la Comunidad Autónoma de Cataluña, de modo complementario a la definición general de gran tenedor de vivienda recogida en el artículo 3.k) de la Ley 12/2023, de 24 de mayo.

c) El reflejo, de acuerdo con lo dispuesto en la declaración publicada por la Comunidad Autónoma de Cataluña, de la aplicación en la zona de la limitación prevista en el segundo párrafo del artículo 17.7 de la Ley 29/1994, de 24 de noviembre, de Arrendamientos Urbanos, a los contratos de arrendamiento de vivienda en los que el inmueble se ubique en una zona de mercado residencial tensionado dentro del periodo de vigencia de la declaración de la referida zona en los términos dispuestos en la referida Ley 12/2023, de 24 de mayo, y sobre el que no hubiese estado vigente ningún contrato de arrendamiento de vivienda vigente en los últimos cinco años, de modo que en tal supuesto la renta pactada al inicio del nuevo contrato no podrá exceder del límite máximo del precio aplicable conforme al sistema de índices de precios de referencia atendiendo a las condiciones y características de la vivienda arrendada y del edificio en que se ubique.

d) Enlaces a la publicación por parte de la Administración competente en materia de vivienda de la memoria y la declaración prevista en el artículo 18.3 de la Ley 12/2023, de 24 de mayo.

De acuerdo con lo anteriormente expuesto, esta Secretaría de Estado, de conformidad con lo dispuesto en el artículo 18 de la Ley 12/2023, de 24 de mayo, y en la resolución de declaración de zona de mercado residencial tensionado publicada por la Comunidad Autónoma de Cataluña, resuelve:

Recoger la relación de zonas de mercado residencial tensionado que, de acuerdo con la información obrante en este departamento, han sido declaradas siguiendo el procedimiento establecido en el referido artículo 18 de la Ley 12/2023, de 24 de mayo, por el derecho a la vivienda, a lo largo del primer trimestre de 2024, y reflejar los contenidos para ellas establecidos en las correspondientes declaraciones:

Comunidad autónoma	Municipios	a) Periodo de vigencia de la zona tensionada	b) Definición de gran tenedor en la zona tensionada, según lo dispuesto en artículo 3.k) de la Ley 12/2023	c) Aplicación a los efectos del segundo párrafo del artículo 17.7 LAU	d) Enlaces a declaración de la zona y su memoria
Cataluña	Abrera, Alella, Amposta, Arenys de Mar, Arenys de Munt, Argentona, Badalona, Badia del Vallès, Balaguer, Banyoles, Barberà del Vallès, Barcelona, Berga, la Bisbal d'Empordà, Blanes, Cabrera de Mar, Cabrils, Caldes de Montbui, Caldes d'Estrac, Calella, Calldetenes, Cambrils, Canet de Mar, la Canonja, Canovelles, Cardedeu, Castellar del Vallès, Castellbisbal, Castelldefels, Cerdanyola del Vallès, Cervelló, Cervera, Corbera de Llobregat, Cornellà de Llobregat, Cubelles, Esparreguera, Esplugues de Llobregat, Falset, Figueres, les Franqueses del Vallès, la Garriga, Gavà, Girona, Granollers, Guissona, l'Hospitalet de Llobregat, Igualada, la Llagosta, Lleida, Llinars del Vallès, Lloret de Mar, Malgrat de Mar, Manlleu, Manresa el Masnou, Matadepera, Mataró, Molins de Rei, Mollerussa, Mollet del Vallès, Montcada i Reixac, Montgat, Montmeló, Montornès del Vallès, Móra la Nova, Olesa de Montserrat, Olot, Palafolls, Palafrugell, Palamós, Palau-solità i Plegamans, el Papiol, Parets del Vallès, Pineda de Mar, Polinyà, Porqueres, el Prat de Llobregat, Premià de Dalt, Premià de Mar, Puigcerdà, Reus, Ripoll, Ripollet, la Roca del Vallès, Roquetes, Rubí, Sabadell, Salou, Salt, Sant Adrià de Besòs, Sant Andreu de Llavaneres, Sant Boi de Llobregat, Sant Celoni, Sant Climent de Llobregat, Sant Cugat del Vallès, Sant Esteve Sesrovires, Sant Feliu de Guíxols, Sant Feliu de Llobregat, Sant Fost de Campsentelles, Sant Fruitós de Bages, Sant Joan Despí, Sant Just Desvern, Sant Pere de Ribes, Sant Pol de Mar,	Tres años desde el día siguiente a la publicación de la presente resolución, de acuerdo con el artículo 18.2.d) de la Ley 12/2023, de 24 de mayo.	Conforme a la Resolución TER/800/2024, de 13 de marzo, la persona física o jurídica que sea titular de cinco o más inmuebles urbanos de uso residencial ubicados en la zona de mercado residencial tensionado.	Sí, conforme a la Resolución TER/800/2024, de 13 de marzo.	— Declaración: Resolución TER/800/2024, de 13 de marzo, por la que se modifica la Resolución TER/2940/2023, de 11 de agosto, por la que se declaran zona de mercado residencial tensionado varios municipios, de acuerdo con la Ley Estatal 12/2023, de 14 de mayo, por el derecho a la vivienda. (BOGC núm. 9122). — Memoria.

Sant Quirze del Vallès, Sant Sadurní d'Anoia, Sant Vicenç de Montalt, Sant Vicenç dels Horts, Santa Coloma de Cervelló, Santa Coloma de Farners, Santa Coloma de Gramenet, Santa Margarida de Montbui, Santa Perpètua de Mogoda, Santa Susanna, Sarrià de Ter, la Seu d'Urgell, Sitges, Solsona, Sort, Tarragona, Tàrrega, Teià, Terrassa, Tiana, Tona, Torelló, Torredembarra, Torrelles de Llobregat, Tortosa, Tremp, Vallirana, Valls, el Vendrell, Vic, Viladecans, Vilafranca del Penedès, Vilanova del Camí, Vilanova i la Geltrú, Vilassar de Dalt, i Vilassar de Mar.				

Segundo

Contra esta resolución, que pone fin a la vía administrativa, se podrá interponer potestativamente recurso de reposición ante esta Secretaría de Estado en el plazo de un mes, a contar desde el día siguiente al de su publicación, de conformidad con lo establecido en los artículos 123 y 124 de la Ley 39/2015, de 1 de octubre, del Procedimiento Administrativo Común de las Administraciones Públicas, o bien recurso contencioso-administrativo, ante la Sala de lo Contencioso-Administrativo de la Audiencia Nacional, en el plazo de dos meses a partir del día siguiente al de su publicación, de conformidad con lo dispuesto en el artículo 11.1.a) de la Ley 29/1998, de 13 de julio, reguladora de la Jurisdicción Contencioso-administrativa.

Tercero

Esta resolución surtirá efectos desde el día siguiente al de su publicación en el «Boletín Oficial del Estado».

§5. Resolución de 14 de marzo de 2024, de la Secretaría de Estado de Vivienda y Agenda Urbana, por la que se determina el sistema de índices de precios de referencia a los efectos de lo establecido en el artículo 17.7 de la Ley 29/1994, de 24 de noviembre, de Arrendamientos Urbanos

(BOE n.º 66, de 15 de marzo de 2024)

Nota vigencia: la presente resolución surtirá efectos desde el día siguiente al de su publicación en el «Boletín Oficial del Estado».

PREÁMBULO

La disposición adicional segunda del Real Decreto-ley 7/2019, de 1 de marzo, de medidas urgentes en materia de vivienda y alquiler, establece la creación del sistema estatal de índices de referencia del precio del alquiler de vivienda, señalando que la resolución por la que se determine el sistema de índices de referencia se publicará en el «Boletín Oficial del Estado» en el marco de un procedimiento sujeto a los principios de transparencia y publicidad, y contra la que podrá interponerse recurso contencioso-administrativo.

A su vez, el primer apartado de la disposición transitoria séptima de la Ley 29/1994, de 24 de noviembre, de Arrendamientos Urbanos, introducida por la disposición final primera de la Ley 12/2023, de 24 de mayo, por el derecho a la vivienda, dispone que la regulación establecida en el artículo 17.7 se aplicará a los contratos que se formalicen desde la entrada en vigor de la Ley 12/2023, de 24 de mayo, y una vez se encuentre aprobado el referido sistema de índices de precios de referencia, de acuerdo con lo previsto en la disposición adicional primera de la Ley 12/2023, de 24 de mayo, y lo establecido en la disposición adicional segunda del Real Decreto-ley 7/2019, de 1 de marzo.

Asimismo, en el apartado 2 de la disposición transitoria séptima de la Ley 29/1994, de 24 de noviembre, se establece que la resolución del Departamento ministerial competente en materia de vivienda que apruebe el referido sistema de índices de precios de referencia se realizará por ámbitos territoriales, considerando las bases de datos, sistemas y metodologías desarrolladas por las distintas comunidades autónomas y asegurando en todo caso la coordinación técnica.

En aplicación de lo dispuesto en estas normas, y tras el sometimiento de la Resolución a la previa participación pública llevada a cabo a través del portal de Internet del Departamento, procede la aprobación del sistema estatal de índices de precios de referencia.

En su virtud, esta Secretaría de Estado resuelve aprobar el sistema estatal de índices de precios de referencia, a los efectos de lo establecido en el artículo 17.7 de la Ley 29/1994, de 24 de noviembre. Por ello, resuelvo:

Primero

Aprobar el sistema estatal de índices de precios de referencia aplicable a los efectos de lo establecido en el artículo 17.7 de la Ley 29/1994, de 24 de noviembre, de Arrendamientos Urbanos, en su redacción dada por la disposición final primera de la Ley 12/2023, de 24 de mayo, por el derecho a la vivienda.

Segundo

La fijación del límite máximo de la renta de los nuevos contratos de arrendamiento de vivienda en los supuestos recogidos en el referido artículo 17.7 de la Ley 29/1994, de 24 de noviembre, se realizará de acuerdo con la aplicación en línea a la que se accede a través del portal de Internet del Ministerio de Vivienda y Agenda Urbana, tomando el valor superior del rango de valores individualizados que resultan de la localización y las diferentes características de la vivienda objeto de arrendamiento.

Tercero

La aprobación del sistema estatal de índices de precios de referencia se establece por ámbitos territoriales, atendiendo a las secciones censales para las que se dispone de datos para la determinación del rango de valores individualizados de referencia, de acuerdo con la metodología que se encuentra publicada en el portal de Internet del Ministerio de Vivienda y Agenda Urbana.

Cuarto

Esta resolución surtirá efectos desde el día siguiente al de su publicación en el «Boletín Oficial del Estado».

Contra esta Resolución, que pone fin a la vía administrativa, se podrá interponer potestativamente recurso de reposición ante esta Secretaría de Estado en el plazo de un mes, a contar desde el día siguiente al de su publicación, de conformidad con lo establecido en los artículos 123 y 124 de la Ley 39/2015, de 1 de octubre, del Procedimiento Administrativo Común de las Administraciones Públicas, o bien recurso contencioso-administrativo, ante la Sala de lo Contencioso-administrativo de la Audiencia Nacional, en el plazo de dos meses a partir del día siguiente al de su publicación, de conformidad con lo dispuesto en el artículo 11.1.a) de la Ley 29/1998, 13 de julio, reguladora de la Jurisdicción Contencioso-Administrativa.

§6. Resolución de 8 de octubre de 2024, de la Secretaría de Estado de Vivienda y Agenda Urbana, por la que se publica la relación de zonas de mercado residencial tensionado que han sido declaradas en virtud del procedimiento establecido en el artículo 18 de la Ley 12/2023, de 24 de mayo, por el derecho a la vivienda, en el tercer trimestre de 2024

(BOE n.º 244, de 9 de octubre de 2024)

Nota vigencia: la presente resolución surtirá efectos desde el 10 de octubre de 2024.

PREÁMBULO

En aplicación de lo dispuesto en el artículo 18.2.d) de la Ley 12/2023, de 24 de mayo, por el derecho a la vivienda, con carácter trimestral, el Ministerio de Vivienda y Agenda Urbana publicará una resolución en la que se recoja la relación de zonas de mercado residencial tensionado que hayan sido declaradas en virtud del procedimiento establecido en el artículo 18 de la referida norma.

En este sentido, el 3 de julio de 2024 ha sido publicada la «Resolución TER/2408/2024, de 1 de julio, por la que se declara una nueva zona de mercado residencial tensionado formada por 131 municipios de Cataluña, de acuerdo con la Ley estatal 12/2023, de 24 de mayo, por el derecho a la vivienda», que declara una serie de municipios como zona de mercado residencial tensionado en el territorio de la referida comunidad autónoma.

A los efectos de lo dispuesto en el artículo 18.2.d) de la Ley 12/2023, de 24 de mayo, y a partir de dicha declaración, se dicta la presente resolución donde se reflejan los siguientes contenidos derivados de las declaraciones de zonas de mercado residencial tensionado publicadas durante el tercer trimestre de 2024:

a) El periodo de vigencia de la zona de mercado residencial tensionado de acuerdo con la declaración publicada por la Comunidad Autónoma de Cataluña.

b) El reflejo de la definición particularizada de gran tenedor que se aplica en la zona de acuerdo con lo indicado en la declaración publicada por la Comunidad Autónoma de Cataluña, de modo complementario a la definición general de gran tenedor de vivienda recogida en el artículo 3.k) de la Ley 12/2023, de 24 de mayo.

c) El reflejo, de acuerdo con lo dispuesto en la declaración publicada por la Comunidad Autónoma de Cataluña, de la aplicación en la zona de la limitación prevista en el segundo párrafo del artículo 17.7 de la Ley 29/1994, de 24 de noviembre, de Arrendamientos Urbanos, a los contratos de arrendamiento de vivienda en los que el inmueble se ubique en una zona de mercado residencial tensionado dentro del periodo de vigencia de la declaración de la referida zona en los términos dispuestos en la referida Ley 12/2023, de 24 de mayo, y sobre el que no hubiese estado vigente ningún contrato de arrendamiento de vivienda vigente en los últimos cinco años, de modo que en tal supuesto la renta pactada al inicio del nuevo contrato no podrá exceder del límite máximo del precio aplicable conforme al sistema de índices de precios de referencia atendiendo a las condiciones y características de la vivienda arrendada y del edificio en que se ubique.

d) Enlaces a la publicación por parte de la Administración competente en materia de vivienda de la memoria y la declaración prevista en el artículo 18.3 de la Ley 12/2023, de 24 de mayo.

De acuerdo con lo anteriormente expuesto, esta Secretaría de Estado, de conformidad con lo dispuesto en el artículo 18 de la Ley 12/2023, de 24 de mayo, y en la resolución de declaración de zona de mercado residencial tensionado publicada por la Comunidad Autónoma de Cataluña, resuelve:

Primero

Comunidad autónoma	Municipios	a) Periodo de vigencia de la zona tensionada	b) Definición de gran tenedor en la zona tensionada, según lo dispuesto en artículo 3.k) de la Ley 12/2023	c) Aplicación a los efectos del segundo párrafo del artículo 17.7 LAU	d) Enlaces a declaración de la zona y su memoria
Cataluña.	Aiguafreda, Albinyana, Alcanar, Alcarràs, Alcover, l'Aldea, Almacelles, Alpicat, Altafulla, l'Ametlla de Mar, l'Ametlla del Vallès, l'Ampolla, Anglès, l'Arboç, Arbúcies, Artés, Artesa de Segre, Bagà, Begues, Begur, Bellpuig, Bellver de Cerdanya, Besalú, Bigues i Riells del Fai, la Bisbal del Penedès, les Borges Blanques, Breda, Cadaqués, Calaf, Calafell, Caldes de Malavella, Calonge i Sant Antoni, Canyelles, Cassà de la Selva, Castellet i la Gornal, Castellgalí, Castelló d'Empúries, Castell d'Aro, Platja d'Aro i S'Agaró, Castellterçol, Celrà, Centelles, Creixell, Cunit, Deltebre, Dosrius, l'Escala, l'Esquirol, Folgueroles, Fornells de la Selva, Gelida, Gironella, Hostalric, Linyola, Llançà, Lliçà d'Amunt, Llicà de Vall, Maçanet de la Selva, Masquefa, Moià, Monistrol de Montserrat, Montblanc, Montbrió del Camp, Mont-roig del Camp, Móra d'Ebre, el Morell, Navàs, Òdena, Olèrdola, Olesa de Bonesvalls, Olivella, Pallejà, la Palma de Cervelló, Pals, Peralada, Piera, la Pobla de Montornès, el Pont de Suert, Ponts, Prats	Tres años desde el día siguiente a la publicación de la presente resolución, de acuerdo con el artículo 18.2.d) de la Ley 12/2023, de 24 de mayo.	Conforme a la Resolución TER/2408/2024, de 1 de julio, la persona física o jurídica que sea titular de cinco o más inmuebles urbanos de uso residencial ubicados en la zona de mercado residencial tensionado.	Sí, conforme a la Resolución TER/2408/2024, de 1 de julio.	— Declaración: Resolución TER/2408/2024, de 1 de julio, por la que se declara una nueva zona de mercado residencial tensionado formada por 131 municipios de Cataluña, de acuerdo con la Ley estatal 12/2023, de 24 de mayo, por el derecho a la vivienda (BOGC núm. 9196) https://dogc.gencat.cat/es/document-del-dogc/index.html?documentId=989344 — Memoria https://habitatge.gencat.cat/web/.content/home/normativa/Zones-mercat-tensionat/20240701-Memoria-ZMRT-ESP-CA.pdf

de Lluçanès, Puig-reig, la Ràpita, Riells i Viabrea, Riudarenes, Riudoms, Roda de Berà, Roda de Ter, Roses, Sant Antoni de Vilamajor, Sant Cebrià de Vallalta, Sant Esteve de Palautordera, Sant Feliu de Codines, Sant Hipòlit de Voltregà, Sant Jaume dels Domenys, Sant Jaume d'Enveja, Sant Joan de Vilatorrada, Sant Julià de Ramis, Sant Llorenç d'Hortons, Sant Llorenç Savall, Sant Martí Sarroca, Sant Pere de Riudebitlles, Sant Pere de Torelló, Sant Pere de Vilamajor, Sant Pere Pescador, Sant Quirze de Besora, Santa Bàrbara, Santa Coloma de Queralt, Santa Cristina d'Aro, Santa Eulàlia de Ronçana, Santa Maria de Palautordera, Santa Oliva, Santpedor, la Selva del Camp, la Sénia, Sentmenat, Seva, Sils, Súria, Taradell, Torrelles de Foix, Torroella de Montgrí, Tossa de Mar, Ulldecona, Vacarisses, Vallgorguina, Vidreres, Vielha e Mijaran, Viladecavalls, Vilafant, Vilanova del Vallès, Vilobí d'Onyar, Vinyols i els Arcs.				

Segundo

Contra esta resolución, que pone fin a la vía administrativa, se podrá interponer potestativamente recurso de reposición ante esta Secretaría de Estado en el plazo de un mes, a contar desde el día siguiente al de su publicación, de conformidad con lo establecido en los artículos 123 y 124 de la Ley 39/2015, de 1 de octubre, del Procedimiento Administrativo Común de las Administraciones Públicas, o bien recurso contencioso-administrativo, ante la Sala de lo Contencioso-Administrativo de la Audiencia Nacional, en el plazo de dos meses a partir del día siguiente al de su publicación, de conformidad con lo dispuesto en el artículo 11.1.a) de la Ley 29/1998, de 13 de julio, reguladora de la Jurisdicción Contencioso-administrativa.

Tercero

Esta resolución surtirá efectos desde el día siguiente al de su publicación en el «Boletín Oficial del Estado».

§7. Resolución de 18 de diciembre de 2024, de la Presidencia del Instituto Nacional de Estadística, por la que se define el índice de referencia para la actualización anual de los contratos de arrendamiento de vivienda

(BOE n.º 306, de 20 de diciembre de 2024)

PREÁMBULO

La disposición final primera de la Ley 12/2023, de 24 de mayo, por el derecho a la vivienda, establece una serie de medidas de contención de precios en la regulación de los contratos de arrendamiento de vivienda, para lo cual modifica varios artículos de la Ley 29/1994, de 24 de noviembre, de Arrendamientos Urbanos. En concreto, se añade a esta ley una disposición adicional undécima en la que se determina que «El Instituto Nacional de Estadística definirá, antes del 31 de diciembre de 2024, un índice de referencia para la actualización anual de los contratos de arrendamiento de vivienda que se fijará como límite de referencia a los efectos del artículo 18 de esta ley, con el objeto de evitar incrementos desproporcionados en la renta de los contratos de arrendamiento».

En relación a la actualización de la renta de alquiler cobrada por el arrendador, el artículo 18 de la Ley 29/1994 establece que «... el incremento producido como consecuencia de la actualización anual de la renta no podrá exceder del resultado de aplicar la variación porcentual experimentada por el Índice de Precios al Consumo a fecha de cada actualización, tomando como mes de referencia para la actualización el que corresponda al último índice que estuviera publicado en la fecha de actualización del contrato».

Para conseguir la finalidad de la disposición final primera de la Ley 12/2023, deben considerarse conjuntamente el Índice de Precios de Consumo, el Índice de Precios de Consumo subyacente y las diferencias entre las tasas de crecimiento anual tanto del Índice de Precios de Consumo como del Índice de Precios de Consumo subyacente de cada mes y dos parámetros: uno que guarde relación con el crecimiento esperado a largo plazo de dicho índice, y otro que será un coeficiente moderador de dichas diferencias, definidos a propuesta conjunta de la Dirección General de Vivienda y Suelo del Ministerio de Vivienda y Agenda Urbana y de la Dirección General de Política Económica del Ministerio de Economía, Comercio y Empresa, formulada con fecha 17 de diciembre de 2024, en consideración a las circunstancias del mercado del alquiler de vivienda.

De acuerdo con los preceptos normativos citados, esta Presidencia del Instituto Nacional de Estadística procede a dictar la siguiente resolución, por la que se define el índice de referencia para la actualización anual de los contratos de arrendamiento de vivienda.

Primero. Definición

A los efectos del artículo 18 de la Ley 29/1994, de 24 de noviembre, de Arrendamientos Urbanos, el índice de referencia que se utilizará como límite para la actualización anual de los contratos de arrendamiento de vivienda será el mínimo valor entre la tasa de variación anual del Índice de Precios de Consumo, la tasa de variación anual del Índice de Precios de Consumo subyacente y la tasa de variación anual media ajustada, elaborada según lo previsto en el anexo de esta resolución.

Segundo. Publicación

El Instituto Nacional de Estadística publicará mensualmente el índice de referencia definido en la cláusula anterior, expresado con dos decimales, utilizando los últimos datos mensuales disponibles.

Tercero. Efectos

La presente resolución surtirá efectos a partir del 1 de enero de 2025.

ANEXO-Definición de la tasa de variación anual media ajustada

Se define la tasa de variación anual media ajustada de acuerdo con la siguiente fórmula:

$$TVAMA^{mt} = \min (\beta + \alpha \times (TVIPC^{mt} - \beta), \beta + \alpha \times (TVIPCS^{mt} - \beta))$$

Donde

$TVAMA^{mt}$ es la tasa de variación anual media ajustada, en el mes m del año t.

$TVIPC^{mt}$ es la tasa de variación anual del Índice de Precios de Consumo en el mes *m* del año *t*.

$TVIPCS^{mt}$ es la tasa de variación anual del Índice de Precios de Consumo subyacente en el mes *m* del año *t*.

α es un parámetro que, a propuesta conjunta de la Dirección General de Vivienda y Suelo del Ministerio de Vivienda y Agenda Urbana y de la Dirección General de Política Económica del Ministerio de Economía, Comercio y Empresa, tomará el valor 0.5, en consideración a las circunstancias del mercado del alquiler de vivienda.

β es un parámetro que, a propuesta conjunta de la Dirección General de Vivienda y Suelo del Ministerio de Vivienda y Agenda Urbana y de la Dirección General de Política Económica del Ministerio de Economía, Comercio y Empresa, tomará como valor 2, que es el objetivo de tasa de inflación a medio plazo del Banco Central Europeo. Así, guardará relación con la evolución esperada de los precios de consumo a medio plazo.

Desahucios y lanzamientos

§8. Real Decreto-ley 11/2020, de 31 de marzo, por el que se adoptan medidas urgentes complementarias en el ámbito social y económico para hacer frente al COVID-19

(BOE n.º 91, de 1 de abril de 2020)

Corrección de errores. (BOE n.º 99, de 9 de abril de 2020).

El presente Real Decreto-Ley se convalida por Resolución de 9 de abril de 2020, del Congreso de los Diputados (BOE n.º 103, de 13 de abril de 2020).

EXPOSICIÓN DE MOTIVOS

(...)

II
Apoyo a trabajadores, consumidores, familias y colectivos vulnerables

El capítulo 1 regula un amplio paquete de medidas para apoyar a los trabajadores, a los consumidores, a las familias y a los colectivos más vulnerables.

El apoyo a los trabajadores, consumidores, familias y colectivos vulnerables para aliviar su situación financiera y que puedan disponer de unos ingresos mínimos y contribuir al alivio de sus gastos fijos es una de las prioridades estratégicas del Gobierno, especialmente relevante en las circunstancias actuales, siendo de especial importancia la adopción de medidas que aseguren que no quedan en situación de exclusión como consecuencia de la crisis sanitaria del COVID-19.

Sección 1.ª Medidas dirigidas a familias y colectivos vulnerables

La sección I regula un nuevo paquete de medidas para apoyar a las familias y a los colectivos más vulnerables, que, tras la paralización de gran parte de la actividad económica, han visto afectados sus ingresos y, por consiguiente, su capacidad para hacer frente a los gastos necesarios para el mantenimiento de sus hogares.

En primer lugar, se adoptan medidas dirigidas al apoyo al alquiler de personas vulnerables. En España, en el 85% de los arrendamientos de vivienda el propietario es una persona física, pequeño propietario. Esta particularidad del mercado del alquiler en España hace especialmente necesario que las medidas adoptadas faciliten los acuerdos entre las partes para permitir el pago de las rentas. Se establecen por ello propuestas en este ámbito dirigidas a la necesaria protección a los colectivos más vulnerables que puedan ver sensiblemente afectada su capacidad para hacer frente al alquiler, al tiempo que se garantiza un equilibrio entre las partes que impida que la vulnerabilidad de los arrendatarios sea trasladada a los arrendadores, especialmente a aquellos para los que los ingresos generados por la renta del alquiler pueden ser esenciales.

En este contexto, las medidas adoptadas en este real decreto-ley están orientadas a un triple objetivo:

Primero, responder a la situación de vulnerabilidad en que incurran los arrendatarios de vivienda habitual como consecuencia de circunstancias sobrevenidas debidas a la crisis sanitaria del COVID-19, especialmente aquellos que ya hacían un elevado esfuerzo para el pago de las rentas, pero también aquellos que, sin estar previamente en esa situación, se encuentren ahora en ella circunstancialmente. Segundo, diseñar medidas de equilibrio que impidan que, al resolver la situación de los arrendatarios, se traslade la vulnerabilidad a los pequeños propietarios. Y, tercero, movilizar recursos suficientes para conseguir los objetivos perseguidos y dar respuesta a las situaciones de vulnerabilidad.

Con estos objetivos, el real decreto-ley establece, entre otras medidas, la suspensión de lanzamientos para hogares vulnerables sin alternativa habitacional y la prórroga extraordinaria de los contratos de arrendamiento de vivienda habitual. Asimismo, se establecen medidas conducentes a procurar la moratoria de la deuda arrendaticia para las personas arrendatarias de vivienda habitual en situación de vulnerabilidad económica. En este sentido, también se incorpora un nuevo programa de Ayudas al Alquiler al Real Decreto 106/2018, de 9 de marzo: el «Programa de ayudas para contribuir a minimizar el impacto económico y social del COVID-19 en los alquileres de vivienda habitual» », y la creación, mediante acuerdo entre el Ministerio de Transportes, Movilidad y Agenda Urbana y el Instituto de Crédito Oficial (ICO), de una línea de avales del Estado específica a la que podrán tener acceso todos aquellos hogares que puedan estar en situación de vulnerabilidad como consecuencia de la expansión del COVID-19 y que no comportará ningún tipo de gastos o intereses para el solicitante.

En segundo lugar, se amplía el plazo de suspensión a 3 meses y se realizan ajustes técnicos para facilitar la aplicación de la moratoria de deuda hipotecaria para la adquisición de vivienda habitual introducida por el Real Decreto-ley 8/2020, de 17 de marzo, de medidas urgentes extraordinarias para hacer frente al impacto económico y social del COVID-19.

Concretamente, se clarifica que las cuotas suspendidas no se deben liquidar una vez finalizada la suspensión, sino que todos los pagos futuros se deben posponer lo que haya durado la suspensión. Se clarifica asimismo el concepto de «gastos y suministros básicos» a efectos de la definición del umbral de vulnerabilidad, incluyendo en este concepto los gastos asociados a suministros de electricidad, gas, gasoil para calefacción, agua corriente y de los servicios de telecomunicación fija y móvil y se adapta la acreditación de vulnerabilidad a las dificultades derivadas del estado de alarma que pueda impedir la obtención de determinados documentos, mediante la presentación de una declaración responsable. También se amplía la información que deben remitir las entidades financieras al Banco de España, con el fin de facilitar el seguimiento del impacto de esta medida, así como el régimen de supervisión y sanción. De esta manera, se logra dar una mayor seguridad jurídica a la aplicación de la moratoria.

La moratoria de la deuda hipotecaria del Real Decreto-ley 8/2020, de 17 de marzo, inicialmente prevista para la vivienda habitual de las personas físicas se extiende ahora a dos nuevos colectivos: el de los autónomos, empresarios y profesionales respecto de los inmuebles afectos a su actividad económica, de un lado, y a las personas físicas que tengan arrendados inmuebles por los que no perciban la renta arrendaticia en aplicación de las medidas en favor de los arrendatarios como consecuencia del estado de alarma.

Asimismo, se individualiza el importe del superávit que podrán destinar las Entidades Locales a prestaciones e inversiones relativas a gasto social, con la consideración de inversiones financieramente sostenibles, como así se ha establecido en el artículo 3 del Real Decreto-ley 8/2020, de 17 de marzo, que ha fijado que el importe para el conjunto del citado subsector sea de 300 millones de euros. La aplicación de esta norma y del seguimiento que corresponderá realizar al Ministerio de Hacienda requiere que las entidades suministren la información necesaria, por lo que se recoge un anexo con el formulario.

Además, vista la actual situación, por razón de su excepcionalidad y de la urgencia en ejecutar los gastos que sean necesarios para atender las necesidades que se presenten en relación con la aplicación de aquel precepto se habilita a los Presidentes de las corporaciones locales para que, mediante Decreto, puedan aprobar modificaciones de crédito consistentes en créditos extraordinarios o suplementos de créditos.

Además, con el objetivo de asegurar que los ciudadanos no queden excluidos del sistema financiero al no poder hacer frente temporalmente a sus obligaciones financieras como consecuencia de la crisis sanitaria del COVID-19, de forma paralela a financiación hipotecaria de la vivienda, este real decreto-ley amplía el alcance de la moratoria a los créditos y préstamos no hipotecarios que mantengan las personas en situación de vulnerabilidad económica, incluyendo los créditos al consumo.

Para compatibilizar esta nueva moratoria con la hipotecaria del Real Decreto-ley 8/2020 y la moratoria del alquiler de este real decreto-ley, se ajusta el régimen de acreditación de esta moratoria no hipotecaria con dos objetivos. En primer lugar, se establece que no se tenga en cuenta la aplicación de una posible moratoria hipotecaria o de alquiler a efectos de calcular si se ha alcanzado o no el límite de la carga hipotecaria o la renta arrendaticia del 35% de los ingresos. Con ello se pretende garantizar el tratamiento equitativo de todos los acreedores y arrendadores. En segundo lugar, se pretende abarcar la casuística de quienes no hagan frente a deudas hipotecarias o una renta arrendaticia deban hacer frente a uno o varios préstamos que le suponen más de un 35% de sus ingresos.

El objetivo de la medida es extender a todo tipo de préstamo el alivio económico establecido por el Real Decreto-ley 8/2020 para las personas más necesitadas mediante la suspensión de los contratos de crédito o préstamo no hipotecario.

(...)

CAPÍTULO I-Medidas de apoyo a los trabajadores, consumidores, familias y colectivos vulnerables

SECCIÓN 1.ª-Medidas dirigidas a familias y colectivos vulnerables

Artículo 1. Suspensión del procedimiento de desahucio y de los lanzamientos para hogares vulnerables sin alternativa habitacional

1. Desde la entrada en vigor del presente real decreto-ley y hasta el 31 de diciembre de 2025, en todos los juicios verbales que versen sobre reclamaciones de renta o cantidades debidas por el arrendatario, o la expiración del plazo de duración de contratos suscritos conforme a la Ley 29/1994, de 24 de noviembre, de Arrendamientos Urbanos, que pretendan recuperar la posesión de la finca, se haya suspendido o no previamente el proceso en los términos establecidos en el apartado 5 del artículo 441 de la Ley 1/2000, de 7 de enero, de Enjuiciamiento Civil, la persona arrendataria podrá instar, de conformidad con lo previsto en este artículo, un incidente de suspensión extraordinaria del desahucio o lanzamiento ante el Juzgado por encontrarse en una situación de vulnerabilidad económica que le imposibilite encontrar una alternativa habitacional para sí y para las personas con las que conviva.

Así mismo, si no estuviese señalada fecha para el lanzamiento, por no haber transcurrido el plazo de diez días a que se refiere el artículo 440.3 de la Ley 1/2000, de 7 de enero, de Enjuiciamiento Civil, o por no haberse celebrado la vista, se suspenderá dicho plazo o la celebración de la vista.

Estas medidas de suspensión que se establecen con carácter extraordinario y temporal, en todo caso, dejarán de surtir efecto el 31 de diciembre de 2025.

2. Para que opere la suspensión a que se refiere el apartado anterior, la persona arrendataria deberá acreditar que se encuentra en alguna de las situaciones de vulnerabilidad económica descritas en las letras a) y b) del artículo 5.1 del presente real decreto-ley mediante la presentación de los documentos previstos en el artículo 6.1. El Letrado de la Administración de Justicia dará traslado de dicha acreditación al demandante, quien en el plazo máximo de diez días podrá acreditar ante el Juzgado, por los mismos medios, encontrarse igualmente en la situación de vulnerabilidad económica descrita en la letra a) del artículo 5.1 o en riesgo de situarse en ella, en caso de que se adopte la medida de suspensión del lanzamiento.

3. Una vez presentados los anteriores escritos, el Letrado de la Administración de Justicia deberá trasladar inmediatamente a los servicios sociales competentes toda la documentación y solicitará a dichos servicios informe, que deberá ser emitido en el plazo máximo de diez días, en el que se valore la situación de vulnerabilidad del arrendatario y, en su caso, del arrendador, y se identifiquen las medidas a aplicar por la administración competente.

4. El Juez, a la vista de la documentación presentada y del informe de servicios sociales, dictará un auto en el que acordará la suspensión del lanzamiento si se considera acreditada la situación de vulnerabilidad económica y, en su caso, que no debe prevalecer la vulnerabilidad del arrendador. Si no se acreditara la vulnerabilidad por el arrendatario o bien debiera prevalecer la situación de vulnerabilidad del arrendador acordará la continuación del procedimiento. En todo caso, el auto que fije la suspensión señalará expresamente que el 31 de diciembre de 2025 se reanudará automáticamente el cómputo de los días a que se refiere el artículo 440.3 de la Ley 1/2000, de 7 de enero, de Enjuiciamiento Civil, o se señalará fecha para la celebración de la vista y, en su caso, del lanzamiento, según el estado en que se encuentre el proceso.

Acreditada la vulnerabilidad, antes de la finalización del plazo máximo de suspensión, las Administraciones públicas competentes deberán, adoptar las medidas indicadas en el informe de servicios sociales u otras que consideren adecuadas para satisfacer la necesidad habitacional de la persona en situación de vulnerabilidad que garanticen su acceso a una vivienda digna. Una vez aplicadas dichas medidas la Administración competente habrá de comunicarlo inmediatamente al Tribunal, y el Letrado de la Administración de Justicia deberá dictar en el plazo máximo de tres días decreto acordando el levantamiento de la suspensión del procedimiento.

5. A los efectos previstos en el artículo 150.4 de la Ley 1/2000, de 7 de enero, de Enjuiciamiento Civil, se entenderá que concurre el consentimiento de la persona arrendataria por la mera presentación de la solicitud de suspensión.

Se entenderá igualmente que concurre el consentimiento del arrendador para hacer la comunicación prevenida en este artículo por la mera presentación del escrito alegando su situación de vulnerabilidad económica.

> **Precepto modificado por RD-ley 1/2025, de 28 de enero, con entrada en vigor a partir del 30-1-2025 (Modificado artículo 1)**

> **Precepto modificado por Res 22/01/2025, de 22 de enero, con entrada en vigor a partir del 23-1-2025 (Derogada la modificación del artículo 1 en su redacción dada por el RD-ley 9/2024, de 23 de diciembre)**

> **Precepto modificado por RD-ley 9/2024, de 23 de diciembre, con entrada en vigor a partir del 25-12-2024 (Modificado artículo 1)**

> **Precepto modificado por RD-Ley 8/2023, de 27 de diciembre, con entrada en vigor a partir del 29-12-2023 (Modificado artículo 1)**

> **Precepto modificado por RD-Ley 5/2023, de 28 de junio, con entrada en vigor a partir del 30-6-2023 (Modificado artículo 1)**

> **Precepto modificado por RD-ley 20/2022, de 27 de diciembre, con entrada en vigor a partir del 28-12-2022 (Modificado artículo 1)**

> **Precepto modificado por RD-Ley 11/2022, de 25 de junio, con entrada en vigor a partir del 27-6-2022 (Modificado artículo 1)**

> **Precepto modificado por RD-Ley 2/2022, de 22 de febrero, con entrada en vigor a partir del 24-2-2022 (Modificado artículo 1)**

> **Precepto modificado por RD-ley 21/2021, de 26 de octubre, con entrada en vigor a partir del 28-10-2021 (Modificado artículo 1)**

> **Precepto modificado por RD-ley 16/2021, de 3 de agosto, con entrada en vigor a partir del 4-8-2021 (Modificado artículo 1)**

> **Precepto modificado por RD-Ley 8/2021, de 4 de mayo, con entrada en vigor a partir del 9-5-2021 (Modificado artículo 1)**

> **Precepto modificado por RD-Ley 37/2020, de 22 de diciembre, con entrada en vigor a partir del 23-12-2020 (Modificado artículo 1)**

> **Precepto modificado por RD-Ley 30/2020, de 29 de septiembre, con entrada en vigor a partir del 30-9-2020 (Modificado apartado 1 del artículo 1)**

Artículo 1 bis. Suspensión hasta el 31 de diciembre de 2025 del procedimiento de desahucio y de los lanzamientos para personas económicamente vulnerables sin alternativa habitacional en los supuestos de los apartados 2.º, 4.º y 7.º del artículo 250.1 de la Ley 1/2000, de 7 de enero, de Enjuiciamiento Civil, y en aquellos otros en los que el desahucio traiga causa de un procedimiento penal

1. Desde la entrada en vigor del presente real decreto-ley y hasta el 31 de diciembre de 2025, en todos los juicios verbales en los que se sustancien las demandas a las que se refieren los apartados 2.º, 4.º y 7.º del artículo 250.1 de la Ley 1/2000, de 7 de enero, de Enjuiciamiento Civil, y en aquellos otros procesos penales en los que se sustancie el lanzamiento de la vivienda habitual de aquellas personas que la estén habitando

sin ningún título habilitante para ello, el Juez tendrá la facultad de suspender el lanzamiento hasta el 31 de diciembre de 2025.

Estas medidas de suspensión que se establecen con carácter extraordinario y temporal dejarán de surtir efecto en todo caso el 31 de diciembre de 2025.

2. Será necesario para poder suspender el lanzamiento conforme al apartado anterior, que se trate de viviendas que pertenezcan a personas jurídicas o a personas físicas titulares de más de diez viviendas y que las personas que las habitan sin título se encuentren en situación de vulnerabilidad económica por encontrarse en alguna de las situaciones descritas en la letra a) del artículo 5.1.

El Juez tomará la decisión previa valoración ponderada y proporcional del caso concreto, teniendo en cuenta, entre otras que procedan, las siguientes circunstancias:

a) Las circunstancias relativas a si la entrada o permanencia en el inmueble está motivada por una situación de extrema necesidad. Al efecto de analizar el estado de necesidad se valorará adecuadamente el informe de los servicios sociales emitido conforme al apartado siguiente.

b) Las circunstancias relativas a la cooperación de los habitantes de la vivienda con las autoridades competentes en la búsqueda de soluciones para una alternativa habitacional que garantizara su derecho a una vivienda digna.

3. Para que opere la suspensión a que se refiere el apartado anterior, quien habite la vivienda sin título habrá de ser persona dependiente de conformidad con lo dispuesto en el apartado dos del artículo 2 de la Ley 39/2006, de 14 de diciembre, de Promoción de la Autonomía Personal y Atención a las personas en situación de dependencia, víctima de violencia sobre la mujer o tener a su cargo, conviviendo en la misma vivienda, alguna persona dependiente o menor de edad.

En todo caso, la persona o personas que ocupan la vivienda sin título deberán acreditar, además, que se encuentran en alguna de las situaciones de vulnerabilidad económica descritas en la letra a) del artículo 5.1 del presente real decreto-ley mediante la presentación de los documentos previstos en el artículo 6.1. El Letrado de la Administración de Justicia, dará traslado de dicha acreditación al demandante o denunciante.

4. El Letrado de la Administración de Justicia deberá trasladar inmediatamente a los servicios sociales competentes toda la documentación y solicitará a dichos servicios informe, que deberá ser emitido en el plazo máximo de quince días, en el que se valore la situación de vulnerabilidad de la persona o personas que hayan fijado en el inmueble su vivienda, y se identifiquen las medidas a aplicar por la administración competente.

5. Acreditada la situación de vulnerabilidad de la persona que habite en la vivienda y ponderadas por el Juez todas las demás circunstancias concurrentes, este dictará auto acordando, en su caso, la suspensión por el tiempo que reste hasta el 31 de diciembre de 2025. Si el solicitante no acreditara la vulnerabilidad o no se encontrara entre las personas con derecho a instar la suspensión conforme a lo señalado en el apartado 2 o concurriera alguna de las circunstancias previstas en el apartado 6, el juez acordará mediante auto la continuación del procedimiento.

Durante el plazo máximo de suspensión fijado, las administraciones públicas competentes deberán, caso de quedar constatada la vulnerabilidad económica, adoptar las medidas indicadas en el informe de servicios sociales u otras que consideren adecuadas para satisfacer la necesidad habitacional de la persona en situación de vulnerabilidad que garanticen su acceso a una vivienda digna. Una vez adoptadas dichas medidas la Administración competente habrá de comunicarlo inmediatamente al Tribunal competente, y el Juez deberá dictar en el plazo máximo de tres días auto acordando el levantamiento de la suspensión del procedimiento y el correspondiente lanzamiento.

6. A los efectos previstos en el artículo 150.4 de la Ley 1/2000, de 7 de enero, de Enjuiciamiento Civil, se entenderá que concurre el consentimiento de la persona demandada por la mera presentación de su solicitud de suspensión.

7. En ningún caso procederá la suspensión a que se refiere este artículo si la entrada o permanencia en la vivienda ha tenido lugar en los siguientes supuestos:

a) Cuando se haya producido en un inmueble de propiedad de una persona física, si en dicho inmueble tiene su domicilio habitual o segunda residencia debidamente acreditada, sin perjuicio del número de viviendas de las que sea propietario.

b) Cuando se haya producido en un inmueble de propiedad de una persona física o jurídica que lo tenga cedido por cualquier título válido en derecho a una persona física que tuviere en él su domicilio habitual o segunda residencia debidamente acreditada.

c) Cuando la entrada o permanencia en el inmueble se haya producido mediando intimidación o violencia sobre las personas.

d) Cuando existan indicios racionales de que la vivienda se esté utilizando para la realización de actividades ilícitas.

e) Cuando la entrada o permanencia se haya producido en inmuebles de titularidad pública o privada destinados a vivienda social y ya se hubiera asignado la vivienda a un solicitante por parte de la administración o entidad que gestione dicha vivienda.

f) Cuando la entrada en la vivienda se haya producido con posterioridad a la entrada en vigor del presente real decreto-ley.

> Precepto modificado por RD-ley 1/2025, de 28 de enero, con entrada en vigor a partir del 30-1-2025 (Modificado artículo 1 bis)

> Precepto modificado por Res 22/01/2025, de 22 de enero, con entrada en vigor a partir del 23-1-2025 (Derogada la modificación del artículo 1 bis en su redacción dada por el RD-ley 9/2024, de 23 de diciembre)

> Precepto modificado por RD-ley 9/2024, de 23 de diciembre, con entrada en vigor a partir del 25-12-2024 (Modificado artículo 1 bis)

> Precepto modificado por RD-Ley 8/2023, de 27 de diciembre, con entrada en vigor a partir del 29-12-2023 (Modificado artículo 1 bis)

> Precepto modificado por RD-Ley 5/2023, de 28 de junio, con entrada en vigor a partir del 30-6-2023 (Modificado artículo 1 bis)

> Precepto modificado por RD-ley 20/2022, de 27 de diciembre, con entrada en vigor a partir del 28-12-2022 (Modificado artículo 1 bis)

> Precepto modificado por RD-Ley 11/2022, de 25 de junio, con entrada en vigor a partir del 27-6-2022 (Modificado artículo 1 bis)

> Precepto modificado por Ley 4/2022, de 25 de febrero, con entrada en vigor a partir del 2-3-2022 (Modificadas letras b) y c) del apartado 7 del artículo 1 bis)

> Precepto modificado por RD-Ley 2/2022, de 22 de febrero, con entrada en vigor a partir del 24-2-2022 (Modificado artículo 1 bis)

> Precepto modificado por RD-ley 21/2021, de 26 de octubre, con entrada en vigor a partir del 28-10-2021 (Modificado artículo 1 bis)

> Precepto modificado por RD-ley 16/2021, de 3 de agosto, con entrada en vigor a partir del 4-8-2021 (Modificado artículo 1 bis)

> Precepto modificado por RD-Ley 8/2021, de 4 de mayo, con entrada en vigor a partir del 9-5-2021 (Modificado artículo 1 bis)

> Precepto modificado por RD-Ley 1/2021, de 19 de enero, con entrada en vigor a partir del 21-1-2021 (Modificada rúbrica artículo 1 bis. Modificado apartado 1 del artículo 1 bis. Modificadas letras b) y c) del apartado 7 del artículo 1 bis)

> Precepto modificado por RD-Ley 37/2020, de 22 de diciembre, con entrada en vigor a partir del 23-12-2020 (Añadido artículo 1 bis)

Nota: Téngase en cuenta que la modificación del título y del apartado 1 del artículo 1 bis en su redacción dada por la Ley 4/2022, de 25 de febrero (SP/LEG/36789) no llega a entrar en vigor por la derogación a partir del 2 de marzo del apartado 1 de su disposición final tercera establecida por la disposición derogatoria única del Real Decreto-ley 3/2022, de 1 de marzo (SP/LEG/36800).

Artículo 2. Prórroga extraordinaria de los contratos de arrendamiento de vivienda habitual

En los contratos de arrendamiento de vivienda habitual sujetos a la Ley 29/1994, de 24 de noviembre, de Arrendamientos Urbanos, en los que, dentro del periodo comprendido desde la entrada en vigor de este real decreto-ley y hasta el 28 de febrero de 2022, finalice el periodo de prórroga obligatoria previsto en el artículo 9.1, o el periodo de prórroga tácita previsto en el artículo 10.1, ambos artículos de la referida Ley 29/1994, de 24 de noviembre, de Arrendamientos Urbanos, podrá aplicarse, previa solicitud del arrendatario, una prórroga extraordinaria del plazo del contrato de arrendamiento por un periodo máximo de seis meses, durante los cuales se seguirán aplicando los términos y condiciones establecidos para el contrato en vigor. Esta solicitud de prórroga extraordinaria deberá ser aceptada por el arrendador, salvo que se hayan fijado otros términos o condiciones por acuerdo entre las partes, o en el caso de que el arrendador haya comunicado en los plazos y condiciones establecidos en el artículo 9.3 de la Ley 29/1994, de 24 de noviembre, de Arrendamientos Urbanos, la necesidad de ocupar la vivienda arrendada para destinarla a vivienda permanente para sí o sus familiares en primer grado de consanguinidad o por adopción o para su cónyuge en los supuestos de sentencia firme de separación, divorcio o nulidad matrimonial.

> Precepto modificado por RD-ley 21/2021, de 26 de octubre, con entrada en vigor a partir del 28-10-2021 (Modificado artículo 2)

> Precepto modificado por RD-ley 16/2021, de 3 de agosto, con entrada en vigor a partir del 4-8-2021 (Modificado artículo 2)

> Precepto modificado por RD-Ley 8/2021, de 4 de mayo, con entrada en vigor a partir del 9-5-2021 (Modificado artículo 2)

> Precepto modificado por RD-ley 2/2021, de 26 de enero, con entrada en vigor a partir del 27-1-2021 (Modificado artículo 2)

> Precepto modificado por RD-Ley 30/2020, de 29 de septiembre, con entrada en vigor a partir del 30-9-2020 (Modificado artículo 2)

> Precepto modificado por RD-ley 26/2020, de 7 de julio, con entrada en vigor a partir del 9-7-2020 (Modificado artículo 2)

Artículo 3. Moratoria de deuda arrendaticia

Se establecen medidas conducentes a procurar la moratoria de la deuda arrendaticia para las personas arrendatarias de vivienda habitual en situación de vulnerabilidad económica a causa del COVID-19, desde este artículo y hasta el artículo 9, ambos incluidos.

Artículo 4. Aplicación automática de la moratoria de la deuda arrendaticia en caso de grandes tenedores y empresas o entidades públicas de vivienda

1. La persona arrendataria de un contrato de vivienda habitual suscrito al amparo de la Ley 29/1994, de 24 de noviembre, de Arrendamientos Urbanos, que se encuentre en situación de vulnerabilidad económica, tal y como se define en el artículo siguiente, podrá solicitar de la persona arrendadora cuando esta sea una empresa o entidad pública de vivienda o un gran tenedor, entendiendo por tal la persona física o jurídica que sea titular de más de diez inmuebles urbanos, excluyendo garajes y trasteros, o una superficie construida de más de 1.500 m2, hasta el 28 de febrero de 2022, el aplazamiento temporal y extraordinario en el pago de la renta, siempre que dicho aplazamiento o la condonación total o parcial de la misma no se hubiera conseguido ya con carácter voluntario por acuerdo entre ambas partes.

2. En el caso de que el acuerdo no se hubiese producido, el arrendador comunicará expresamente al arrendatario, en el plazo máximo de 7 días laborables, su decisión, escogida entre las siguientes alternativas:

a) Una reducción del 50% de la renta arrendaticia durante el tiempo que dure el estado de alarma decretado por el Gobierno y las mensualidades siguientes si aquel plazo fuera insuficiente en relación con la situación de vulnerabilidad provocada a causa del COVID-19, con un máximo en todo caso de cuatro meses.

b) Una moratoria en el pago de la renta arrendaticia que se aplicará de manera automática y que afectará al periodo de tiempo que dure el estado de alarma decretado por el Gobierno y a las mensualidades siguientes, prorrogables una a una, si aquel plazo fuera insuficiente en relación con la situación de vulnerabilidad provocada a causa del COVID-19, sin que puedan superarse, en ningún caso, los cuatro meses. Dicha renta se aplazará, a partir de la siguiente mensualidad de renta arrendaticia, mediante el fraccionamiento de las cuotas durante al menos tres años, que se contarán a partir del momento en el que se supere la situación aludida anteriormente, o a partir de la finalización del plazo de los cuatro meses antes citado, y siempre dentro del plazo a lo largo del cual continúe la vigencia del contrato de arrendamiento o cualquiera de sus prórrogas. La persona arrendataria no tendrá ningún tipo de penalización y las cantidades aplazadas serán devueltas a la persona arrendadora sin intereses.

3. Lo dispuesto en los dos apartados anteriores resultará de aplicación a todos los arrendamientos correspondientes al Fondo Social de Vivienda derivado del Real Decreto-ley 27/2012 de 15 de noviembre, de medidas urgentes para reforzar la protección a los deudores hipotecarios.

4. La persona arrendataria podrá tener acceso al programa de ayudas transitorias de financiación reguladas por el artículo 9, levantándose la moratoria en el pago de la renta arrendaticia regulada por este artículo y el consiguiente fraccionamiento de las cuotas preestablecido, en la primera mensualidad de renta en la que dicha financiación esté a disposición de la persona obligada a su pago.

> Precepto modificado por RD-ley 21/2021, de 26 de octubre, con entrada en vigor a partir del 28-10-2021 (Modificado apartado 1 del artículo 4)
>
> Precepto modificado por RD-ley 16/2021, de 3 de agosto, con entrada en vigor a partir del 4-8-2021 (Modificado apartado 1 del artículo 4)
>
> Precepto modificado por RD-Ley 8/2021, de 4 de mayo, con entrada en vigor a partir del 9-5-2021 (Modificado apartado 1 del artículo 4)
>
> Precepto modificado por RD-ley 2/2021, de 26 de enero, con entrada en vigor a partir del 27-1-2021 (Modificado apartado 1 del artículo 4)
>
> Precepto modificado por RD-Ley 30/2020, de 29 de septiembre, con entrada en vigor a partir del 30-9-2020 (Modificado apartado 1 del artículo 4)
>
> Precepto modificado por Ley 3/2020, de 18 de septiembre, con entrada en vigor a partir del 20-9-2020 (Modificado apartado 1 del artículo 4)
>
> Precepto modificado por RD-Ley 26/2020, de 7 de julio, con entrada en vigor a partir del 9-7-2020 (Modificado apartado 1 del artículo 4)
>
> Precepto modificado por RD-Ley 16/2020, de 28 de abril, con entrada en vigor a partir del 30-4-2020 (Modificado apartado 1 del artículo 4)

Artículo 5. Definición de la situación de vulnerabilidad económica a efectos de obtener moratorias o ayudas en relación con la renta arrendaticia de la vivienda habitual

1. Los supuestos de vulnerabilidad económica a los efectos de la obtención de moratorias, ayudas u otras medidas en relación con la renta arrendaticia de la vivienda habitual reguladas en el presente real decreto-ley, requerirán la concurrencia conjunta de los siguientes requisitos:

a) Que la persona que esté obligada a pagar la renta de alquiler pase a estar en situación de desempleo, Expediente Temporal de Regulación de Empleo (ERTE), o haya reducido su jornada por motivo de cuidados, en caso de ser empresario, u otras circunstancias similares que supongan una pérdida sustancial de ingresos, no alcanzando por ello el conjunto de los ingresos de los miembros de la unidad familiar, en el mes anterior a la solicitud de la moratoria:

i. Con carácter general, el límite de tres veces el Indicador Público de Renta de Efectos Múltiples mensual (en adelante IPREM).

ii. Este límite se incrementará en 0,1 veces el IPREM por cada hijo a cargo en la unidad familiar. El incremento aplicable por hijo a cargo será de 0,15 veces el IPREM por cada hijo en el caso de unidad familiar monoparental.

iii. Este límite se incrementará en 0,1 veces el IPREM por cada persona mayor de 65 años miembro de la unidad familiar.

iv. En caso de que alguno de los miembros de la unidad familiar tenga declarada discapacidad igual o superior al 33 por ciento, situación de dependencia o enfermedad que le incapacite acreditadamente de forma permanente para realizar una actividad laboral, el límite previsto en el subapartado i) será de cuatro veces el IPREM, sin perjuicio de los incrementos acumulados por hijo a cargo.

v. En el caso de que la persona obligada a pagar la renta arrendaticia sea persona con parálisis cerebral, con enfermedad mental, o con discapacidad intelectual, con un grado de discapacidad reconocido igual o superior al 33 por ciento, o persona con discapacidad física o sensorial, con un grado de discapacidad reconocida igual o superior al 65 por ciento, así como en los casos de enfermedad grave que incapacite acreditadamente, a la persona o a su cuidador, para realizar una actividad laboral, el límite previsto en el subapartado i) será de cinco veces el IPREM.

b) Que la renta arrendaticia, más los gastos y suministros básicos, resulte superior o igual al 35 por cien de los ingresos netos que perciba el conjunto de los miembros de la unidad familiar. A estos efectos, se entenderá por «gastos y suministros básicos» el importe del coste de los suministros de electricidad, gas, gasoil para calefacción, agua corriente, de los servicios de telecomunicación fija y móvil, y las posibles contribuciones a la comunidad de propietarios, todos ellos de la vivienda habitual que corresponda satisfacer al arrendatario.

2. A los efectos de lo previsto en este artículo se entenderá por unidad familiar la compuesta por la persona que adeuda la renta arrendaticia, su cónyuge no separado legalmente o pareja de hecho inscrita y los hijos, con independencia de su edad, que residan en la vivienda, incluyendo los vinculados por una relación de tutela, guarda o acogimiento familiar y su cónyuge no separado legalmente o pareja de hecho inscrita, que residan en la vivienda.

3. No se entenderá que concurren los supuestos de vulnerabilidad económica a consecuencia de la emergencia sanitaria ocasionada por el COVID-19 a los efectos de obtener moratorias o ayudas en relación con la renta arrendaticia de la vivienda habitual cuando la persona arrendataria o cualquiera de las personas que componen la unidad familiar que habita aquella sea propietaria o usufructuaria de alguna vivienda en España. Se considerará que no concurren estas circunstancias cuando el derecho recaiga únicamente sobre una parte alícuota de la misma y se haya obtenido por herencia o mediante transmisión mortis causa sin testamento. Se exceptuará de este requisito también a quienes, siendo titulares de una vivienda, acrediten la no disponibilidad de la misma por causa de separación o divorcio, por cualquier otra causa ajena a su voluntad o cuando la vivienda resulte inaccesible por razón de discapacidad de su titular o de alguna de las personas que conforman la unidad de convivencia.

> **Precepto modificado por RD-Ley 1/2023, de 10 de enero, con entrada en vigor a partir del 12-1-2023 (Modificado apartado 1 del artículo 5)**

> **Precepto modificado por RD-Ley 15/2020, de 21 de abril, con entrada en vigor a partir del 23-4-2020 (Modificado subapartado iv, de la letra a), del apartado 1 del artículo 5)**

Artículo 6. Acreditación de las condiciones subjetivas

1. La concurrencia de las circunstancias a que se refiere el artículo 5 se acreditará por la persona arrendataria ante la persona arrendadora mediante la presentación de los siguientes documentos:

a) En caso de situación legal de desempleo, mediante certificado expedido por la entidad gestora de las prestaciones, en el que figure la cuantía mensual percibida en concepto de prestaciones o subsidios por desempleo.

b) En caso de cese de actividad de los trabajadores por cuenta propia, mediante certificado expedido por la Agencia Estatal de la Administración Tributaria o el órgano competente de la Comunidad Autónoma, en su caso, sobre la base de la declaración de cese de actividad declarada por el interesado.

c) Número de personas que habitan en la vivienda habitual:

i. Libro de familia o documento acreditativo de pareja de hecho.

ii. Certificado de empadronamiento relativo a las personas empadronadas en la vivienda, con referencia al momento de la presentación de los documentos acreditativos y a los seis meses anteriores.

iii. Declaración de discapacidad, de dependencia o de incapacidad permanente para realizar una actividad laboral.

d) Titularidad de los bienes: nota simple del servicio de índices del Registro de la Propiedad de todos los miembros de la unidad familiar.

e) Declaración responsable del deudor o deudores relativa al cumplimiento de los requisitos exigidos para considerarse sin recursos económicos suficientes según este real decreto-ley.

2. Si el solicitante de la moratoria no pudiese aportar alguno de los documentos requeridos en las letra a) a d) del apartado anterior, podrá sustituirlo mediante una declaración responsable que incluya la justificación expresa de los motivos, relacionados con las consecuencias de la crisis del COVID-19, que le impiden tal aportación. Tras la finalización del estado de alarma y sus prórrogas dispondrá del plazo de un mes para la aportación de los documentos que no hubiese facilitado.

Artículo 7. Consecuencias de la aplicación indebida por la persona arrendataria de la moratoria excepcional de la deuda arrendaticia y de las ayudas públicas para vivienda habitual en situación de vulnerabilidad económica a causa del COVID-19

1. La persona o personas que se hayan beneficiado de una moratoria de la deuda arrendaticia de su vivienda habitual y/o de ayudas públicas para atender al pago de la misma sin reunir los requisitos previstos en el artículo 5, serán responsables de los daños y perjuicios que se hayan podido producir, así como de todos los gastos generados por la aplicación de estas medidas excepcionales, sin perjuicio de las responsabilidades de otro orden a que la conducta de los mismos pudiera dar lugar.

2. El importe de los daños, perjuicios y gastos no podrá ser inferior al beneficio indebidamente obtenido por la persona arrendataria por la aplicación de la norma, la cual incurrirá en responsabilidad, también, en los casos en los que, voluntaria y deliberadamente, busque situarse o mantenerse en los supuestos de vulnerabilidad económica con la finalidad de obtener la aplicación de las medidas reguladas por este real decreto-ley.

Artículo 8. Modificación excepcional y transitoria de las condiciones contractuales de arrendamiento en el caso de arrendadores no comprendidos entre los recogidos en el artículo 4 como consecuencia del impacto económico y social del COVID-19

1. La persona arrendataria de un contrato de vivienda habitual suscrito al amparo de la Ley 29/1994, de 24 de noviembre, de Arrendamientos Urbanos, que se encuentre en situación de vulnerabilidad económica, tal y como se define en el artículo 5, podrá solicitar de la persona arrendadora, cuando esta no sea ninguna de las comprendidas en el artículo 4, en el plazo de tres meses desde la entrada en vigor de este Real Decreto-ley y en los términos recogidos en los apartados 2 a 4 siguientes, el aplazamiento temporal y extraordinario en el pago de la renta, siempre que dicho aplazamiento o la condonación total o parcial de la misma no se hubiera acordado previamente entre ambas partes con carácter voluntario.

2. Una vez recibida la solicitud, la persona arrendadora comunicará a la arrendataria, en el plazo máximo de 7 días laborables, las condiciones de aplazamiento o de fraccionamiento aplazado de la deuda que acepta o, en su defecto, las posibles alternativas que plantea en relación con las mismas.

3. Si la persona física arrendadora no aceptare ningún acuerdo sobre el aplazamiento y, en cualquier caso, cuando la persona arrendataria se encuentre en la situación de vulnerabilidad sobrevenida referida en el artículo 5, esta podrá tener acceso al programa de ayudas transitorias de financiación reguladas por el artículo siguiente.

Precepto modificado por Ley 3/2020, de 18 de septiembre, con entrada en vigor a partir del 20-9-2020 (Modificado apartado 1 del artículo 8)

Precepto modificado por RD-Ley 16/2020, de 28 de abril, con entrada en vigor a partir del 30-4-2020 (Modificado apartado 1 del artículo 8)

Artículo 9. Aprobación de una línea de avales para la cobertura por cuenta del Estado de la financiación a arrendatarios en situación de vulnerabilidad social y económica como consecuencia de la expansión del COVID-19

1. Con objeto de proporcionar cobertura financiera para hacer frente a los gastos de vivienda por parte de los hogares que se encuentren en situaciones de vulnerabilidad social y económica como consecuencia de la expansión del COVID 19, se autoriza al Ministerio de Transportes, Movilidad y Agenda Urbana para que, mediante convenio con el Instituto de Crédito Oficial, por un plazo de hasta catorce años, se desarrolle una línea de avales con total cobertura del Estado, para que las entidades de crédito puedan ofrecer ayudas transitorias de financiación a las personas que se encuentren en la referida situación de vulnerabilidad, en forma de préstamo con un plazo de devolución de hasta seis años, prorrogable excepcionalmente por otros cuatro y sin que, en ningún caso, devengue ningún tipo de gastos e intereses para el solicitante.

2. Las ayudas transitorias de financiación serán finalistas, debiendo dedicarse al pago de la renta del arrendamiento de vivienda habitual y podrán cubrir un importe máximo de seis mensualidades de renta.

3. A estas ayudas transitorias de financiación podrán acceder todos aquellos arrendatarios que se encuentren en situación de vulnerabilidad sobrevenida como consecuencia de la expansión del COVID-19, de acuerdo con los criterios y requisitos que se definan a través de una Orden del Ministerio de Transportes, Movilidad y Agenda Urbana, que incluirán en todo caso, y como mínimo, las situaciones definidas en el artículo 5 del presente Real Decreto-ley. Dicha Orden no precisará desarrollo normativo posterior para su aplicación y cumplirá en todo caso con la normativa de la Unión Europea en materia de ayudas de Estado.

4. La Orden del Ministerio de Transportes Movilidad y Agenda Urbana establecida en el apartado anterior no estará sujeta a la autorización del Consejo de Ministros, prevista en el artículo 10.2 de la Ley 38/2003, de 17 de noviembre, General de Subvenciones.

5. A los efectos de la aplicación de las ayudas transitorias de financiación, se establece que en el mismo acto de concesión del préstamo por parte de la entidad de crédito de conformidad con la regulación establecida, se entenderá concedida la subvención de gastos e intereses que conlleve dicho préstamo, por lo que no requerirá resolución de concesión del Ministerio de Transportes, Movilidad y Agenda Urbana. Las ayudas en la modalidad de subvención de tipo de interés se financiarán por el Ministerio de Transportes, Movilidad y Agenda Urbana con cargo a la aplicación presupuestaria 17.09.261N.481, "Bonificación de gastos e intereses por concesión de préstamos a arrendatarios en situación de vulnerabilidad por el COVID-19". Este crédito tendrá la consideración de ampliable. La verificación del cumplimiento de los requisitos de los beneficiarios de la subvención se realizará "ex post" por el Ministerio de Transportes Movilidad y Agenda Urbana, conforme a la normativa de aplicación.

6. El convenio del Ministerio de Transportes, Movilidad y Agenda Urbana con el Instituto de Crédito Oficial al que se refiere el apartado 1 y la Orden del Ministerio de Transportes, Movilidad y Agenda Urbana referida en apartados anteriores, quedan exceptuados de la aplicación de lo dispuesto en los apartados Sexto y Séptimo del Acuerdo de Consejo de Ministros de 27 de diciembre de 2019, por el que se establecen los criterios de aplicación de la prórroga para 2020 de los Presupuestos Generales del Estado vigentes en el año 2019. Adicionalmente, al convenio le resultará de aplicación el régimen especial previsto en el artículo 39 del Real Decreto-ley 8/2020, de 17 de marzo, de medidas urgentes extraordinarias para hacer frente al impacto económico y social del COVID-19.

Precepto modificado por Ley 3/2020, de 18 de septiembre, con entrada en vigor a partir del 20-9-2020 (Modificado artículo 9)

Precepto modificado por RD-Ley 16/2020, de 28 de abril, con entrada en vigor a partir del 30-4-2020 (Modificado artículo 9)

Nota: Téngase en cuenta lo establecido en la Resolución de 1 de mayo de 2020, de la Secretaría de Estado de Transportes, Movilidad y Agenda Urbana (SP/LEG/29495).

Artículo 10. Nuevo programa de ayudas para contribuir a minimizar el impacto económico y social del COVID-19 en los alquileres de vivienda habitual

1. Mediante Orden del Ministerio de Transportes, Movilidad y Agenda Urbana se incorporará al Plan Estatal de Vivienda 2018-2021 regulado en el Real Decreto 106/2018, de 9 de marzo, un nuevo programa de ayudas al alquiler, denominado «Programa de ayudas para contribuir a minimizar el impacto económico y social del COVID-19 en los alquileres de vivienda habitual».

2. Este programa tendrá por objeto la concesión de ayudas al alquiler, mediante adjudicación directa, a las personas arrendatarias de vivienda habitual que, como consecuencia del impacto económico y social del COVID-19, tengan problemas transitorios para atender al pago parcial o total del alquiler y encajen en los supuestos de vulnerabilidad económica y social sobrevenida que se definan y que incluirán en todo caso, y como mínimo, las situaciones definidas en el artículo 5 del presente real decreto-ley.

Así y sin menoscabo de otras actuaciones, este programa tendrá la finalidad de hacer frente a la dificultad en la devolución de aquellas ayudas transitorias de financiación contraídas por hogares vulnerables que no se hayan recuperado de su situación de vulnerabilidad sobrevenida como consecuencia de la crisis del COVID-19 y que, por tanto, no puedan hacer frente a la devolución de dichos préstamos.

3. Podrán beneficiarse de las ayudas de este programa las personas físicas que, en su condición de arrendatarios de vivienda habitual encajen en los supuestos de vulnerabilidad económica y social sobrevenida referidas en el apartado anterior, presentando problemas transitorios para atender al pago parcial o total del alquiler.

4. La cuantía de esta ayuda será de hasta 900 euros al mes y de hasta el 100% de la renta arrendaticia o, en su caso, de hasta el 100% del principal e intereses del préstamo que se haya suscrito con el que se haya satisfecho el pago de la renta de la vivienda habitual. Serán los órganos competentes de cada Comunidad Autónoma y de las Ciudades de Ceuta y de Melilla los que determinen la cuantía exacta de estas ayudas, dentro de los límites establecidos para este programa. A estos efectos podrán adjuntar un informe de los servicios sociales autonómicos o locales correspondientes, en el que se atienda y valoren las circunstancias excepcionales y sobrevenidas de la persona beneficiaria como consecuencia del impacto económico y social del COVID-19.

Artículo 11. Sustitución del programa de ayuda a las personas en situación de desahucio o lanzamiento de su vivienda habitual por el nuevo programa de ayuda a las víctimas de violencia de género, personas objeto de desahucio de su vivienda habitual, personas sin hogar y otras personas especialmente vulnerables regulado en artículo siguiente

1. Mediante Orden Ministerial del Ministerio de Transportes, Movilidad y Agenda Urbana se sustituirá el Programa de ayuda a las personas en situación de desahucio o lanzamiento de su vivienda habitual del Plan Estatal de Vivienda 2018-2021, regulado en el Real Decreto 106/2018, de 9 de marzo, por el nuevo «Programa de ayuda a las víctimas de violencia de género, personas objeto de desahucio de su vivienda habitual, personas sin hogar y otras personas especialmente vulnerables».

2. Este nuevo programa tendrá por objeto facilitar una solución habitacional inmediata a las personas víctimas de violencia de género, a las personas objeto de desahucio de su vivienda habitual, a las personas sin hogar y a otras personas especialmente vulnerables.

3. Podrán ser beneficiarias de las ayudas de este programa las personas referidas en el apartado anterior y las administraciones públicas, empresas públicas y entidades sin ánimo de lucro, de economía colaborativa o similares, siempre sin ánimo de lucro, cuyo objeto sea dotar de una solución habitacional a aquellas personas y por cuenta de las mismas.

Artículo 12. Modificación del programa de fomento del parque de vivienda en alquiler

1. Mediante Orden del Ministerio de Transportes, Movilidad y Agenda Urbana se modificará el programa de fomento del parque de vivienda en alquiler. Dicha modificación respetará en su integridad el programa ahora

existente, pero incorporando un nuevo supuesto que posibilite destinar las ayudas a la compra de viviendas con objeto de incrementar el parque público de viviendas.

2. Podrán obtener ayudas en este nuevo supuesto las viviendas que, de forma individualizada o en bloque, sean adquiridas por las Administraciones Públicas, los organismos públicos y demás entidades de derecho público, así como las empresas públicas y las entidades del tercer sector sin ánimo de lucro, con objeto de incrementar el parque público de viviendas destinadas al alquiler o cesión en uso social.

Artículo 13. Autorización para transferir anticipadamente a las Comunidades Autónomas y a las Ciudades de Ceuta y de Melilla los fondos comprometidos por el Ministerio de Transportes, Movilidad y Agenda Urbana en los convenios suscritos para la ejecución del Plan Estatal de Vivienda 2018-2021

1. Se autoriza al Ministerio de Transportes, Movilidad y Agenda Urbana a transferir a las Comunidades Autónomas y a las Ciudades de Ceuta y de Melilla el 100% de los fondos comprometidos para el año 2020 en los convenios para la ejecución del Plan Estatal de Vivienda 2018-2021, en concreto 346.637.200 euros consignados en la partida presupuestaria 17.09.261N.753, sin esperar a la adquisición del compromiso financiero por parte de aquellas ni a cualquier otro requisito exigido en los convenios.

2. Se autoriza asimismo al citado Ministerio de Transportes, Movilidad y Agenda Urbana a transferir a las Comunidades Autónomas y a las Ciudades de Ceuta y de Melilla el 100% de los fondos comprometidos para el año 2021 en los convenios para la ejecución del Plan Estatal de Vivienda 2018-2021, en concreto 354.255.600 euros, en el primer trimestre de 2021, sin esperar a la adquisición del compromiso financiero por parte de aquellas ni a cualquier otro requisito exigido en los convenios.

Artículo 14. Autorización para la disposición inmediata de los fondos aún no comprometidos por las Comunidades Autónomas y las Ciudades de Ceuta y de Melilla para la concesión de ayudas al alquiler, mediante adjudicación directa, en aplicación del nuevo programa de ayudas para contribuir a minimizar el impacto económico y social del COVID-19 en los alquileres de vivienda habitual

Se autoriza a las Comunidades Autónomas y a las Ciudades de Ceuta y de Melilla a disponer de los fondos comprometidos por el Ministerio de Fomento (actualmente Ministerio de Transportes, Movilidad y Agenda Urbana) en los convenios para la ejecución del Plan Estatal de Vivienda 2018-2021 y que no hubieran sido comprometidos, a su vez, por las mismas, para la concesión de ayudas al alquiler, mediante adjudicación directa, en aplicación del nuevo programa de ayudas para contribuir a minimizar el impacto económico y social del COVID-19 en los alquileres de vivienda habitual.

Esta autorización se entiende sin necesidad del Acuerdo previo de la Comisión Bilateral de Seguimiento que, de conformidad con el apartado 5 del artículo 6 del Real Decreto 106/2018, de 9 de marzo, por el que se regula el Plan Estatal de Vivienda 2018-2021, debiera formalizarse para redistribuir las aportaciones estatales entre los distintos programas del Plan. Esta Comisión dará cuenta a posteriori de la redistribución generada como consecuencia de la disposición de fondos referida en este artículo.

Artículo 15. No sujeción del nuevo programa de ayudas para contribuir a minimizar el impacto económico y social del COVID-19 en los alquileres de vivienda habitual a la cofinanciación autonómica establecida en el artículo 6 del Real Decreto 106/2018, de 9 de marzo, por el que se regula el Plan Estatal de Vivienda 2018-2021

Los apartados 2 y 3 del artículo 6 del Real Decreto 106/2018, de 9 de marzo, por el que se regula el Plan Estatal de Vivienda 2018-2021, no serán de aplicación a los fondos estatales que las Comunidades Autónomas y las Ciudades de Ceuta y de Melilla comprometan en el programa de ayudas para contribuir a minimizar el impacto económico y social del COVID-19 en los alquileres de vivienda habitual.

(...)

DISPOSICIONES TRANSITORIAS

Primera. Régimen transitorio aplicable al programa de ayuda a las personas en situación de desahucio o lanzamiento de la vivienda

Las ayudas reconocidas al amparo del programa de ayuda a las personas en situación de desahucio o lanzamiento de su vivienda habitual mantienen sus efectos por el plazo total y la cuantía total por las que fueron reconocidas.

A partir de la entrada en vigor de la Orden Ministerial que desarrolle el programa de ayuda a las víctimas de violencia de género, personas objeto de desahucio de su vivienda habitual, personas sin hogar y otras personas especialmente vulnerables, no se admitirán nuevos reconocimientos de ayudas al amparo del programa ayuda a las personas en situación de desahucio o lanzamiento de su vivienda habitual, pudiendo las mismas acceder a las ayudas reguladas al amparo del programa de ayuda a las víctimas de violencia de género, personas objeto de desahucio de su vivienda habitual, personas sin hogar y otras personas especialmente vulnerables.

(...)

DISPOSICIONES FINALES

(...)

Décima. Habilitación para el desarrollo y modificación del Plan Estatal de Vivienda 2018-2021

Se habilita a la persona titular del Ministerio de Transportes, Movilidad y Agenda Urbana para dictar cuantas disposiciones resulten necesarias para el desarrollo y ejecución de lo dispuesto en el Real Decreto 106/2018, de 9 de marzo, por el que se regula el Plan Estatal de Vivienda 2018-2021.

Se habilita asimismo a la persona titular del Ministerio de Transportes, Movilidad y Agenda Urbana para dictar cuantas disposiciones resulten necesarias para la modificación parcial de lo dispuesto en el Real Decreto 106/2018, de 9 de marzo, por el que se regula el Plan Estatal de Vivienda 2018-2021, siempre y cuando se respeten los compromisos adquiridos por el anterior Ministerio de Fomento con las Comunidades Autónomas y las ciudades de Ceuta y Melilla en los convenios suscritos para la ejecución de dicho Plan y las modificaciones que tengan por objeto contribuir a minimizar los efectos económicos y sociales del COVID-19.

Undécima. Desarrollo reglamentario y ejecución

Se habilita al Gobierno y a las personas titulares de los departamentos ministeriales, en el ámbito de sus competencias, a dictar cuantas disposiciones sean necesarias para el desarrollo y ejecución de lo dispuesto en este real decreto-ley.

Duodécima. Vigencia

1. Con carácter general, las medidas previstas en el presente real decreto-ley mantendrán su vigencia hasta un mes después del fin de la vigencia de la declaración del estado de alarma. No obstante lo anterior, aquellas medidas previstas en este real decreto-ley que tienen un plazo determinado de duración se sujetarán al mismo.

2. Sin perjuicio de lo anterior la vigencia de las medidas previstas en este real decreto-ley, previa evaluación de la situación, se podrá prorrogar por el Gobierno mediante real decreto-ley.

3. Los criterios para la definición de vulnerabilidad económica y la acreditación de condiciones subjetivas establecidos en los artículos 5 y 6 mantendrán su vigencia hasta los plazos establecidos en los artículos 2 y 4.1, a los efectos de las medidas incluidas en estos últimos.

4. Los criterios para la definición de vulnerabilidad económica y la acreditación de las condiciones establecidos en los artículos 16 al 18, así como lo establecido en los artículos 21, 22, 24, 25, 26 y 27, mantienen su vigencia a lo largo de los plazos establecidos en los artículos 13 y 24 y en el artículo 12 del Real Decreto 8/2020, de 17 de marzo, de medidas urgentes extraordinarias para hacer frente al impacto

económico y social del COVID-19 para la aplicación de las medidas en el ámbito de la suspensión de las obligaciones derivadas de los contratos de crédito sin garantía hipotecaria y en el ámbito de la moratoria de deuda hipotecaria, según corresponda.

Precepto modificado por RD-Ley 26/2020, de 7 de julio, con entrada en vigor a partir del 9-7-2020 (Añadidos apartados, 3 y 4, de la disposición final duodécima)

Decimotercera. Entrada en vigor

El presente Real decreto-ley entrará en vigor el día siguiente al de su publicación en el Boletín Oficial del Estado a excepción del artículo 37, sobre Medidas de restricción a las comunicaciones comerciales de las entidades que realicen una actividad de juego regulada en la Ley 13/2011, de 27 de mayo, de regulación del juego, que entrará en vigor a los dos días de la citada publicación en el «Boletín Oficial del Estado».

§9. Real Decreto-ley 37/2020, de 22 de diciembre, de medidas urgentes para hacer frente a las situaciones de vulnerabilidad social y económica en el ámbito de la vivienda y en materia de transportes

(BOE n.º 334, de 23 de diciembre de 2020)

El presente Real Decreto-ley se convalida por Resolución de 28 de enero de 2021, del Congreso de los Diputados (BOE n.º 30, de 4 de febrero de 2021).

PREÁMBULO

I

(...)

Para dar respuesta a esta situación, ya se han adoptado importantes medidas que han permitido aliviar la situación de muchos hogares, entre las que pueden destacarse las introducidas a través del Real Decreto-ley 11/2020, de 31 de marzo, por el que se adoptan medidas urgentes complementarias en el ámbito social y económico para hacer frente al COVID-19. Entre ellas, se puede subrayar la introducción de un periodo de suspensión del procedimiento de desahucio y de los lanzamientos, cuando afecten a arrendatarios vulnerables sin alternativa habitacional; la posibilidad de acogerse a una prórroga extraordinaria de los contratos de arrendamiento de vivienda que finalicen en este periodo, en los mismos términos y condiciones; en situaciones de vulnerabilidad, una prórroga o reducción del alquiler cuando el arrendatario sea un gran tenedor; una línea de ayudas transitorias de financiación, sobre la base de una línea de avales con garantía del Estado a través del ICO, que permite cubrir el pago de hasta seis mensualidades de alquiler; y se ha incrementado notablemente la dotación del actual Plan Estatal de Vivienda 2018-2021, incorporando un nuevo programa de ayuda y flexibilizando la gestión del Plan para que las comunidades autónomas puedan dar soluciones, de forma ágil, a las situaciones de vulnerabilidad en el ámbito de la vivienda.

Además, debe destacarse que se trata de medidas que se han ido adaptando de forma progresiva a la realidad y evolución de la situación, extendiendo su alcance material y temporal, con objeto de mantener y reforzar la protección de los más vulnerables, entre otros, a través del Real Decreto-ley 26/2020, de 7 de julio, de medidas de reactivación económica para hacer frente al impacto del COVID-19 en los ámbitos de transportes y vivienda, y del Real Decreto-ley 30/2020, de 29 de septiembre, de medidas sociales en defensa del empleo.

(...)

IV

El presente real decreto-ley se estructura en tres capítulos, tres artículos, cuatro disposiciones adicionales, una disposición transitoria, dos disposiciones finales y tres anexos.

El capítulo I recoge las diferentes medidas urgentes adoptadas para hacer frente a determinadas situaciones de vulnerabilidad en el ámbito de la vivienda.

El artículo 1 modifica el Real Decreto-ley 11/2020, de 31 de marzo, por el que se adoptan medidas urgentes complementarias en el ámbito social y económico para hacer frente al COVID-19, con objeto de introducir importantes mejoras de carácter jurídico y social en el procedimiento de desahucio de la vivienda habitual.

En primer lugar, se modifica el artículo 1 del referido Real Decreto-ley 11/2020, de 31 de marzo, introduciendo seguridad y garantías en la posibilidad de la persona arrendataria de una vivienda habitual de instar un incidente de suspensión extraordinaria del desahucio o lanzamiento por encontrarse en una situación de vulnerabilidad económica que le imposibilite encontrar una alternativa habitacional para sí y para las personas con las que conviva, situación que, aunque pudiera no derivarse directamente de las efectos de la COVID-19, indudablemente se ha visto agravada por estos.

De esta forma, se clarifica el procedimiento para asegurar la valoración por parte de los servicios sociales competentes de la situación de vulnerabilidad en la que pueda encontrarse el arrendatario, con objeto de que puedan aplicar de la forma más ágil y efectiva las medidas y acciones que sean más adecuadas para asegurar una solución habitacional a aquellos hogares vulnerables que no tengan una alternativa de vivienda digna, pero asegurando en el trámite la debida ponderación de la situación en que pueda encontrarse el arrendador.

En segundo lugar, se introduce un nuevo artículo 1 bis en el referido Real Decreto-Ley 11/2020, de 31 de marzo, con objeto de dar respuesta a las situaciones en las que los procedimientos de desahucio y lanzamiento afecten a personas económicamente vulnerables sin alternativa habitacional, en los que se atribuye al Juez la facultad de suspender el lanzamiento, previa valoración ponderada y proporcional del caso concreto y las circunstancias, hasta que los servicios sociales competentes puedan ofrecer las soluciones más adecuadas que hagan frente a la carencia de una vivienda digna, en el contexto de la excepcionalidad del estado de alarma.

(...)

VII

(...)

Por su parte, la disposición adicional segunda regula el derecho de propietarios y arrendadores a solicitar una compensación, para aquellos supuestos en los que las medidas establecidas por parte de los servicios sociales no puedan aplicarse en los tres meses siguientes a la emisión del informe previsto en el procedimiento establecido tanto en el artículo 1 como en el artículo 1 bis. De esta forma, se articula un procedimiento que evita que la demora de los poderes públicos a la hora de aplicar las medidas de protección social afecte a los legítimos intereses de los propietarios afectados, estableciendo una compensación que pueda cubrir el perjuicio ocasionado a lo largo del período que medie entre que se acordare la suspensión y el momento en el que la misma se levante por el órgano judicial o por finalizar el estado de alarma.

Y, con objeto de garantizar la efectividad de la aplicación de esta compensación, la disposición adicional tercera manda al Gobierno a aprobar un Real Decreto para definir las medidas necesarias para que las comunidades autónomas puedan utilizar los recursos del Plan Estatal de Vivienda 2018-2021 para hacer frente a las compensaciones que puedan proceder en su ámbito territorial.

(...)

La disposición transitoria primera establece el régimen de aplicación de las modificaciones introducidas por el real decreto-ley a los procedimientos que se encuentren actualmente en tramitación en los órganos judiciales, así como de la compensación establecida a arrendadores y propietarios.

(...)

CAPÍTULO I-Medidas en materia de vivienda

Artículo 1. Modificación del Real Decreto-ley 11/2020, de 31 de marzo, por el que se adoptan medidas urgentes complementarias en el ámbito social y económico para hacer frente al COVID-19

Se modifica el Real Decreto-ley 11/2020, de 31 de marzo, por el que se adoptan medidas urgentes complementarias en el ámbito social y económico para hacer frente al COVID-19, en los siguientes términos:

Uno. El artículo 1 queda redactado como sigue:

«Artículo 1. Suspensión durante el estado de alarma del procedimiento de desahucio y lanzamiento arrendaticios en el caso de personas económicamente vulnerables sin alternativa habitacional.

1. Desde la entrada en vigor del presente real decreto-ley y hasta la finalización del estado de alarma declarado por el Real Decreto 926/2020, de 25 de octubre, por el que se declara el estado de alarma para contener la propagación de infecciones causadas por el SARS-CoV-2, prorrogado por Real Decreto 956/2020, de 3 de noviembre, en todos los juicios verbales que versen sobre reclamaciones de renta o cantidades debidas por el arrendatario, o la expiración del plazo de duración de contratos suscritos conforme a la Ley 29/1994, de 24 de noviembre, de Arrendamientos Urbanos, que pretendan recuperar la posesión de la finca,

se haya suspendido o no previamente el proceso en los términos establecidos en el apartado 5 del artículo 441 de dicha ley, la persona arrendataria podrá instar, de conformidad con lo previsto en este artículo, un incidente de suspensión extraordinaria del desahucio o lanzamiento ante el Juzgado por encontrarse en una situación de vulnerabilidad económica que le imposibilite encontrar una alternativa habitacional para sí y para las personas con las que conviva.

Así mismo, si no estuviese señalada fecha para el lanzamiento, por no haber transcurrido el plazo de diez días a que se refiere el artículo 440.3 o por no haberse celebrado la vista, se suspenderá dicho plazo o la celebración de la vista.

Estas medidas de suspensión que se establecen con carácter extraordinario y temporal, en todo caso, dejarán de surtir efecto en cuanto finalice el estado de alarma declarado por Real Decreto 926/2020, de 25 de octubre, prorrogado por Real Decreto 956/2020, de 3 de noviembre.

2. Para que opere la suspensión a que se refiere el apartado anterior, la persona arrendataria deberá acreditar que se encuentra en alguna de las situaciones de vulnerabilidad económica descritas en las letras a) y b) del artículo 5 del presente real decreto-ley mediante la presentación de los documentos previstos en el artículo 6.1. El Letrado de la Administración de Justicia dará traslado de dicha acreditación al demandante, quien en el plazo máximo de diez días podrá acreditar ante el Juzgado, por los mismos medios, encontrarse igualmente en la situación de vulnerabilidad económica descrita en la letra a) del artículo 5 o en riesgo de situarse en ella, en caso de que se adopte la medida de suspensión del lanzamiento.

3. Una vez presentados los anteriores escritos, el Letrado de la Administración de Justicia deberá trasladar inmediatamente a los servicios sociales competentes toda la documentación y solicitará a dichos servicios informe, que deberá ser emitido en el plazo máximo de diez días, en el que se valore la situación de vulnerabilidad del arrendatario y, en su caso, del arrendador, y se identifiquen las medidas a aplicar por la administración competente.

4. El Juez, a la vista de la documentación presentada y del informe de servicios sociales, dictará un auto en el que acordará la suspensión del lanzamiento si se considera acreditada la situación de vulnerabilidad económica y, en su caso, que no debe prevalecer la vulnerabilidad del arrendador. Si no se acreditara la vulnerabilidad por el arrendatario o bien debiera prevalecer la situación de vulnerabilidad del arrendador acordará la continuación del procedimiento. En todo caso, el auto que fije la suspensión señalará expresamente que, finalizado el estado de alarma, se reanudará automáticamente el cómputo de los días a que se refiere el artículo 440.3 o se señalará fecha para la celebración de la vista y, en su caso, del lanzamiento, según el estado en que se encuentre el proceso.

Acreditada la vulnerabilidad, antes de la finalización del plazo máximo de suspensión, las Administraciones públicas competentes deberán, adoptar las medidas indicadas en el informe de servicios sociales u otras que consideren adecuadas para satisfacer la necesidad habitacional de la persona en situación de vulnerabilidad que garanticen su acceso a una vivienda digna. Una vez aplicadas dichas medidas la Administración competente habrá de comunicarlo inmediatamente al Tribunal, y el Letrado de la Administración de Justicia deberá dictar en el plazo máximo de tres días decreto acordando el levantamiento de la suspensión del procedimiento.

5. A los efectos previstos en el artículo 150.4 de la Ley 1/2000, de 7 de enero, de Enjuiciamiento Civil, se entenderá que concurre el consentimiento de la persona arrendataria por la mera presentación de la solicitud de suspensión.

Se entenderá igualmente que concurre el consentimiento del arrendador para hacer la comunicación prevenida en este artículo por la mera presentación del escrito alegando su situación de vulnerabilidad económica.»

Dos. Se añade un artículo 1 bis con el siguiente contenido:

«Artículo 1 bis. Suspensión durante el estado de alarma del procedimiento de desahucio y de los lanzamientos para personas económicamente vulnerables sin alternativa habitacional en los supuestos de los apartados 2.º, 4.º y 7.º del artículo 250.1 de la Ley 1/2000, de 7 de enero, de Enjuiciamiento Civil.

1. Desde la entrada en vigor del presente real decreto-ley y hasta la finalización del estado de alarma declarado por el Real Decreto 926/2020, de 25 de octubre, por el que se declara el estado de alarma para

contener la propagación de infecciones causadas por el SARS-CoV-2, prorrogado por Real Decreto 956/2020, de 3 de noviembre, en todos los juicios verbales en los que se sustancien las demandas a las que se refieren los apartados 2.º, 4.º y 7.º del artículo 250.1 de la Ley 1/2000, de 7 de enero, de Enjuiciamiento Civil, el Juez tendrá la facultad de suspender el lanzamiento hasta la finalización del estado de alarma.

Estas medidas de suspensión que se establecen con carácter extraordinario y temporal, dejarán de surtir efecto en todo caso en cuanto finalice el estado de alarma declarado por Real Decreto 926/2020, de 25 de octubre, prorrogado por Real Decreto 956/2020, de 3 de noviembre.

2. Será necesario para poder suspender el lanzamiento conforme al apartado anterior, que se trate de viviendas que pertenezcan a personas jurídicas o a personas físicas titulares de más de diez viviendas y que las personas que las habitan sin título se encuentren en situación de vulnerabilidad económica por encontrarse en alguna de las situaciones descritas en la letra a) del artículo 5.

El Juez tomará la decisión previa valoración ponderada y proporcional del caso concreto, teniendo en cuenta, entre otras que procedan, las siguientes circunstancias:

a) Las circunstancias relativas a si la entrada o permanencia en el inmueble está motivada por una situación de extrema necesidad. Al efecto de analizar el estado de necesidad se valorará adecuadamente el informe de los servicios sociales emitido conforme al apartado siguiente.

b) Las circunstancias relativas a la cooperación de los habitantes de la vivienda con las autoridades competentes en la búsqueda de soluciones para una alternativa habitacional que garantizara su derecho a una vivienda digna.

3. Para que opere la suspensión a que se refiere el apartado anterior, quien habite la vivienda sin título habrá de ser persona dependiente de conformidad con lo dispuesto en el apartado dos del artículo 2 de la Ley 39/2006, de 14 de diciembre, de Promoción de la Autonomía Personal y Atención a las personas en situación de dependencia, víctima de violencia sobre la mujer o tener a su cargo, conviviendo en la misma vivienda, alguna persona dependiente o menor de edad. En todo caso, la persona o personas que ocupan la vivienda sin título deberán acreditar, además, que se encuentran en alguna de las situaciones de vulnerabilidad económica descritas en la letra a) del artículo 5 del presente real decreto-ley mediante la presentación de los documentos previstos en el artículo 6.1. El Letrado de la Administración de Justicia, dará traslado de dicha acreditación al demandante o denunciante.

4. El Letrado de la Administración de Justicia deberá trasladar inmediatamente a los servicios sociales competentes toda la documentación y solicitará a dichos servicios informe, que deberá ser emitido en el plazo máximo de quince días, en el que se valore la situación de vulnerabilidad de la persona o personas que hayan fijado en el inmueble su vivienda, y se identifiquen las medidas a aplicar por la administración competente.

5. Acreditada la situación de vulnerabilidad de la persona que habite en la vivienda y ponderadas por el Juez todas las demás circunstancias concurrentes, este dictará auto acordando, en su caso, la suspensión por el tiempo que reste hasta la finalización del estado de alarma. Si el solicitante no acreditara la vulnerabilidad o no se encontrara entre las personas con derecho a instar la suspensión conforme a lo señalado en el apartado 2 o concurriera alguna de las circunstancias previstas en el apartado 6, el juez acordará mediante auto la continuación del procedimiento.

Durante el plazo máximo de suspensión fijado, las administraciones públicas competentes deberán, caso de quedar constatada la vulnerabilidad económica, adoptar las medidas indicadas en el informe de servicios sociales u otras que consideren adecuadas para satisfacer la necesidad habitacional de la persona en situación de vulnerabilidad que garanticen su acceso a una vivienda digna. Una vez adoptadas dichas medidas la Administración competente habrá de comunicarlo inmediatamente al Tribunal competente, y el Juez deberá dictar en el plazo máximo de tres días auto acordando el levantamiento de la suspensión del procedimiento y el correspondiente lanzamiento.

6. A los efectos previstos en el artículo 150.4 de la Ley 1/2000, de 7 de enero, de Enjuiciamiento Civil, se entenderá que concurre el consentimiento de la persona demandada por la mera presentación de su solicitud de suspensión.

7. En ningún caso procederá la suspensión a que se refiere este artículo si la entrada o permanencia en la vivienda ha tenido lugar en los siguientes supuestos:

a) Cuando se haya producido en un inmueble de propiedad de una persona física, si en dicho inmueble tiene su domicilio habitual o segunda residencia debidamente acreditada, sin perjuicio del número de viviendas de las que sea propietario.

b) Cuando se haya producido en un inmueble de propiedad de una persona jurídica que lo tenga cedido por cualquier título válido en derecho a una persona física que tuviere en él su domicilio habitual o segunda residencia debidamente acreditada.

c) Cuando la entrada o permanencia en el inmueble sea consecuencia de delito.

d) Cuando existan indicios racionales de que la vivienda se esté utilizando para la realización de actividades ilícitas.

e) Cuando la entrada o permanencia se haya producido en inmuebles de titularidad pública o privada destinados a vivienda social y ya se hubiera asignado la vivienda a un solicitante por parte de la administración o entidad que gestione dicha vivienda.

f) Cuando la entrada en la vivienda se haya producido con posterioridad a la entrada en vigor del presente real decreto-ley.»

(...)

DISPOSICIONES ADICIONALES

(...)

Segunda. Derecho de arrendadores y propietarios a la compensación

1. Los arrendadores afectados por la suspensión extraordinaria prevista en el artículo 1 del Real Decreto-ley 11/2020, de 31 de marzo, por el que se adoptan medidas urgentes complementarias en el ámbito social y económico para hacer frente al COVID-19, tendrán derecho a solicitar una compensación en los términos previstos en los apartados siguientes cuando la administración competente, en los tres meses siguientes a la fecha en que se emita el informe de los servicios sociales señalando las medidas adecuadas para atender la situación de vulnerabilidad acreditada facilitando el acceso de las personas vulnerables a una vivienda digna, no hubiera adoptado tales medidas.

2. La compensación consistirá en el valor medio que correspondería a un alquiler de vivienda en el entorno en que se encuentre el inmueble, determinado a partir de los índices de referencia del precio del alquiler de vivienda u otras referencias objetivas representativas del mercado de arrendamiento, más los gastos corrientes de la vivienda que acredite haber asumido el arrendador, por el período que medie entre que se acordare la suspensión y el momento en el que la misma se levante por el Tribunal o hasta el 31 de diciembre de 2025. No obstante, si dicho valor fuera superior a la renta que viniera percibiendo el arrendador, la compensación consistirá en renta dejada de percibir durante el mismo período señalado anteriormente más los gastos corrientes.

3. La solicitud de compensación podrá presentarse hasta el 31 de enero de 2026, debiendo formular el arrendador una exposición razonada y justificada de la compensación que considere procedente sobre la base de los criterios indicados anteriormente.

4. Los propietarios de las viviendas afectadas por las medidas adoptadas conforme al artículo 1 bis del Real Decreto-ley 11/2020, de 31 de marzo, por el que se adoptan medidas urgentes complementarias en el ámbito social y económico para hacer frente al COVID-19, tendrán derecho a solicitar una compensación si durante los tres meses siguientes a la fecha en que se emita el informe de los servicios sociales señalando las medidas adecuadas para atender la situación de vulnerabilidad acreditada, tales medidas no se hubieran adoptado por la Administración competente y siempre que los propietarios acrediten que la suspensión del lanzamiento les haya ocasionado perjuicio económico al encontrarse la vivienda ofertada en venta o arrendamiento con anterioridad a la entrada en el inmueble.

5. Si se acreditara la concurrencia de perjuicio económico en los términos establecidos en el apartado anterior, la compensación consistirá en el valor medio que correspondería a un alquiler de vivienda en el

entorno en que se encuentre el inmueble, determinado a partir de los índices de referencia del precio del alquiler de vivienda u otras referencias objetivas representativas del mercado de arrendamiento, más los gastos corrientes de la vivienda que acredite haber asumido su propietario, por el período que medie entre que se acordare la suspensión y el momento en el que la misma se levante por auto o hasta el 31 de diciembre de 2025.

6. La solicitud de compensación podrá presentarse hasta el 31 de enero de 2026, debiendo formular el titular de la vivienda una exposición razonada y justificada de la compensación que considere procedente sobre la base de los criterios indicados anteriormente.

> **Precepto modificado por RD-ley 1/2025, de 28 de enero, con entrada en vigor a partir del 30-1-2025** (Modificados apartados 2, 3, 5 y 6 de la disposición adicional segunda)
>
> **Precepto modificado por Res 22/01/2025, de 22 de enero, con entrada en vigor a partir del 23-1-2025 (Derogada la modificación de los apartados 2, 3, 5 y 6 de la disposición adicional segunda en su redacción dada por el RD-ley 9/2024, de 23 de diciembre)**
>
> **Precepto modificado por RD-ley 9/2024, de 23 de diciembre, con entrada en vigor a partir del 25-12-2024** (Modificados apartados 2, 3, 5 y 6 de la disposición adicional segunda)
>
> **Precepto modificado por RD-Ley 8/2023, de 27 de diciembre, con entrada en vigor a partir del 29-12-2023** (Modificados apartados 2, 3, 5 y 6 de la disposición adicional segunda)
>
> **Precepto modificado por RD-Ley 5/2023, de 28 de junio, con entrada en vigor a partir del 30-6-2023** (Modificados apartados 2, 3, 5 y 6 de la disposición adicional segunda)
>
> **Precepto modificado por RD-ley 20/2022, de 27 de diciembre, con entrada en vigor a partir del 28-12-2022** (Modificados apartados 2, 3, 5 y 6 de la disposición adicional segunda)
>
> **Precepto modificado por RD-Ley 11/2022, de 25 de junio, con entrada en vigor a partir del 27-6-2022** (Modificados apartados 2, 3, 5 y 6 de la disposición adicional segunda)
>
> **Precepto modificado por RD-Ley 2/2022, de 22 de febrero, con entrada en vigor a partir del 24-2-2022** (Modificados apartados 2, 3, 5 y 6 de la disposición adicional segunda)
>
> **Precepto modificado por RD-ley 21/2021, de 26 de octubre, con entrada en vigor a partir del 28-10-2021** (Modificados apartados 2, 3, 5 y 6 de la disposición adicional segunda)
>
> **Precepto modificado por RD-ley 16/2021, de 3 de agosto, con entrada en vigor a partir del 4-8-2021** (Modificados apartados 2, 3, 5 y 6 de la disposición adicional segunda)
>
> **Precepto modificado por RD-Ley 8/2021, de 4 de mayo, con entrada en vigor a partir del 9-5-2021** (Modificados apartados 3 y 6 de la disposición adicional segunda)

(...)

DISPOSICIONES TRANSITORIAS

Primera. Régimen aplicable a los procedimientos en curso

1. Las modificaciones introducidas en el artículo 1 del presente real decreto-ley, afectarán a los procedimientos de desahucio que puedan iniciarse desde la entrada en vigor del mismo, así como a aquellos procedimientos que se encuentren en curso en los órganos judiciales, aun cuando ya se hubiera decretado la suspensión conforme a las redacciones anteriores del Real Decreto-ley 11/2020, de 31 de marzo, por el que se adoptan medidas urgentes complementarias en el ámbito social y económico para hacer frente al COVID-19.

No obstante lo anterior, no se aplicará la suspensión prevista en el artículo 1 del referido Real Decreto-ley 11/2020, de 31 de marzo, a aquellos procedimientos de desahucio que se hubieran suspendido conforme a lo previsto en dicho artículo en los que se hubiera acordado la reanudación por quedar acreditada la vulnerabilidad económica del arrendador conforme a lo previsto en el apartado 4 del citado artículo.

2. La compensación establecida en la disposición adicional tercera será aplicable, en los términos y condiciones establecidos, a todos los procedimientos en los que se dicte la suspensión desde la entrada en vigor de este real decreto-ley, que se acojan a lo previsto en los artículos 1 y 1 bis del Real Decreto-ley 11/2020, de 31 de marzo, por el que se adoptan medidas urgentes complementarias en el ámbito social y económico para hacer frente al COVID-19.

DISPOSICIONES FINALES

Segunda. Entrada en vigor

Este real decreto-ley entrará en vigor el mismo día de su publicación en el «Boletín Oficial del Estado».

§10. Real Decreto 401/2021, de 8 de junio, por el que se aprueban las medidas necesarias para que las comunidades autónomas puedan utilizar los recursos del Plan Estatal de Vivienda 2018-2021, a fin de hacer frente a las compensaciones que procedan, y por el que se establece el procedimiento para el reconocimiento de la compensación a los propietarios y arrendadores a que se refieren los artículos 1 y 1 bis del Real Decreto-ley 11/2020, de 31 de marzo, por el que se adoptan medidas urgentes complementarias en el ámbito social y económico para hacer frente al COVID-19

(BOE n.º 137, de 9 de junio de 2021)

PREÁMBULO

I

El 9 de marzo de 2018 el Consejo de Ministros aprobó el Real Decreto 106/2018 por el que se regula el Plan Estatal de Vivienda 2018-2021.

El día 23 de marzo de 2018 el Consejo de Ministros adoptó el Acuerdo por el que se establecen las cuantías máximas de las ayudas financieras estatales para la instrumentación de las subvenciones del Plan Estatal de Vivienda 2018-2021, fijándose en una cuantía máxima de 1.443.000.000 euros.

Con la limitación establecida en dicho Acuerdo, conforme a la distribución acordada en la Conferencia Sectorial de Vivienda, Urbanismo y Suelo y de acuerdo con la cofinanciación aportada por cada comunidad autónoma o las ciudades de Ceuta y Melilla en función de lo establecido en los apartados 2 y 3 del artículo 6 del Real Decreto 106/2018, de 9 de marzo, el Ministerio de Transportes, Movilidad y Agenda Urbana suscribió los correspondientes convenios para la ejecución del Plan Estatal de Vivienda 2018-2021 con las comunidades autónomas y las ciudades de Ceuta y Melilla.

En dichos convenios, el Ministerio de Transportes, Movilidad y Agenda Urbana adquirió el compromiso financiero para los ejercicios 2018 a 2021, ambos incluidos, a fin de atender las subvenciones del Plan Estatal de Vivienda 2018-2021 por importe total de 1.373.629.658 euros.

La disposición final novena del Real Decreto-ley 11/2020, de 31 de marzo, por el que se adoptan medidas urgentes complementarias en el ámbito social y económico para hacer frente al COVID-19 autoriza al Ministerio de Transportes, Movilidad y Agenda Urbana a disponer de 100.000.000 euros con cargo al Fondo de Contingencia para ser implementados con urgencia en los compromisos financieros adquiridos en el ejercicio 2020 para atender a las subvenciones del Plan Estatal de Vivienda 2018-2021, respetando la distribución acordada por la Conferencia Sectorial de Vivienda, Urbanismo y Suelo, de forma que el compromiso financiero para los ejercicios 2018 a 2021, ambos incluidos, se elevó a 1.473.629.658 euros.

El artículo 32 del Real Decreto-ley 26/2020, de 7 de julio, de medidas de reactivación económica para hacer frente al impacto del COVID-19 en los ámbitos de transportes y vivienda, autoriza a las comunidades autónomas y a las ciudades de Ceuta y Melilla a disponer de los remanentes de fondos transferidos por el Ministerio de Transportes, Movilidad y Agenda Urbana para la ejecución del Plan Estatal de Vivienda 2018-2021 y destinarlos a ayudas del Plan durante toda la vigencia del mismo.

Conforme a todo lo anterior las comunidades autónomas y las ciudades de Ceuta y Melilla han dispuesto y disponen de fondos estatales para las subvenciones del Plan Estatal de Vivienda 2018-2021.

La Comunidad Foral de Navarra y la Comunidad Autónoma del País Vasco no están incluidas en el ámbito de aplicación del Plan Estatal de Vivienda 2018-2021 de forma que no disponen de dichos fondos. Se consideran en el seno del convenio económico entre el Estado y la Comunidad Foral de Navarra y el concierto económico con la Comunidad Autónoma del País Vasco, respectivamente.

II

El Real Decreto-ley 11/2020, de 31 de marzo, estableció en su artículo 1, entre otras medidas en defensa de las familias y colectivos vulnerables, la suspensión del procedimiento de desahucio y de los lanzamientos para hogares vulnerables sin alternativa habitacional.

El artículo 1 del Real Decreto-ley 37/2020, de 22 de diciembre, de medidas urgentes para hacer frente a las situaciones de vulnerabilidad social y económica en el ámbito de la vivienda y en materia de transportes daba nueva redacción al artículo 1 del Real Decreto-ley 11/2020, de 31 de marzo, por el que se adoptan medidas urgentes complementarias en el ámbito social y económico para hacer frente al COVID-19 e incorporaba un nuevo artículo 1 bis.

El artículo 7 del Real Decreto-ley 8/2021, de 4 de mayo, por el que se adoptan medidas urgentes en el orden sanitario, social y jurisdiccional, a aplicar tras la finalización de la vigencia del estado de alarma previsto por el Real Decreto 926/2020, de 25 de octubre, por el que se declara el estado de alarma para contener la propagación de infecciones causadas por el SARS-CoV-2, modifica la redacción de los referidos artículos 1 y 1 bis.

La nueva redacción del artículo 1 regula «la suspensión hasta el 9 de agosto de 2021 del procedimiento de desahucio y lanzamiento arrendaticios en el caso de personas económicamente vulnerables sin alternativa habitacional» y la nueva redacción del artículo 1 bis regula «la suspensión hasta el 9 de agosto de 2021 del procedimiento de desahucio y de los lanzamientos para personas económicamente vulnerables sin alternativa habitacional en los supuestos de los apartados 2º, 4º y 7º del artículo 250.1 de la Ley 1/2000, de 7 de enero, de Enjuiciamiento Civil y en aquellos otros en los que el desahucio traiga causa de un procedimiento penal».

La disposición adicional segunda del Real Decreto-ley 37/2020, de 22 de diciembre, señala que los arrendadores afectados por la suspensión extraordinaria prevista en el artículo 1 del Real Decreto-ley 11/2020, de 31 de marzo, y los propietarios de las viviendas afectadas por las medidas adoptadas conforme su artículo 1 bis, tendrán derecho a solicitar una compensación en los términos previstos en la propia disposición adicional segunda.

A su vez, la disposición adicional tercera del Real Decreto-ley 37/2020, de 22 de diciembre, posibilita que las comunidades autónomas utilicen los recursos del Plan Estatal de Vivienda 2018-2021 para hacer frente a las compensaciones que puedan proceder en su ámbito territorial según lo establecido en los artículos 1 y 1 bis del Real Decreto-ley 11/2020, de 31 de marzo.

La misma disposición adicional tercera señala que el Gobierno aprobará por real decreto las medidas necesarias para que las comunidades autónomas utilicen dichos recursos, así como el procedimiento que se seguirá para la presentación, tramitación y resolución de solicitudes.

Las compensaciones económicas que puedan proceder en los territorios de la Comunidad Foral de Navarra y la Comunidad Autónoma del País Vasco se sustanciarán en el seno de sus regímenes económicos específicos.

III

Se aprueban en este real decreto las medidas necesarias para que las comunidades autónomas y las ciudades con estatuto de autonomía de Ceuta y Melilla puedan utilizar los recursos del Plan Estatal de Vivienda 2018-2021 a fin de hacer frente a las compensaciones que puedan proceder en su ámbito territorial, así como el procedimiento aplicable, según lo establecido en los artículos 1 y 1 bis del Real Decreto-ley 11/2020, de 31 de marzo, dando cumplimiento al mandato de la disposición adicional tercera del Real Decreto-ley 37/2020, de 22 de diciembre.

El real decreto aplica los principios de buena regulación previstos en el artículo 129.1 de la Ley 39/2015, de 1 de octubre, de Procedimiento Administrativo Común de las Administraciones Públicas: necesidad, eficacia, proporcionalidad, seguridad jurídica, transparencia y eficiencia.

Respecto al principio de necesidad, la norma se adecua a un objetivo de interés general, como es la compensación a arrendadores o propietarios de vivienda en determinados supuestos de suspensión de procedimientos de desahucio y lanzamiento que protegen a las personas más vulnerables sin solución habitacional alternativa.

Respecto a los principios de eficacia y proporcionalidad, se estima que el real decreto es el instrumento jurídico adecuado, suficiente y necesario para la regulación de estas medidas tal y como se deduce del propio mandato, ya referido, de la disposición adicional tercera del Real Decreto-ley 37/2020, de 22 de diciembre.

En cuanto a los principios de seguridad jurídica y de eficiencia y transparencia, este real decreto desarrolla y aclara las medidas necesarias para la utilización por las comunidades autónomas de los recursos del Plan Estatal de Vivienda 2018-2021 para las compensaciones referidas.

El texto se ha sometido al trámite de información y audiencia pública y cuenta con la aprobación previa del Ministro de Política Territorial y Función Pública, los informes de la Abogacía del Estado, de la Intervención Delegada en el Ministerio de Transportes, Movilidad y Agenda Urbana, de la Dirección General de Régimen Jurídico Autonómico y Local y de las Secretarías Generales Técnicas del Ministerio de Hacienda y del Ministerio de Transportes, Movilidad y Agenda Urbana.

En su virtud, a propuesta del Ministro de Transportes, Movilidad y Agenda Urbana, con la aprobación previa del Ministro de Política Territorial y Función Pública, de acuerdo con el Consejo de Estado y previa deliberación del Consejo de Ministros en su reunión del día 8 de junio de 2021,

DISPONGO:

Artículo 1. Objeto

En cumplimiento de lo dispuesto en la disposición adicional tercera del Real Decreto-ley 37/2020, de 22 de diciembre, este real decreto tiene por objeto adoptar las medidas necesarias para que las comunidades autónomas puedan utilizar los recursos del Plan Estatal de Vivienda 2018-2021, para hacer frente a las compensaciones previstas en los artículos 1 y 1 bis del Real Decreto-ley 11/2020, de 31 de marzo, por el que se adoptan medidas urgentes complementarias en el ámbito social y económico para hacer frente al COVID-19, así como establecer el procedimiento que se seguirá para la presentación, tramitación y resolución de las solicitudes.

Artículo 2. Requisitos para que las comunidades autónomas puedan utilizar los recursos del Plan Estatal de Vivienda 2018-2021 para las compensaciones a arrendadores o propietarios previstas en el Real Decreto-ley 37/2020, de 22 de diciembre

Los requisitos que han de concurrir para que las comunidades autónomas y las ciudades de Ceuta y Melilla puedan utilizar los recursos del Plan Estatal de Vivienda 2018-2021 para las compensaciones a arrendadores o propietarios previstas en el Real Decreto-ley 37/2020, de 22 de diciembre, son:

1.º La remisión al Ministerio de Transportes, Movilidad y Agenda Urbana por las comunidades autónomas y las ciudades de Ceuta y Melilla, en los seis meses siguientes a la terminación del plazo para la presentación de solicitudes de compensación, de la siguiente información:

a) Número de solicitudes presentadas.

b) Número de solicitudes estimadas y desestimadas, desglosado por provincias y municipios.

c) Importe de las solicitudes desestimadas.

d) Relación de abonos efectuados y su justificación contable o certificación del órgano gestor competente.

2.º La propuesta de liquidación del importe de las compensaciones abonadas a imputar en la cantidad global correspondiente a la liquidación del convenio, formulada por las comisiones bilaterales de seguimiento de cada convenio de colaboración para la ejecución del Plan Estatal de Vivienda 2018-2021.

3.º El acuerdo de liquidación e imputación del importe de las compensaciones que será adoptado por el Secretario de Estado de Transportes, Movilidad y Agenda Urbana. Salvo que se estime procedente dictarlo antes, dicho acuerdo se incluirá en la liquidación final del convenio que cada comunidad autónoma y las ciudades de Ceuta y Melilla han suscrito con el Ministerio de Transportes, Movilidad y Agenda Urbana para la ejecución del Plan Estatal de Vivienda 2018-2021.

Artículo 3. Procedimiento para la presentación, tramitación y resolución de solicitudes formuladas por los arrendadores o propietarios de las viviendas afectadas

1. El procedimiento para la obtención de compensaciones se iniciará a instancia de parte, mediante la correspondiente solicitud, que podrá presentarse hasta el 31 de enero de 2026.

2. El arrendador o el propietario dirigirán su solicitud al órgano competente en materia de vivienda de la comunidad autónoma o de las ciudades de Ceuta y Melilla, que deberá ir acompañada de una exposición razonada y justificada de la compensación por el período que medie entre que se acordare la suspensión extraordinaria del artículo 1 del Real Decreto-ley 11/2020, de 31 de marzo, o bien la suspensión del lanzamiento del artículo 1 bis del Real Decreto-ley 11/2020, de 31 de marzo, y el momento en el que la misma se levante por el Tribunal o por alcanzar el límite temporal del 31 de diciembre de 2025, y que considere procedente sobre la base de los siguientes criterios:

a) El valor medio que correspondería a un alquiler de vivienda en el entorno en que se encuentre el inmueble, determinado a partir de los índices de referencia del precio del alquiler de vivienda u otras referencias objetivas representativas del mercado de arrendamiento. Si dicho valor fuera superior a la renta que viniera percibiendo el arrendador, la compensación consistirá en renta dejada de percibir.

b) Los gastos corrientes de la vivienda que acredite haber asumido el arrendador o propietario, por el período que medie entre que se acordare la suspensión y el momento en el que la misma se levante por el Tribunal o por alcanzar el límite temporal del 31 de diciembre de 2025.

c) En el caso de la suspensión del lanzamiento del artículo 1 bis del Real Decreto-ley citado, se deberá acreditar, por el propietario, el perjuicio económico que le ha ocasionado al encontrarse la vivienda ofertada en venta o arrendamiento con anterioridad a la entrada en el inmueble.

3. Las comunidades autónomas y ciudades de Ceuta y Melilla tramitarán las compensaciones a arrendadores o propietarios previstas en el Real Decreto-ley 37/2020, de 22 de diciembre, conforme con lo establecido en el presente real decreto y en la Ley 39/2015, de 1 de octubre, del Procedimiento Administrativo Común de las Administraciones Públicas.

La solicitud, así como el resto de trámites del procedimiento, se realizarán por medios electrónicos cuando el solicitante se encuentre entre los sujetos recogidos en el artículo 14.2 de la Ley 39/2015, de 1 de octubre. Las personas físicas podrán presentar su solicitud en cualquiera de los lugares del artículo 16.4 de la Ley 39/2015, de 1 de octubre, y realizar el resto de trámites del procedimiento por medios no electrónicos o bien ejercitar su derecho a relacionarse electrónicamente con las administraciones públicas.

4. El plazo máximo para resolver y notificar la resolución al interesado será de tres meses, si bien excepcionalmente el órgano competente podrá acordar de manera motivada ampliar el plazo en tres meses más, circunstancia que se notificará expresamente al interesado. Vencido el plazo máximo sin haberse notificado resolución expresa, el interesado podrá entenderla estimada por silencio administrativo.

5. Las comunidades autónomas y las ciudades de Ceuta y Melilla podrán desarrollar o completar este procedimiento con objeto de facilitar su gestión y la percepción de las compensaciones por el arrendador o el propietario.

Precepto modificado por RD-ley 1/2025, de 28 de enero, con entrada en vigor a partir del 30-1-2025 (Modificado artículo 3)

Precepto modificado por Res 22/01/2025, de 22 de enero, con entrada en vigor a partir del 23-1-2025 (Derogada la modificación del artículo 3 en su redacción dada por el RD-ley 9/2024, de 23 de diciembre)

Precepto modificado por RD-ley 9/2024, de 23 de diciembre, con entrada en vigor a partir del 25-12-2024 (Modificado artículo 3)

Precepto modificado por RD-Ley 8/2023, de 27 de diciembre, con entrada en vigor a partir del 29-12-2023 (Modificado artículo 3)

Precepto modificado por RD-Ley 5/2023, de 28 de junio, con entrada en vigor a partir del 30-6-2023 (Modificado artículo 3)

Precepto modificado por RD-ley 20/2022, de 27 de diciembre, con entrada en vigor a partir del 28-12-2022 (Modificado artículo 3)

Precepto modificado por RD-Ley 11/2022, de 25 de junio, con entrada en vigor a partir del 27-6-2022 (Modificado artículo 3)

Precepto modificado por RD-Ley 2/2022, de 22 de febrero, con entrada en vigor a partir del 24-2-2022 (Modificado artículo 3)

Precepto modificado por RD-ley 21/2021, de 26 de octubre, con entrada en vigor a partir del 28-10-2021 (Modificado artículo 3)

Precepto modificado por RD-ley 16/2021, de 3 de agosto, con entrada en vigor a partir del 4-8-2021 (Modificado artículo 3)

DISPOSICIÓN ADICIONAL

Única. Utilización de los recursos del Plan Estatal para el acceso a la vivienda 2022-2025

Las compensaciones a las que se refiere este real decreto que no se hayan podido realizar con los recursos del Plan Estatal de Vivienda 2018-2021, se podrán realizar con los del Plan Estatal para el acceso a la vivienda 2022-2025 regulado por Real Decreto 42/2022, de 18 de enero.

A tal efecto los requisitos que han de concurrir para que las comunidades autónomas y las ciudades de Ceuta y Melilla puedan utilizar los recursos del Plan Estatal para el acceso a la vivienda 2022-2025 para las compensaciones a arrendadores o propietarios previstas en el Real Decreto-ley 37/2020, de 22 de diciembre, son los mismos que los regulados para el Plan Estatal de Vivienda 2018-2021 en el artículo 2, con la salvedad de que el acuerdo de liquidación e imputación del importe de las compensaciones, que será adoptado por la persona titular de la Secretaría de Estado de Transportes, Movilidad y Agenda Urbana, se incluirá en la liquidación final del convenio que cada comunidad autónoma y las ciudades de Ceuta y Melilla suscriban con el Ministerio de Transportes, Movilidad y Agenda Urbana para la ejecución del Plan Estatal para el acceso a la vivienda 2022-2025, sin que proceda dictarlo antes.

Precepto modificado por RD-Ley 2/2022, de 22 de febrero, con entrada en vigor a partir del 24-2-2022 (Añadida disposición adicional única)

DISPOSICIONES FINALES

Primera. Régimen específico de financiación de las compensaciones en la Comunidad Foral de Navarra y en la Comunidad Autónoma del País Vasco

Las compensaciones que puedan proceder en los ámbitos territoriales de la Comunidad Foral de Navarra y de la Comunidad Autónoma del País Vasco según lo establecido en los artículos 1 y 1 bis del Real Decreto-ley 11/2020, de 31 de marzo, y en las disposiciones adicionales segunda y tercera el Real Decreto-ley 37/2020, de 22 de diciembre, se financiarán o imputarán en el seno del convenio económico navarro y del concierto económico con el País Vasco.

Segunda. Título competencial

Este real decreto se dicta al amparo de lo dispuesto en la regla 13.ª del artículo 149.1 de la Constitución Española, que atribuye al Estado la competencia exclusiva en materia de bases y coordinación de la planificación general de la actividad económica.

Tercera. Entrada en vigor

El presente real decreto entrará en vigor el día siguiente al de su publicación en el «Boletín Oficial del Estado».

Normativa general

§11. Real Decreto de 24 de julio de 1889, que dispone la publicación del Código Civil

(Gaceta de Madrid n.º 206, de 25 de julio de 1889)

(...)

TÍTULO III-De la comunidad de bienes

Artículo 392

Hay comunidad cuando la propiedad de una cosa o un derecho pertenece por indiviso a varias personas.

A falta de contratos, o de disposiciones especiales, se regirá la comunidad por las prescripciones de este título.

Artículo 393

El concurso de los partícipes, tanto en los beneficios como en las cargas, será proporcional a sus respectivas cuotas.

Se presumirán iguales, mientras no se pruebe lo contrario, las porciones correspondientes a los partícipes en la comunidad.

Artículo 394

Cada partícipe podrá servirse de las cosas comunes, siempre que disponga de ellas conforme a su destino y de manera que no perjudique el interés de la comunidad, ni impida a los copartícipes utilizarlas según su derecho.

Artículo 395

Todo copropietario tendrá derecho para obligar a los partícipes a contribuir a los gastos de conservación de la cosa o derecho común.

Sólo podrá eximirse de esta obligación el que renuncie a la parte que le pertenece en el dominio.

Artículo 396

Los diferentes pisos o locales de un edificio o las partes de ellos susceptibles de aprovechamiento independiente por tener salida propia a un elemento común de aquél o a la vía pública podrán ser objeto de propiedad separada, que llevará inherente un derecho de copropiedad sobre los elementos comunes del edificio, que son todos los necesarios para su adecuado uso y disfrute, tales como el suelo, vuelo, cimentaciones y cubiertas; elementos estructurales y entre ellos los pilares, vigas, forjados y muros de carga; las fachadas, con los revestimientos exteriores de terrazas, balcones y ventanas, incluyendo su imagen o configuración, los elemento de cierre que las conforman y sus revestimientos exteriores; el portal, las escaleras, porterías, corredores, pasos, muros, fosos, patios, pozos y los recintos destinados a ascensores, depósitos, contadores, telefonías o a otros servicios o instalaciones comunes, incluso aquéllos que fueren de uso privativo; los ascensores y las instalaciones, conducciones y canalizaciones para el desagüe y para el suministro de agua, gas o electricidad, incluso las de aprovechamiento de energía solar; las de agua caliente sanitaria, calefacción, aire acondicionado, ventilación o evacuación de humos; las de detección y prevención de incendios; las de portero electrónico y otras de seguridad del edificio, así como las de antenas colectivas y demás instalaciones para los servicios audiovisuales o de telecomunicación, todas ellas hasta la entrada al espacio privativo; las servidumbres y cualesquiera otros elementos materiales o jurídicos que por su naturaleza o destino resulten indivisibles.

Las partes en copropiedad no son en ningún caso susceptibles de división y sólo podrán ser enajenadas, gravadas o embargadas juntamente con la parte determinada privativa de la que son anejo inseparable.

En caso de enajenación de un piso o local, los dueños de los demás, por este solo título, no tendrán derecho de tanteo ni de retracto.

Esta forma de propiedad se rige por las disposiciones legales especiales y, en lo que las mismas permitan, por la voluntad de los interesados.

> **Nota:** Modificado artículo 396 por Ley 8/1999, de 6 de abril.

> **Nota:** Modificado artículo 396 por Ley 49/1960, de 21 de julio.

> **Nota:** Modificado artículo 396 por Ley de 26 de octubre de 1939.

Artículo 397

Ninguno de los condueños podrá, sin consentimiento de los demás, hacer alteraciones en la cosa común, aunque de ellas pudieran resultar ventajas para todos.

Artículo 398

Para la administración y mejor disfrute de la cosa común serán obligatorios los acuerdos de la mayoría de los partícipes.

No habrá mayoría sino cuando el acuerdo esté tomado por los partícipes que representen la mayor cantidad de los intereses que constituyan el objeto de la comunidad.

Si no resultare mayoría, o el acuerdo de ésta fuere gravemente perjudicial a los interesados en la cosa común, el Juez proveerá, a instancia de parte, lo que corresponda, incluso nombrar un administrador.

Cuando parte de la cosa perteneciere privadamente a un partícipe o a alguno de ellos, y otra fuere común, sólo a ésta será aplicable la disposición anterior.

Artículo 399

Todo condueño tendrá la plena propiedad de su parte y la de los frutos y utilidades que le correspondan, pudiendo en su consecuencia enajenarla, cederla o hipotecarla, y aun sustituir otro en su aprovechamiento, salvo si se tratare de derechos personales. Pero el efecto de la enajenación o de la hipoteca con relación a los condueños estará limitado a la porción que se adjudique en la división al cesar la comunidad.

Artículo 400

Ningún copropietario estará obligado a permanecer en la comunidad. Cada uno de ellos podrá pedir en cualquier tiempo que se divida la cosa común.

Esto no obstante, será válido el pacto de conservar la cosa indivisa por tiempo determinado, que no exceda de diez años. Este plazo podrá prorrogarse por nueva convención.

Artículo 401

Sin embargo, de lo dispuesto en el artículo anterior, los copropietarios no podrán exigir la división de la cosa común cuando de hacerla resulte inservible para el uso a que se destina.

Si se tratare de un edificio cuyas características lo permitan, a solicitud de cualquiera de los comuneros, la división podrá realizarse mediante la adjudicación de pisos o locales independientes, con sus elementos comunes anejos, en la forma prevista por el artículo trescientos noventa y seis.

> **Nota:** Añadido párrafo 2.º del artículo 401 por Ley 49/1960, de 21 de julio.

Artículo 402

La división de la cosa común podrá hacerse por los interesados, o por árbitros o amigables componedores, nombrados a voluntad de los partícipes.

En el caso de verificarse por árbitros o amigables componedores, deberán formar partes proporcionales al derecho de cada uno, evitando en cuanto sea posible los suplementos a metálico.

Artículo 403

Los acreedores o cesionarios de los partícipes podrán concurrir a la división de la cosa común y oponerse a la que se verifique sin su concurso. Pero no podrán impugnar la división consumada, excepto en caso de fraude, en el de haberse verificado no obstante la oposición formalmente interpuesta para impedirla, y salvo siempre los derechos del deudor o del cedente para sostener su validez.

Artículo 404

Cuando la cosa fuere esencialmente indivisible, y los condueños no convinieren en que se adjudique a uno de ellos indemnizando a los demás, se venderá y repartirá su precio.

En caso de animales de compañía, la división no podrá realizarse mediante su venta, salvo acuerdo unánime de todos los condueños.

A falta de acuerdo unánime entre los condueños, la autoridad judicial decidirá el destino del animal, teniendo en cuenta el interés de los condueños y el bienestar del animal, pudiendo preverse el reparto de los tiempos de disfrute y cuidado del animal si fuere necesario, así como las cargas asociadas a su cuidado.

> **Precepto modificado por Ley 17/2021, de 15 de diciembre, con entrada en vigor a partir del 5-1-2022 (Añadidos párrafos 2.º y 3.º del artículo 404)**

Artículo 405

La división de una cosa común no perjudicará a tercero, el cual conservará los derechos de hipoteca, servidumbre u otros derechos reales que le pertenecieren antes de hacer la partición. Conservarán igualmente su fuerza, no obstante la división, los derechos personales que pertenezcan a un tercero contra la comunidad.

Artículo 406

Serán aplicables a la división entre los partícipes en la comunidad las reglas concernientes a la división de la herencia.

(...)

TÍTULO VI-Del contrato de arrendamiento

CAPÍTULO I-Disposiciones generales

Artículo 1542

El arrendamiento puede ser de cosas, o de obras o servicios.

Artículo 1543

En el arrendamiento de cosas, una de las partes se obliga a dar a la otra el goce o uso de una cosa por tiempo determinado y precio cierto.

Artículo 1544

En el arrendamiento de obras o servicios, una de las partes se obliga a ejecutar una obra o a prestar a la otra un servicio por precio cierto.

Artículo 1545

Los bienes fungibles que se consumen con el uso no pueden ser materia de este contrato.

CAPÍTULO II-De los arrendamientos de fincas rústicas y urbanas

SECCIÓN 1.ª-Disposiciones generales

Artículo 1546

Se llama arrendador al que se obliga a ceder el uso de la cosa, ejecutar la obra o prestar el servicio; y arrendatario al que adquiere el uso de la cosa o el derecho a la obra o servicio que se obliga a pagar.

Artículo 1547

Cuando hubiese comenzado la ejecución de un contrato de arrendamiento verbal y faltare la prueba del precio convenido, el arrendatario devolverá al arrendador la cosa arrendada, abonándole, por el tiempo que la haya disfrutado, el precio que se regule.

Artículo 1548

Los progenitores o tutores, respecto de los bienes de los menores, y los administradores de bienes que no tengan poder especial, no podrán dar en arrendamiento las cosas por término que exceda de seis años.

> **Precepto modificado por Ley 8/2021, de 2 junio, con entrada en vigor a partir del 3-9-2021 (Modificado artículo 1548)**
>
> **Nota:** Modificado artículo 1548 por Ley 14/1975, de 2 de mayo.

Artículo 1549

Con relación a terceros, no surtirán efecto los arrendamientos de bienes raíces que no se hallen debidamente inscritos en el Registro de la Propiedad.

Artículo 1550

Cuando en el contrato de arrendamiento de cosas no se prohíba expresamente, podrá el arrendatario subarrendar en todo o en parte la cosa arrendada, sin perjuicio de su responsabilidad al cumplimiento del contrato para con el arrendador.

Artículo 1551

Sin perjuicio de su obligación para con el subarrendador, queda el subarrendatario obligado a favor del arrendador por todos los actos que se refieran al uso y conservación de la cosa arrendada en la forma pactada entre el arrendador y el arrendatario.

Artículo 1552

El subarrendatario queda también obligado para con el arrendador por el importe del precio convenido en el subarriendo que se halle debiendo al tiempo del requerimiento, considerando no hechos los pagos adelantados, a no haberlos verificado con arreglo a la costumbre.

Artículo 1553

Son aplicables al contrato de arrendamiento las disposiciones sobre saneamiento contenidas en el título de la compraventa.

En los casos en que proceda la devolución del precio, se hará la disminución proporcional al tiempo que el arrendatario haya disfrutado de la cosa.

SECCIÓN 2.ª-De los derechos y obligaciones del arrendador y del arrendatario

Artículo 1554

El arrendador está obligado:

1.º A entregar al arrendatario la cosa objeto del contrato.

2.º A hacer en ella durante el arrendamiento todas las reparaciones necesarias a fin de conservarla en estado de -servir para el uso a que ha sido destinada.

3.º A mantener al arrendatario en el goce pacífico del arrendamiento por todo el tiempo del contrato.

Artículo 1555

El arrendatario está obligado:

1.º A pagar el precio del arrendamiento en los términos conve-nidos.

2.º A usar de la cosa arrendada como un diligente padre de familia, destinándola al uso pactado; y, en defecto de pacto, al que se infiera de la naturaleza de la cosa arrendada según la costumbre de la tierra.

3.º A pagar los gastos que ocasione la escritura del -contrato.

Artículo 1556

Si el arrendador o el arrendatario no cumplieren las obligaciones expresadas en los artículos anteriores, podrán pedir la rescisión del contrato y la indemnización de daños y perjuicios, o sólo esto último, dejando el contrato subsistente.

Artículo 1557

El arrendador no puede variar la forma de la cosa arrendada.

Artículo 1558

Si durante el arrendamiento es necesario hacer alguna reparación urgente en la cosa arrendada que no pueda diferirse hasta la conclusión del arriendo, tiene el arrendatario obligación de tolerar la obra, aunque le sea muy molesta, y aunque durante ella se vea privado de una parte de la finca.

Si la reparación dura más de cuarenta días, debe disminuirse el precio del arriendo a proporción del tiempo y de la parte de la finca de que el arrendatario se vea privado.

Si la obra es de tal naturaleza que hace inhabitable la parte que el arrendatario y su familia necesitan para su habitación, puede éste rescindir el contrato.

Artículo 1559

El arrendatario está obligado a poner en conocimiento del propietario, en el más breve plazo posible, toda usurpación o novedad dañosa que otro haya realizado o abiertamente prepare en la cosa arrendada.

También está obligado a poner en conocimiento del dueño, con la misma urgencia, la necesidad de todas las reparaciones comprendidas en el número 2.º del artículo 1.554.

En ambos casos será responsable el arrendatario de los daños y perjuicios que por su negligencia se ocasionaren al propietario.

Artículo 1560

El arrendador no está obligado a responder de la perturbación de mero hecho que un tercero causare en el uso de la finca arrendada; pero el arrendatario tendrá acción directa contra el perturbador.

No existe perturbación de hecho cuando el tercero, ya sea la Administración, ya un particular, ha obrado en virtud de un derecho que le corresponde.

Artículo 1561

El arrendatario debe devolver la finca, al concluir el arriendo, tal como la recibió, salvo lo que hubiese perecido o se hubiera menoscabado por el tiempo o por causa inevitable.

Artículo 1562

A falta de expresión del estado de la finca al tiempo de arrendarla, la ley presume que el arrendatario la recibió en buen estado, salvo prueba en contrario.

Artículo 1563

El arrendatario es responsable del deterioro o pérdida que tuviere la cosa arrendada, a no ser que pruebe haberse ocasionado sin culpa suya.

Artículo 1564

El arrendatario es responsable del deterioro causado por las personas de su casa.

Artículo 1565

Si el arrendamiento se ha hecho por tiempo determinado, concluye el día prefijado sin necesidad de requerimiento.

Artículo 1566

Si al terminar el contrato, permanece el arrendatario disfrutando quince días de la cosa arrendada con aquiescencia del arrendador, se entiende que hay tácita reconducción por el tiempo que establecen los artículos 1.577 y 1.581, a menos que haya precedido requerimiento.

Artículo 1567

En el caso de la tácita reconducción, cesan respecto de ella las obligaciones otorgadas por un tercero para la seguridad del contrato principal.

Artículo 1568

Si se pierde la cosa arrendada o alguno de los contratantes falta al cumplimiento de lo estipulado, se observará respectivamente lo dispuesto en los artículos 1.182 y 1.183 y en los 1.101 y 1.124.

Artículo 1569

El arrendador podrá desahuciar judicialmente al arrendatario por alguna de las causas siguientes:

1.ª Haber expirado el término convencional o el que se fija para la duración de los arrendamientos en los artículos 1.577 y 1.581.

2.ª Falta de pago en el precio convenido.

3.ª Infracción de cualquiera de las condiciones estipuladas en el contrato.

4.ª Destinar la cosa arrendada a usos o servicios no pactados que la hagan desmerecer, o no sujetarse en su uso a lo que se ordena en el número segundo del artículo 1.555.

Artículo 1570

Fuera de los casos mencionados en el artículo anterior, tendrá el arrendatario derecho a aprovechar los términos establecidos en los artículos 1.577 y 1.581.

Artículo 1571

El comprador de una finca arrendada tiene derecho a que termine el arriendo vigente al verificarse la venta, salvo pacto en contrario y lo dispuesto en la Ley Hipotecaria.

Si el comprador usare de este derecho, el arrendatario podrá exigir que se le deje recoger los frutos de la cosecha que corresponda al año agrícola corriente y que el vendedor le indemnice los daños y perjuicios que se le causen.

Artículo 1572

El comprador con pacto de retraer no puede usar de la facultad de desahuciar al arrendatario hasta que haya concluido el plazo para usar del retracto.

Artículo 1573

El arrendatario tendrá, respecto de las mejoras útiles y voluntarias, el mismo derecho que se concede al usufructuario.

Artículo 1574

Si nada se hubiere pactado sobre el lugar y tiempo del pago del arrendamiento, se estará, en cuanto al lugar, a lo dispuesto en el artículo 1.171; y, en cuanto al tiempo, a la costumbre de la tierra.

SECCIÓN 3.ª-Disposiciones especiales para los arrendamientos de predios rústicos

Artículo 1575

El arrendatario no tendrá derecho a rebaja de la renta por esterilidad de la tierra arrendada o por pérdida de frutos provenientes de casos fortuitos ordinarios; pero sí, en caso de pérdida de más de la mitad de frutos por casos fortuitos extraordinarios e imprevistos, salvo siempre el pacto especial en contrario.

Entiéndese por casos fortuitos extraordinarios: el incendio, guerra, peste, inundación insólita, langosta, terremoto u otro igualmente desacostumbrado, y que los contratantes no hayan podido racionalmente prever.

Artículo 1576

Tampoco tiene el arrendatario derecho a rebaja de la renta cuando los frutos se han perdido después de estar separados de su raíz o tronco.

Artículo 1577

El arrendamiento de un predio rústico, cuando no se fija su duración, se entiende hecho por todo el tiempo necesario para la recolección de los frutos que toda la finca arrendada diere en un año o pueda dar por una vez, aunque pasen dos o más años para obtenerlos.

El de tierras labrantías, divididas en dos o más hojas, se entiende por tantos años cuantas sean éstas.

Artículo 1578

El arrendatario saliente debe permitir al entrante el uso del local y demás medios necesarios para las labores preparatorias del año siguiente; y, recíprocamente, el entrante tiene obligación de permitir al colono saliente lo necesario para la recolección y aprovechamiento de los frutos, todo con arreglo a la costumbre del pueblo.

Artículo 1579

El arrendamiento por aparcería de tierras de labor, ganados de cría o establecimientos fabriles e industriales, se regirá por las disposiciones relativas al contrato de sociedad y por las estipulaciones de las partes, y, en su defecto, por la costumbre de la tierra.

SECCIÓN 4.ª-Disposiciones especiales para el arrendamiento de predios urbanos

Artículo 1580

En defecto de pacto especial, se estará a la costumbre del pueblo para las reparaciones de los predios urbanos que deban ser de cuenta del propietario. En caso de duda se entenderán de cargo de éste.

Artículo 1581

Si no se hubiese fijado plazo al arrendamiento, se entiende hecho por años cuando se ha fijado un alquiler anual, por meses cuando es mensual, por días cuando es diario.

En todo caso cesa el arrendamiento, sin necesidad de requerimiento especial, cumplido el término.

Artículo 1582

Cuando el arrendador de una casa, o de parte de ella, destinada a la habitación de una familia, o de una tienda, o almacén, o establecimiento industrial, arrienda también los muebles, el arrendamiento de éstos se entenderá por el tiempo que dure el de la finca arrendada.

(…)

§12. Ley 1/2000, de 7 de enero, de Enjuiciamiento Civil

(BOE n.º 7, de 8 de enero de 2000)

Corrección de errores (BOE n.º 180, de 28 de julio de 2001)

Corrección de errores (BOE n.º 90, de 14 de abril de 2000)

Téngase en cuenta que el Cuerpo de Secretarios Judiciales pasa a denominarse Cuerpo de Letrados de la Administración de Justicia conforme se establece en el apartado IX del Preámbulo de la Ley Orgánica 7/2015, de 21 de julio.

(...)

LIBRO I-DE LAS DISPOSICIONES GENERALES RELATIVAS A LOS JUICIOS CIVILES

TÍTULO I-De la comparecencia y actuación en juicio

CAPÍTULO I-De la capacidad para ser parte, la capacidad procesal y la legitimación

(...)

Artículo 6. Capacidad para ser parte

1. Podrán ser parte en los procesos ante los tribunales civiles:

1.º Las personas físicas.

2.º El concebido no nacido, para todos los efectos que le sean favorables.

3.º Las personas jurídicas.

4.º Las masas patrimoniales o los patrimonios separados que carezcan transitoriamente de titular o cuyo titular haya sido privado de sus facultades de disposición y administración.

5.º Las entidades sin personalidad jurídica a las que la ley reconozca capacidad para ser parte.

6.º El Ministerio Fiscal, respecto de los procesos en que, conforme a la ley, haya de intervenir como parte.

7.º Los grupos de consumidores o usuarios afectados por un hecho dañoso cuando los individuos que lo compongan estén determinados o sean fácilmente determinables. Para demandar en juicio será necesario que el grupo se constituya con la mayoría de los afectados.

8.º Las entidades habilitadas conforme a la normativa comunitaria europea para el ejercicio de la acción de cesación en defensa de los intereses colectivos y de los intereses difusos de los consumidores y usuarios.

2. Sin perjuicio de la responsabilidad que, conforme a la ley, pueda corresponder a los gestores o a los partícipes, podrán ser demandadas, en todo caso, las entidades que, no habiendo cumplido los requisitos legalmente establecidos para constituirse en personas jurídicas, estén formadas por una pluralidad de elementos personales y patrimoniales puestos al servicio de un fin determinado.

> Precepto modificado por Ley 39/2002, de 28 de octubre, con entrada en vigor a partir del 18-11-2002 (Añadido número 8.º del apartado 1 del artículo 6)

Artículo 7. Comparecencia en juicio y representación

1. Podrán comparecer en juicio todas las personas.

2. Las personas menores de edad no emancipadas deberán comparecer mediante la representación, asistencia o autorización exigidos por la ley. En el caso de las personas con medidas de apoyo para el ejercicio de su capacidad jurídica, se estará al alcance y contenido de estas.

3. Por los concebidos y no nacidos comparecerán las personas que legítimamente los representarían si ya hubieren nacido.

4. Por las personas jurídicas comparecerán quienes legalmente las representen.

5. Las masas patrimoniales o patrimonios separados a que se refiere el número 4.º del apartado 1 del artículo anterior comparecerán en juicio por medio de quienes, conforme a la ley, las administren.

6. Las entidades sin personalidad a que se refiere el número 5.º del apartado 1 del artículo anterior comparecerán en juicio por medio de las personas a quienes la ley, en cada caso, atribuya la representación en juicio de dichas entidades.

7. Por las entidades sin personalidad a que se refiere el número 7.º del apartado 1 y el apartado 2 del artículo anterior comparecerán en juicio las personas que, de hecho o en virtud de pactos de la entidad, actúen en su nombre frente a terceros.

8. Las limitaciones a la capacidad de quienes estén sometidos a concurso y los modos de suplirlas se regirán por lo establecido en la Ley Concursal.

> **Precepto modificado por Ley 8/2021, de 2 de junio, con entrada en vigor a partir del 3-9-2021 (Modificados apartados 1 y 2 del artículo 7)**

> **Precepto modificado por Ley 22/2003, de 9 de julio, con entrada en vigor a partir del 1-9-2004 (Añadido apartado 8 del artículo 7)**

Artículo 7 bis. Ajustes para personas con discapacidad y personas mayores

1. En los procesos en los que participen personas con discapacidad y personas mayores que lo soliciten o, en todo caso, personas con una edad de ochenta años o más, se realizarán las adaptaciones y los ajustes que sean necesarios para garantizar su participación en condiciones de igualdad.

A estos efectos, se considerarán personas mayores las personas con una edad de sesenta y cinco años o más.

En el caso de las personas con discapacidad, dichas adaptaciones y ajustes se realizarán, tanto a petición de cualquiera de las partes o del Ministerio Fiscal, como de oficio por el propio tribunal.

En el caso de las personas mayores que no alcancen la edad de ochenta años, dichas adaptaciones y ajustes se realizarán a petición de la persona interesada.

En el caso de las personas con una edad de ochenta años o más dichas adaptaciones y ajustes se realizarán, tanto a petición de la persona interesada como de oficio por el propio tribunal.

Las adaptaciones se realizarán en todas las fases y actuaciones procesales en las que resulte necesario, incluyendo los actos de comunicación, y podrán venir referidas a la comunicación, la comprensión y la interacción con el entorno.

2. Las personas con discapacidad, así como las personas mayores, tienen el derecho a entender y ser entendidas en cualquier actuación que deba llevarse a cabo. A tal fin:

a) Todas las comunicaciones, orales o escritas, dirigidas a personas con discapacidad, con una edad de ochenta o más años, y a personas mayores que lo hubieran solicitado se harán en un lenguaje claro, sencillo y accesible, de un modo que tenga en cuenta sus características personales y sus necesidades, haciendo uso de medios como la lectura fácil. Si fuera necesario, la comunicación también se hará a la persona que preste apoyo a la persona con discapacidad para el ejercicio de su capacidad jurídica.

b) Se facilitará a la persona con discapacidad la asistencia o apoyos necesarios para que pueda hacerse entender, lo que incluirá la interpretación en las lenguas de signos reconocidas legalmente y los medios de apoyo a la comunicación oral de personas sordas, con discapacidad auditiva y sordociegas.

c) Se permitirá la participación de un profesional experto que a modo de facilitador realice tareas de adaptación y ajuste necesarias para que la persona con discapacidad pueda entender y ser entendida.

d) La persona con discapacidad y las personas mayores podrán estar acompañadas de una persona de su elección desde el primer contacto con las autoridades y funcionarios.

3. Todos los procedimientos, tanto en fase declarativa como de ejecución, en los que alguna de las partes interesadas sea una persona con una edad de ochenta años o más, conforme a lo dispuesto en este artículo, serán de tramitación preferente.

> **Precepto modificado por RD-Ley 6/2023, de 19 de diciembre, con entrada en vigor a partir del 20-3-2024 (Modificado artículo 7 bis)**

> **Precepto modificado por Ley 8/2021, de 2 de junio, con entrada en vigor a partir del 3-9-2021 (Añadido artículo 7 bis)**

(...)

CAPÍTULO IV-Del poder de disposición de las partes sobre el proceso y sobre sus pretensiones
(...)

Artículo 21. Allanamiento

1. Cuando el demandado se allane a todas las pretensiones del actor, el tribunal dictará sentencia condenatoria de acuerdo con lo solicitado por éste, pero si el allanamiento se hiciera en fraude de ley o supusiera renuncia contra el interés general o perjuicio de tercero, se dictará auto rechazándolo y seguirá el proceso adelante.

2. Cuando se trate de un allanamiento parcial el tribunal, a instancia del demandante, podrá dictar de inmediato auto acogiendo las pretensiones que hayan sido objeto de dicho allanamiento. Para ello será necesario que, por la naturaleza de dichas pretensiones, sea posible un pronunciamiento separado que no prejuzgue las restantes cuestiones no allanadas, respecto de las cuales continuará el proceso. Este auto será ejecutable conforme a lo establecido en los artículos 517 y siguientes de esta Ley.

3. Si el allanamiento resultase del compromiso con efectos de transacción previsto en el apartado 3 del artículo 437 para los juicios de desahucio por falta de pago de rentas o cantidades debidas, o por expiración legal o contractual del plazo, la resolución que homologue la transacción declarará que, de no cumplirse con el plazo del desalojo establecido en la transacción, ésta quedará sin efecto, y que se llevará a cabo el lanzamiento sin más trámite y sin notificación alguna al condenado, en el día y hora fijadas en la citación si ésta es de fecha posterior, o en el día y hora que se señale en dicha resolución.

> **Precepto modificado por Ley 19/2009, de 23 de noviembre, con entrada en vigor a partir del 24-12-2009 (Añadido apartado 3 del artículo 21)**

Artículo 22. Terminación del proceso por satisfacción extraprocesal o carencia sobrevenida de objeto. Caso especial de enervación del desahucio

1. Cuando, por circunstancias sobrevenidas a la demanda y a la reconvención, dejare de haber interés legítimo en obtener la tutela judicial pretendida, porque se hayan satisfecho, fuera del proceso, las pretensiones del actor y, en su caso, del demandado reconviniente o por cualquier otra causa, se pondrá de manifiesto esta circunstancia y, si hubiere acuerdo de las partes, se decretará por el Letrado de la Administración de Justicia la terminación del proceso, sin que proceda condena en costas.

2. Si alguna de las partes sostuviere la subsistencia de interés legítimo, negando motivadamente que se haya dado satisfacción extraprocesal a sus pretensiones o con otros argumentos, el Letrado de la Administración de Justicia convocará a las partes, en el plazo de diez días, a una comparecencia ante el Tribunal que versará sobre ese único objeto. Terminada la comparecencia, el tribunal decidirá mediante auto, dentro de los diez días siguientes, si procede, o no, continuar el juicio, imponiéndose las costas de estas actuaciones a quien viere rechazada su pretensión.

En el caso de que el interés legítimo que se alegara se circunscribiera a la satisfacción de las costas causadas, el letrado de la Administración de Justicia dará cuenta al tribunal, que acordará mediante auto, previa audiencia de la otra parte, la terminación del proceso, pudiendo condenar al pago de las costas conforme a los criterios establecidos en el artículo 395 de esta Ley.

Contra este auto cabrá interponer recurso de apelación.

3. Contra el auto que ordene la continuación del juicio no cabrá recurso alguno. Contra el que acuerde su terminación, cabrá recurso de apelación.

4. Los procesos de desahucio de finca urbana o rústica por falta de pago de las rentas o cantidades debidas por el arrendatario terminarán mediante decreto dictado al efecto por el letrado de la Administración de Justicia si, requerido aquél en los términos previstos en el apartado 5 del artículo 438, paga al actor o pone a su disposición en el Tribunal o notarialmente, dentro del plazo conferido en el requerimiento, el importe de las cantidades reclamadas en la demanda y el de las que adeude en el momento de dicho pago enervador del desahucio. Si el demandante se opusiera a la enervación por no cumplirse los anteriores requisitos, se citará a las partes a la vista prevenida en el artículo 443 de esta Ley, tras la cual el Juez dictará sentencia por la que declarará enervada la acción o, en otro caso, estimará la demanda habiendo lugar al desahucio.

Lo dispuesto en el párrafo anterior no será de aplicación cuando el arrendatario hubiera enervado el desahucio en una ocasión anterior, excepto que el cobro no hubiera tenido lugar por causas imputables al arrendador, ni cuando el arrendador hubiese requerido de pago al arrendatario por cualquier medio fehaciente con, al menos, treinta días de antelación a la presentación de la demanda y el pago no se hubiese efectuado al tiempo de dicha presentación.

5. La resolución que declare enervada la acción de desahucio condenará al arrendatario al pago de las costas devengadas, salvo que las rentas y cantidades debidas no se hubiesen cobrado por causas imputables al arrendador.

> **Precepto modificado por LO 1/2025, de 2 de enero, con entrada en vigor a partir del 3-4-2025 (Modificado apartado 2 del artículo 22)**
>
> **Precepto modificado por RD-Ley 6/2023, de 19 de diciembre, con entrada en vigor a partir del 20-3-2024 (Modificado párrafo 1.º del apartado 4 del artículo 22)**
>
> **Precepto modificado por Ley 4/2013, de 4 de junio, con entrada en vigor a partir del 6-6-2013 (Modificado apartado 4 del artículo 22)**
>
> **Precepto modificado por Ley 37/2011, de 10 de octubre, con entrada en vigor a partir del 31-10-2011 (Modificado apartado 4 del artículo 22)**
>
> **Precepto modificado por Ley 13/2009, de 3 de noviembre, con entrada en vigor a partir del 4-5-2010 (Modificado apartado 1 del artículo 22. Modificado párrafo 1.º del apartado 2 del artículo 22. Modificado párrafo 1.º del apartado 4 del artículo 22)**
>
> **Precepto modificado por Ley 19/2009, de 23 de noviembre, con entrada en vigor a partir del 24-12-2009 (Modificado apartado 4 del artículo 22. Añadido apartado 5 del artículo 22)**
>
> **Precepto modificado por Ley 23/2003, de 10 de julio, con entrada en vigor a partir del 11-9-2003 (Modificado párrafo 2.º del apartado 4 del artículo 22)**
>
> **Nota:** Sustituidas las referencias al "Secretario Judicial" por "Letrado de la Administración de Justicia", conforme establece la Disposición Adicional 1.ª de la Ley Orgánica 7/2015, de 21 de julio (SP/LEG/18161), con entrada en vigor a partir del 1-10-2015.

CAPÍTULO V-De la representación procesal y la defensa técnica

(...)

Artículo 30. Cesación del procurador

1. Cesará el procurador en su representación:

1.º Por la revocación expresa o tácita del poder, luego que conste en los autos. Se entenderá revocado tácitamente el poder por el nombramiento posterior de otro procurador que se haya personado en el asunto.

Si, en este último caso, el procurador que viniere actuando en el juicio suscitare cuestión sobre la efectiva existencia o sobre la validez de la representación que se atribuya el que pretenda sustituirle, previa audiencia de la persona o personas que aparezcan como otorgantes de los respectivos poderes, se resolverá la cuestión por medio de decreto.

2.º Por renuncia voluntaria o por cesar en la profesión o ser sancionado con la suspensión en su ejercicio. En los dos primeros casos, estará el procurador obligado a poner el hecho, con anticipación y de modo fehaciente, en conocimiento de su poderdante y del Tribunal. En caso de suspensión, el Colegio de Procuradores correspondiente lo hará saber al Tribunal.

Mientras no acredite en los autos la renuncia o la cesación y se le tenga por renunciante o cesante, no podrá el procurador abandonar la representación de su poderdante, en la que habrá de continuar hasta que éste provea a la designación de otro dentro del plazo de diez días.

Transcurridos éstos sin que se haya designado nuevo procurador, el Letrado de la Administración de Justicia dictará resolución en la que tendrá a aquél por definitivamente apartado de la representación que venía ostentando.

3.º Por fallecimiento del poderdante o del procurador.

En el primer caso, estará el procurador obligado a poner el hecho en conocimiento del Tribunal, acreditando en forma el fallecimiento y, si no presentare nuevo poder de los herederos o causahabientes del finado, se estará a lo dispuesto en el artículo 16.

Cuando fallezca el procurador, el Letrado de la Administración de Justicia hará saber al poderdante la defunción, a fin de que proceda a la designación de nuevo procurador en el plazo de diez días.

4.º Por separarse el poderdante de la pretensión o de la oposición que hubiere formulado y, en todo caso, por haber terminado el asunto o haberse realizado el acto para el que se hubiere otorgado el poder.

2. Cuando el poder haya sido otorgado por el representante legal de una persona jurídica, el administrador de una masa patrimonial o patrimonio separado, o la persona que, conforme a la ley, actúe en juicio representando a un ente sin personalidad, los cambios en la representación o administración de dichas personas jurídicas, masas patrimoniales o patrimonios separados, o entes sin personalidad no extinguirán el poder del procurador ni darán lugar a nueva personación.

> **Precepto modificado por Ley 13/2009, de 3 de noviembre, con entrada en vigor a partir del 4-5-2010 (Modificado apartado 1 del artículo 30)**
>
> **Nota:** Sustituidas las referencias al "Secretario Judicial" por "Letrado de la Administración de Justicia", conforme establece la Disposición Adicional 1.ª de la Ley Orgánica 7/2015, de 21 de julio (SP/LEG/18161), con entrada en vigor a partir del 1-10-2015.

Artículo 31. Intervención de abogado

1. Los litigantes serán dirigidos por abogados habilitados para ejercer su profesión en el tribunal que conozca del asunto. No podrá proveerse a ninguna solicitud que no lleve la firma de abogado.

2. Exceptuándose solamente:

1.º Los juicios verbales cuya determinación se haya efectuado por razón de la cuantía y ésta no exceda de 2.000 euros, y la petición inicial de los procedimientos monitorios conforme a lo previsto en esta Ley.

2.º Los escritos que tengan por objeto personarse en juicio, solicitar medidas urgentes con anterioridad al juicio o pedir la suspensión urgente de vistas o actuaciones. Cuando la suspensión de vistas o actuaciones que se pretenda se funde en causas que se refieran especialmente al abogado también deberá éste firmar el escrito, si fuera posible.

3.º Los escritos que tengan por objeto acreditar ante la Oficina judicial o Tribunal el cumplimiento de las actividades materiales del proceso de ejecución que les hayan sido expresamente delegadas a los procuradores por el juez, jueza o Tribunal en los términos previstos por la ley, sin perjuicio de la obligación de informar de su presentación a la dirección letrada del procedimiento.

Precepto modificado por LO 1/2025, de 2 de enero, con entrada en vigor a partir del 3-4-2025 (Modificado apartado 2 del artículo 31)

Precepto modificado por Ley 42/2015, de 5 de octubre, con entrada en vigor a partir del 7-10-2015 (Modificado número 1.º del apartado 2 del artículo 31)

Precepto modificado por Ley 4/2011, de 24 de marzo, con entrada en vigor a partir del 14-4-2011 (Modificado número 1.º del apartado 2 del artículo 31)

Nota: Cuantía del número 1 del apartado 2 del artículo 31 establecida en euros por RD 1417/2001, de 17 de diciembre. (SP/LEG/2411).

Artículo 32. Intervención no preceptiva de abogado y procurador

1. Cuando, no resultando preceptiva la intervención de abogado y procurador, el demandante pretendiere comparecer por sí mismo y ser defendido por abogado, o ser representado por procurador, o ser asistido por ambos profesionales a la vez, lo hará constar así en la demanda.

2. Recibida la notificación de la demanda, si el demandado pretendiera valerse también de abogado y procurador, lo comunicará al tribunal dentro de los tres días siguientes, pudiendo solicitar también, en su caso, el reconocimiento del derecho a la asistencia jurídica gratuita. En este último caso, el tribunal podrá acordar la suspensión del proceso hasta que se produzca el reconocimiento o denegación de dicho derecho o la designación provisional de abogado y procurador.

3. La facultad de acudir al proceso con la asistencia de los profesionales a que se refiere el apartado primero de este artículo corresponderá también al demandado, cuando el actor no vaya asistido por abogado o procurador. El demandado comunicará al tribunal su decisión en el plazo de tres días desde que se le notifique la demanda, dándose cuenta al actor de tal circunstancia. Si el demandante quisiere entonces valerse también de abogado y procurador, lo comunicará al tribunal en los tres días siguientes a la recepción de la notificación, y, si solicitare el reconocimiento del derecho a la asistencia jurídica gratuita, se podrá acordar la suspensión en los términos prevenidos en el apartado anterior.

4. En la notificación en que se comunique a una parte la intención de la parte contraria de servirse de abogado y procurador, se le informará del derecho que les corresponde según el artículo 6.3 de la Ley de Asistencia Jurídica Gratuita, a fin de que puedan realizar la solicitud correspondiente.

5. Cuando la intervención de abogado y procurador no sea preceptiva, de la eventual condena en costas de la parte contraria a la que se hubiese servido de dichos profesionales se excluirán los derechos y honorarios devengados por los mismos, salvo que el Tribunal aprecie temeridad o abuso del servicio público de Justicia en la conducta del condenado en costas o que el domicilio de la parte representada y defendida esté en partido judicial distinto a aquel en que se ha tramitado el juicio, operando en este último caso las limitaciones a que se refiere el apartado 3 del artículo 394 de esta ley. También se excluirán, en todo caso, los derechos devengados por el procurador como consecuencia de aquellas actuaciones de carácter meramente facultativo que hubieran podido ser practicadas por las Oficinas judiciales.

En el caso en el que, pese a no ser preceptiva la intervención de abogado o abogada ni de procurador o procuradora, el consumidor opte por valerse de estos profesionales para interponer demanda tras haber formulado una reclamación extrajudicial previa, en la tasación de costas se incluirá la cuenta del procurador y la minuta del abogado, en este último caso sin el límite establecido en el artículo 394.3.

Precepto modificado por LO 1/2025, de 2 de enero, con entrada en vigor a partir del 3-4-2025 (Modificado apartado 5 del artículo 32)

Precepto modificado por Ley 13/2009, de 3 de noviembre, con entrada en vigor a partir del 4-5-2010 (Modificado apartado 5 del artículo 32)

Artículo 33. Designación de procurador y de abogado

1. Fuera de los casos de designación de oficio previstos en la Ley de Asistencia Jurídica Gratuita, corresponde a las partes contratar los servicios del procurador y del abogado que les hayan de representar y defender en juicio.

2. No obstante, el litigante que no tenga derecho a la asistencia jurídica gratuita podrá pedir que se le designe abogado, procurador o ambos profesionales, cuando su intervención sea preceptiva o cuando, no siéndolo, la parte contraria haya comunicado al Tribunal que actuará defendida por abogado y representada por procurador.

En el caso de que la petición se realice por el demandado, deberá formularla en el plazo de los tres días siguientes a recibir la cédula de emplazamiento o citación.

Estas peticiones se harán y decidirán conforme a lo dispuesto en la Ley de Asistencia Jurídica Gratuita, sin necesidad de acreditar el derecho a obtener dicha asistencia, siempre que el solicitante se comprometa a pagar los honorarios y derechos de los profesionales que se le designen.

3. Cuando en un juicio de aquellos a los que se refiere el número 1.º del apartado 1 del artículo 250, alguna de las partes solicitara el reconocimiento del derecho a la asistencia jurídica gratuita, el tribunal, tan pronto como tenga noticia de este hecho, dictará una resolución motivada requiriendo de los colegios profesionales el nombramiento provisional de abogado y de procurador, cuando las designaciones no hubieran sido realizadas con anterioridad, sin perjuicio del resarcimiento posterior de los honorarios correspondientes por el solicitante si se le deniega después el derecho a la asistencia jurídica gratuita.

Dicha resolución se comunicará por el medio más rápido posible a los Colegios de Abogados y de Procuradores, tramitándose a continuación la solicitud según lo previsto en la Ley de Asistencia Jurídica Gratuita.

4. En los juicios a los que se refiere el apartado anterior, el demandado deberá solicitar el reconocimiento del derecho de asistencia jurídica gratuita o interesar la designación de abogado y procurador de oficio dentro de los tres días siguientes al de la notificación de la demanda. Si la solicitud se realizara en un momento posterior, la falta de designación de abogado y procurador por los colegios profesionales no suspenderá la celebración del juicio, salvo en los supuestos contemplados en el párrafo segundo del artículo 16 de la Ley 1/1996, de 10 de enero, de Asistencia Jurídica Gratuita.

> Precepto modificado por Ley 13/2009, de 3 de noviembre, con entrada en vigor a partir del 4-5-2010 (Modificado apartado 2 del artículo 33)

> Precepto modificado por Ley 19/2009, de 23 de noviembre, con entrada en vigor a partir del 24-12-2009 (Añadido apartado 4 del artículo 33)

> Precepto modificado por Ley 23/2003, de 10 de julio, con entrada en vigor a partir del 11-9-2003 (Añadido apartado 3 del artículo 33)

(...)

TÍTULO II-De la jurisdicción y de la competencia

CAPÍTULO II-De las reglas para determinar la competencia

SECCIÓN 2.ª-De la competencia territorial

(...)

Artículo 52. Competencia territorial en casos especiales

1. No se aplicarán los fueros establecidos en los artículos anteriores y se determinará la competencia de acuerdo con lo establecido en el presente artículo en los casos siguientes:

1.º En los juicios en que se ejerciten acciones reales sobre bienes inmuebles será tribunal competente el del lugar en que esté sita la cosa litigiosa. Cuando la acción real se ejercite sobre varias cosas inmuebles o sobre una sola que esté situada en diferentes circunscripciones, será tribunal competente el de cualquiera de éstas, a elección del demandante.

2.º En las demandas sobre presentación y aprobación de las cuentas que deban dar los administradores de bienes ajenos será tribunal competente el del lugar donde deban presentarse dichas cuentas, y no estando determinado, el del domicilio del mandante, poderdante o dueño de los bienes, o el del lugar donde se desempeñe la administración, a elección del actor.

3.º En las demandas sobre obligaciones de garantía o complemento de otras anteriores, será tribunal competente el que lo sea para conocer, o esté conociendo, de la obligación principal sobre que recayeren.

4.º En los juicios sobre cuestiones hereditarias, será competente el tribunal del lugar en que el finado tuvo su último domicilio y si lo hubiere tenido en país extranjero, el del lugar de su último domicilio en España, o donde estuviere la mayor parte de sus bienes, a elección del demandante.

5.º En los juicios en que se ejerciten acciones relativas a las medidas judiciales de apoyo de personas con discapacidad será competente el Tribunal del lugar en que resida la persona con discapacidad, conforme se establece en el apartado 3 del artículo 756.

6.º En materia de derecho al honor, a la intimidad personal y familiar y a la propia imagen y, en general, en materia de protección civil de derechos fundamentales, será competente el tribunal del domicilio del demandante, y cuando no lo tuviere en territorio español, el tribunal del lugar donde se hubiera producido el hecho que vulnere el derecho fundamental de que se trate.

7.º En los juicios sobre arrendamientos de inmuebles y en los de desahucio, será competente el tribunal del lugar en que esté sita la finca.

8.º En los juicios en materia de propiedad horizontal, será competente el tribunal del lugar en que radique la finca.

9.º En los juicios en que se pida indemnización de los daños y perjuicios derivados de la circulación de vehículos de motor será competente el tribunal del lugar en que se causaron los daños.

10.º En materia de impugnación de acuerdos sociales será tribunal competente el del lugar del domicilio social.

11.º En los procesos en que se ejerciten demandas sobre infracciones de la propiedad intelectual, será competente el tribunal del lugar en que la infracción se haya cometido o existan indicios de su comisión o en que se encuentren ejemplares ilícitos, a elección del demandante.

12.º En los juicios en materia de competencia desleal, será competente el tribunal del lugar en que el demandado tenga su establecimiento y, a falta de éste, su domicilio o lugar de residencia, y cuando no lo tuviere en territorio español, el tribunal del lugar donde se haya realizado el acto de competencia desleal o donde se produzcan sus efectos, a elección del demandante.

13.º En materia de propiedad industrial, será competente el tribunal que señale la legislación especial sobre dicha materia.

13.º bis. En los recursos contra aquellas resoluciones que agoten la vía administrativa dictadas en materia de propiedad industrial por la Oficina Española de Patentes y Marcas serán competentes las secciones especializadas en materia mercantil de la Audiencia Provincial en cuya circunscripción radique la ciudad sede del Tribunal Superior de Justicia de la Comunidad Autónoma del domicilio del demandante o, en su defecto, del domicilio del representante autorizado en España para actuar en su nombre, siempre que el Consejo General del Poder Judicial haya acordado atribuir en exclusiva a los Juzgados de lo Mercantil de esa localidad el conocimiento de los asuntos en materia de propiedad industrial. También serán competentes, a elección del demandante, las secciones especializadas de la Audiencia Provincial en cuya circunscripción radique la sede de la Oficina Española de Patentes y Marcas.

14.º En los procesos en que se ejerciten acciones para que se declare la no incorporación al contrato o la nulidad de las cláusulas de condiciones generales de la contratación, será competente el tribunal del domicilio del demandante. Y, sobre esa misma materia, cuando se ejerciten las acciones declarativa, de cesación o de retractación, será competente el tribunal del lugar donde el demandado tenga su establecimiento y, a falta de éste, el de su domicilio; y si el demandado careciere de domicilio en el territorio español, el del lugar en que se hubiera realizado la adhesión.

15.º En las tercerías de dominio o de mejor derecho que se interpongan en relación con un procedimiento administrativo de apremio, será competente el tribunal del domicilio del órgano que acordó el embargo, sin perjuicio de las especialidades previstas para las administraciones públicas en materia de competencia territorial.

16.º En los procesos en los que se ejercite la acción de cesación en defensa de los intereses tanto colectivos como difusos de los consumidores y usuarios, será competente el Tribunal del lugar donde el demandado tenga un establecimiento, y, a falta de éste, el de su domicilio; si careciere de domicilio en territorio español, el del lugar del domicilio del actor.

17.º En los procesos contra las resoluciones y actos que dicte la Dirección General de los Registros y del Notariado en materia de Registro Civil, a excepción de las solicitudes de nacionalidad por residencia, será competente el Juzgado de Primera Instancia de la capital de provincia del domicilio del recurrente.

2. Cuando las normas del apartado anterior no fueren de aplicación a los litigios en materia de seguros, ventas a plazos de bienes muebles corporales y contratos destinados a su financiación, así como en materia de contratos de prestación de servicios o relativos a bienes muebles cuya celebración hubiera sido precedida de oferta pública, será competente el tribunal del domicilio del asegurado, comprador o prestatario o el del domicilio de quien hubiere aceptado la oferta, respectivamente, o el que corresponda conforme a las normas de los artículos 50 y 51, a elección del demandante.

3. Cuando las normas de los apartados anteriores no fueren de aplicación a los litigios derivados del ejercicio de acciones individuales de consumidores o usuarios será competente, a elección del consumidor o usuario, el tribunal de su domicilio o el tribunal correspondiente conforme a los artículos 50 y 51.

> Precepto modificado por LO 7/2022, de 27 de julio, con entrada en vigor a partir del 17-8-2022 (Modificado ordinal 13.º del apartado 1 del artículo 52. Añadido ordinal 13.º bis del apartado 1 del artículo 52)
>
> Precepto modificado por Ley 8/2021, de 2 de junio, con entrada en vigor a partir del 3-9-2021 (Modificado ordinal 5.º del apartado 1 del artículo 52)
>
> Precepto modificado por Ley 20/2011, de 21 de julio, con entrada en vigor a partir del 30-4-2021 (Añadido número 17 del apartado 1 del artículo 52)
>
> Precepto modificado por Ley 42/2015, de 5 de octubre, con entrada en vigor a partir del 7-10-2015 (Modificados apartados 2 y 3 (sic) del artículo 52)
>
> Precepto modificado por Ley 39/2002, de 28 de octubre, con entrada en vigor a partir del 18-11-2002 (Añadido número 16 del apartado 1 del artículo 52)

(...)

TÍTULO V-De las actuaciones judiciales

CAPÍTULO V-De los actos de comunicación judicial

(...)

Artículo 155. Actos de comunicación con las partes aún no personadas o no representadas por procurador o procuradora. Domicilio

1. Cuando la parte no representada por procurador o procuradora venga obligada legal o contractualmente a relacionarse electrónicamente con la Administración de Justicia, el acto de comunicación se realizará por medios electrónicos de conformidad con el artículo 162.

No obstante, si el acto de comunicación tuviese por objeto el primer emplazamiento o citación, o la realización o intervención personal de las partes en determinadas actuaciones procesales, y transcurrieran tres días sin que el destinatario acceda a su contenido, se procederá a la comunicación domiciliaria mediante entrega al destinatario en los términos del artículo 161. Si esta segunda comunicación resultara infructuosa, se procederá a su publicación en el Tablón Edictal Judicial Único conforme a lo dispuesto en el artículo 164.

2. Cuando la parte no representada por procurador no venga obligada legal o contractualmente a relacionarse electrónicamente con la Administración de Justicia:

a) Si se trata del primer emplazamiento o citación al demandado, se podrá practicar por remisión a su domicilio, o en forma telemática en los términos previstos en el artículo 162.

El acto de comunicación practicado por medios electrónicos producirá plenos efectos procesales sólo en el caso de que fuese aceptado voluntariamente por su destinatario. Si puesto a disposición del destinatario en la sede judicial electrónica, no constara la recepción por el destinatario en plazo de tres días, se practicará por remisión al domicilio.

En todo caso, si constara una dirección de correo electrónico o servicio de mensajería de contacto del destinatario, se dará aviso informativo de la puesta a su disposición de la resolución tanto en el órgano judicial como en la sede judicial electrónica.

b) Si el acto de comunicación, no siendo primer emplazamiento o citación, tuviese por objeto la realización o intervención personal de las partes en determinadas actuaciones procesales, se practicará en los términos del literal a), excepto que el interviniente no obligado a ello haya optado previamente por el uso de medios electrónicos, en cuyo caso se estará a lo establecido en el literal c) para estos supuestos.

c) En el caso de actos de comunicación distintos de los previstos en los literales a) y b), las comunicaciones efectuadas surtirán plenos efectos en cuanto se acredite la correcta remisión de lo que haya de comunicarse a cualquiera de los lugares que se hayan designado como domicilio aunque no conste su recepción por el destinatario, o cuando el destinatario, sin estar obligado, haya optado por el uso de medios electrónicos y la comunicación se haya remitido en los términos previstos en el artículo 162, habiendo transcurrido tres días sin que el destinatario acceda a su contenido.

3. El domicilio del demandante será el que haya hecho constar en la demanda o en la petición o solicitud con que se inicie el proceso. Asimismo, el demandante designará, como domicilio del demandado, uno o varios de los lugares siguientes: el que aparezca en el padrón municipal o el que conste oficialmente a otros efectos, así como el que aparezca en Registro oficial o en publicaciones de colegios profesionales, cuando se tratare, respectivamente, de empresas y otras entidades o de personas que ejerzan profesión para la que deban colegiarse obligatoriamente. También podrá designarse como domicilio, a los referidos efectos, el lugar en que se desarrolle actividad profesional o laboral no ocasional. Cuando en la demanda se ejercite una acción de aquellas a las que se refiere el numeral 1.º del apartado 1 del artículo 250, se entenderá que si las partes no han acordado señalar en el contrato de arrendamiento un domicilio en el que se llevarán a cabo los actos de comunicación, éste será, a todos los efectos, el de la vivienda o local arrendado.

Si la demanda se dirigiese a una persona jurídica, podrá igualmente señalarse el domicilio de cualquiera que aparezca como administrador, gerente o apoderado de la empresa mercantil, o presidente, miembro o gestor de la Junta de cualquier asociación que apareciese en un Registro oficial.

Si el demandante designare varios lugares como domicilios, indicará el orden por el que, a su entender, puede efectuarse con éxito la comunicación.

Asimismo, el demandante deberá indicar, además de los requisitos establecidos en el artículo 399, cuantos datos conozca del demandado y que puedan ser de utilidad para la localización de éste, como número de identificación fiscal o de extranjeros, números de teléfono, de fax, dirección de correo electrónico o similares, que se utilizarán con sujeción a lo dispuesto en la Ley que regule el uso de la tecnología en la Administración de Justicia. La persona demandada, una vez comparecido, podrá designar, para sucesivas comunicaciones, un domicilio distinto, o uno de los medios de comunicación electrónica de los previstos en el artículo 162.

Cuando las partes cambiasen su domicilio durante la sustanciación del proceso, lo comunicarán inmediatamente a la oficina judicial.

Asimismo, deberán comunicar los cambios relativos a su número de teléfono, fax, dirección de correo electrónico o similares, o a cualquier otro dato identificativo que altere la práctica de los actos de comunicación realizados en virtud del artículo 162 de esta ley, siempre que estos últimos datos estén siendo utilizados como instrumentos de comunicación con la oficina judicial.

4. En el supuesto de que los actos de comunicación con las partes aún no personadas o no representadas por procurador se hubiesen practicado dos o más veces, se estará a lo establecido en el apartado 6 del artículo 152.

En la cédula de emplazamiento o citación, o en el acto de comunicación de que se trate, se hará constar expresamente esta previsión y también el derecho a solicitar asistencia jurídica gratuita.

Precepto modificado por LO 1/2025, de 2 de enero, con entrada en vigor a partir del 3-4-2025 (Modificado apartado 1 del artículo 155)

Precepto modificado por RD-Ley 6/2023, de 19 de diciembre, con entrada en vigor a partir del 20-3-2024 (Modificado artículo 155)

Precepto modificado por Ley 42/2015, de 5 de octubre, con entrada en vigor a partir del 7-10-2015 (Modificado apartado 2 del artículo 155)

Precepto modificado por Ley 13/2009, de 3 de noviembre, con entrada en vigor a partir del 4-5-2010 (Modificados apartados 1 y 5 del artículo 155)

Precepto modificado por Ley 19/2009, de 23 de noviembre, con entrada en vigor a partir del 24-12-2009 (Modificado apartado 3 del artículo 155)

Precepto modificado por Ley 23/2003, de 10 de julio, con entrada en vigor a partir del 11-9-2003 (Añadido párrafo 2.º del apartado 3 del artículo 155)

Nota: Téngase en cuenta lo establecido en la Disposición Final Duodécima de la Ley 42/2015 (SP/LEG/18525), respecto a las previsiones relativas a la obligatoriedad de todos los profesionales de la justicia y órganos y oficinas judiciales y fiscales, que aún no lo hagan, de emplear los sistemas telemáticos existentes en la Administración de Justicia para la presentación de escritos y documentos y la realización de actos de comunicación procesal en los términos de la ley procesal y de la Ley 18/2011, de 5 de julio, reguladora del uso de las tecnologías de la información y la comunicación, que entrarán en vigor el 1 de enero de 2016, respecto de los procedimientos que se inicien a partir de esta fecha y las previsiones relativas al archivo electrónico de apoderamientos apud acta y al uso por los interesados que no sean profesionales de la justicia de los sistemas telemáticos existentes en la Administración de Justicia para la presentación de escritos y documentos y la realización de actos de comunicación procesal en los términos anteriormente indicados entrarán en vigor el 1 de enero de 2017.

(...)

Artículo 161. Comunicación por medio de copia de la resolución o de cédula

1. La entrega al destinatario de la comunicación de la copia de la resolución o de la cédula se efectuará en la sede judicial electrónica, en la sede del tribunal o en el domicilio de la persona que deba ser notificada, requerida, citada o emplazada, sin perjuicio de lo previsto en el ámbito de la ejecución.

La entrega domiciliaria se documentará por medio de diligencia que será firmada por el funcionario o por el procurador que la efectúe y por la persona a quien se haga, cuyos datos identificativos se harán constar.

2. Cuando el destinatario de la comunicación sea hallado en el domicilio y se niegue a recibir la copia de la resolución o la cédula o no quiera firmar la diligencia acreditativa de la entrega, el funcionario o procurador que asuma su práctica le hará saber que la copia de la resolución o la cédula queda a su disposición en la oficina judicial, produciéndose los efectos de la comunicación, de todo lo cual quedará constancia en la diligencia.

3. Si el domicilio donde se pretende practicar la comunicación fuere el lugar en el que el destinatario tenga su domicilio según el padrón municipal, o a efectos fiscales, o según registro oficial o publicaciones de colegios profesionales, o fuere la vivienda o local arrendado al demandado, y no se encontrare allí dicho destinatario, podrá efectuarse la entrega, en sobre cerrado, a cualquier empleado, familiar o persona con la que conviva, mayor de catorce años, que se encuentre en ese lugar, o al conserje de la finca, si lo tuviere, advirtiendo al receptor que está obligado a entregar la copia de la resolución o la cédula al destinatario de ésta, o a darle aviso, si sabe su paradero, advirtiendo en todo caso al receptor de su responsabilidad en relación a la protección de los datos del destinatario.

Si la comunicación se dirigiere al lugar de trabajo no ocasional del destinatario, en ausencia de éste, la entrega se efectuará a persona que manifieste conocer a aquél o, si existiere dependencia encargada de recibir documentos u objetos, a quien estuviere a cargo de ella, con las mismas advertencias del párrafo anterior.

En la diligencia se hará constar el nombre de la persona destinataria de la comunicación y la fecha y la hora en la que fue buscada y no encontrada en su domicilio, así como el nombre de la persona que recibe la copia de la resolución o la cédula y la relación de dicha persona con el destinatario, produciendo todos sus efectos la comunicación así realizada.

4. En el caso de que no se halle a nadie en el domicilio al que se acuda para la práctica de un acto de comunicación, el letrado de la Administración de Justicia, funcionario o procurador, procurará averiguar si vive allí su destinatario.

Si ya no residiese o trabajase en el domicilio al que se acude y alguna de las personas consultadas conociese el actual, éste se consignará en la diligencia negativa de comunicación, procediéndose a la realización del acto de comunicación en el domicilio facilitado.

Si no pudiera conocerse por este medio el domicilio del demandado y el demandante no hubiera designado otros posibles domicilios, se procederá de conformidad con lo establecido en el artículo 156.

> **Precepto modificado por RD-Ley 6/2023, de 19 de diciembre, con entrada en vigor a partir del 20-3-2024 (Modificado apartado 1 del artículo 161)**

> **Precepto modificado por Ley 42/2015, de 5 de octubre, con entrada en vigor a partir del 7-10-2015 (Modificado artículo 161)**

> **Precepto modificado por Ley 13/2009, de 3 de noviembre, con entrada en vigor a partir del 4-5-2010 (Modificado párrafo 2.º del apartado 1 del artículo 161. Modificado apartado 2 del artículo 161. Modificado párrafo 1.º del apartado 3 del artículo 161. Añadido apartado 5 del artículo 161)**

> **Precepto modificado por Ley 23/2003, de 10 de julio, con entrada en vigor a partir del 11-9-2003 (Modificado párrafo 1.º del apartado 3 del artículo 161)**

> **Nota:** Sustituida la referencia al "Secretario Judicial" por "Letrado de la Administración de Justicia", conforme establece la Disposición Adicional 1.ª de la Ley Orgánica 7/2015, de 21 de julio (SP/LEG/18161), con entrada en vigor a partir del 1-10-2015.

(…)

Artículo 164. Comunicación edictal

Cuando, practicadas en su caso las averiguaciones a que se refiere el artículo 156, no pudiere conocerse el domicilio del destinatario de la comunicación, o cuando no pudiere hallársele ni efectuarse la comunicación con todos sus efectos, conforme a lo establecido en los artículos anteriores, o cuando así se acuerde en el caso a que se refiere el apartado 2 del artículo 157, el letrado o letrada de la Administración de Justicia, consignadas estas circunstancias, mandará que se haga la comunicación, a través del Tablón Edictal Judicial Único, salvaguardando en todo caso los derechos e intereses de menores, así como otros derechos y libertades que pudieran verse afectados por la publicidad de los mismos.

En todo caso en la comunicación o publicación a que se refiere el párrafo anterior, en atención al superior interés de los menores y para preservar su intimidad, deberán omitirse los datos personales, nombres y apellidos, domicilio, o cualquier otro dato o circunstancia que directa o indirectamente pudiera permitir su identificación.

En los procesos de desahucio de finca urbana o rústica por falta de pago de rentas o cantidades debidas o por expiración legal o contractual del plazo y en los procesos de reclamación de estas rentas o cantidades debidas, cuando no pudiere hallarse al arrendatario ni efectuarle la comunicación al arrendatario en los domicilios designados en el párrafo segundo del apartado 3 del artículo 155, ni hubiese comunicado de forma fehaciente con posterioridad al contrato un nuevo domicilio al arrendador, al que éste no se hubiese opuesto, se procederá, sin más trámites, a realizar la comunicación a través del Tablón Edictal Judicial Único.

> **Precepto modificado por RD-Ley 6/2023, de 19 de diciembre, con entrada en vigor a partir del 20-3-2024 (Modificado artículo 164)**

> **Precepto modificado por Ley 42/2015, de 5 de octubre, con entrada en vigor a partir del 7-10-2015 (Modificado párrafo 1.º del artículo 164)**

Precepto modificado por Ley 4/2013, de 4 de junio, con entrada en vigor a partir del 6-6-2013 (Modificado artículo 164)

Precepto modificado por Ley 13/2009, de 3 de noviembre, con entrada en vigor a partir del 4-5-2010 (Modificado párrafo 1.º del artículo 164)

Precepto modificado por Ley 19/2009, de 23 de noviembre, con entrada en vigor a partir del 24-12-2009 (Añadido último párrafo del artículo 164)

Precepto modificado por Ley 54/2007, de 28 de diciembre, con entrada en vigor a partir del 30-12-2007 (Añadido último párrafo del artículo 164)

Nota: Téngase en cuenta lo establecido en la Disposición Final Duodécima de la Ley 42/2015 (SP/LEG/18525), respecto a las previsiones relativas a la obligatoriedad de todos los profesionales de la justicia y órganos y oficinas judiciales y fiscales, que aún no lo hagan, de emplear los sistemas telemáticos existentes en la Administración de Justicia para la presentación de escritos y documentos y la realización de actos de comunicación procesal en los términos de la ley procesal y de la Ley 18/2011, de 5 de julio, reguladora del uso de las tecnologías de la información y la comunicación, que entrarán en vigor el 1 de enero de 2016, respecto de los procedimientos que se inicien a partir de esta fecha y las previsiones relativas al archivo electrónico de apoderamientos apud acta y al uso por los interesados que no sean profesionales de la justicia de los sistemas telemáticos existentes en la Administración de Justicia para la presentación de escritos y documentos y la realización de actos de comunicación procesal en los términos anteriormente indicados entrarán en vigor el 1 de enero de 2017.

Nota: Sustituida la referencia al "Secretario Judicial" por "Letrado de la Administración de Justicia", conforme establece la Disposición Adicional 1.ª de la Ley Orgánica 7/2015, de 21 de julio (SP/LEG/18161), con entrada en vigor a partir del 1-10-2015.

(...)

CAPÍTULO VIII-De las resoluciones procesales

Precepto modificado por Ley 13/2009, de 3 de noviembre, con entrada en vigor a partir del 4-5-2010 (Modificada rúbrica del Capítulo VIII del Título V del Libro I)

SECCIÓN 2.ª-De los requisitos internos de la sentencia y de sus efectos

(...)

Artículo 220. Condenas a futuro

1. Cuando se reclame el pago de intereses o de prestaciones periódicas, la sentencia podrá incluir la condena a satisfacer los intereses o prestaciones que se devenguen con posterioridad al momento en que se dicte.

2. En los casos de reclamaciones de rentas periódicas, cuando la acción de reclamación se acumule a la acción de desahucio por falta de pago o por expiración legal o contractual del plazo, y el demandante lo hubiere interesado expresamente en su escrito de demanda, la sentencia, el auto o el decreto incluirán la condena a satisfacer también las rentas debidas que se devenguen con posterioridad a la presentación de la demanda hasta la entrega de la posesión efectiva de la finca, tomándose como base de la liquidación de las rentas futuras, el importe de la última mensualidad reclamada al presentar la demanda.

Precepto modificado por Ley 4/2013, de 4 de junio, con entrada en vigor a partir del 6-6-2013 (Modificado apartado 2 del artículo 220)

Precepto modificado por Ley 19/2009, de 23 de noviembre, con entrada en vigor a partir del 24-12-2009 (Modificado artículo 220)

(...)

LIBRO II-DE LOS PROCESOS DECLARATIVOS

TÍTULO I-De las disposiciones comunes a los procesos declarativos

CAPÍTULO I-De las reglas para determinar el proceso correspondiente

Artículo 248. Clases de procesos declarativos

1. Toda contienda judicial entre partes que no tenga señalada por la Ley otra tramitación, será ventilada y decidida en el proceso declarativo que corresponda.

2. Pertenecen a la clase de los procesos declarativos:

1.º El juicio ordinario.

2.º El juicio verbal.

3. Las normas de determinación de la clase de juicio por razón de la cuantía sólo se aplicarán en defecto de norma por razón de la materia.

Artículo 249. Ámbito del juicio ordinario

1. Se decidirán en el juicio ordinario, cualquiera que sea su cuantía:

1.º Las demandas relativas a derechos honoríficos de la persona.

2.º Las que pretendan la tutela del derecho al honor, a la intimidad y a la propia imagen, y las que pidan la tutela judicial civil de cualquier otro derecho fundamental, salvo las que se refieran al derecho de rectificación. En estos procesos, será siempre parte el Ministerio Fiscal y su tramitación tendrá carácter preferente.

3.º Las demandas sobre impugnación de acuerdos sociales adoptados por Juntas o Asambleas Generales o especiales de socios o de obligacionistas o por órganos colegiados de administración en entidades mercantiles.

4.º Las demandas en materia de competencia desleal, defensa de la competencia, en aplicación de los artículos 101 y 102 del Tratado de Funcionamiento de la Unión Europea o de los artículos 1 y 2 de la Ley 15/2007, de 3 de julio, de Defensa de la Competencia, propiedad industrial, propiedad intelectual y publicidad, siempre que no versen exclusivamente sobre reclamaciones de cantidad, en cuyo caso se tramitarán por el procedimiento que les corresponda en función de la cuantía que se reclame y los recursos contra las resoluciones de la Oficina Española de patentes y marcas en materia de propiedad industrial que pongan fin a la vía administrativa que se tramitarán por los trámites del juicio verbal conforme a lo dispuesto en el artículo 250.3 de esta ley.

No obstante, se estará a lo dispuesto en el numeral 12.º del apartado 1 del artículo 250 de esta ley cuando se trate del ejercicio de la acción de cesación en defensa de los intereses colectivos y de los intereses difusos de los consumidores y usuarios en materia de publicidad.

5.º Las demandas en que se ejerciten acciones colectivas relativas a condiciones generales de contratación en los casos previstos en la legislación sobre esta materia.

6.º Las que versen sobre cualesquiera asuntos relativos a arrendamientos urbanos o rústicos de bienes inmuebles, salvo que se trate de reclamaciones de rentas o cantidades debidas por el arrendatario o del desahucio por falta de pago o por extinción del plazo de la relación arrendaticia, o salvo que sea posible hacer una valoración de la cuantía del objeto del procedimiento, en cuyo caso el proceso será el que corresponda a tenor de las reglas generales de esta ley.

7.º Las que ejerciten una acción de retracto de cualquier tipo.

8.º Cuando se ejerciten las acciones que otorga a las Juntas de Propietarios y a éstos la Ley 49/1960, de 21 de julio, sobre propiedad horizontal, siempre que no versen exclusivamente sobre reclamaciones de cantidad, en cuyo caso se tramitarán por las reglas del juicio verbal o por el procedimiento especial que corresponda.

2. Se decidirán también en el juicio ordinario las demandas cuya cuantía exceda de quince mil euros y aquéllas cuyo interés económico resulte imposible de calcular, ni siquiera de modo relativo.

> **Precepto modificado por RD-Ley 6/2023, de 19 de diciembre, con entrada en vigor a partir del 20-3-2024 (Modificado artículo 249)**

> **Precepto modificado por LO 7/2022, de 27 de julio, con entrada en vigor a partir del 17-8-2022 (Modificado ordinal 4.º del apartado 1 del artículo 249)**

> **Precepto modificado por RD-Ley 7/2019, de 1 de marzo, con entrada en vigor a partir del 6-3-2019 (Modificado número 6.º del apartado 1 del artículo 249)**

> **Precepto modificado por Ley 13/2009, de 3 de noviembre, con entrada en vigor a partir del 4-5-2010 (Modificado apartado 2 del artículo 249)**

> **Precepto modificado por Ley 19/2009, de 23 de noviembre, con entrada en vigor a partir del 24-12-2009 (Modificado número 6.º del apartado 1 del artículo 249)**

> **Precepto modificado por Ley 15/2007, de 3 de julio, con entrada en vigor a partir del 1-9-2007 (Modificado número 4.º del apartado 1 del artículo 249)**

> **Precepto modificado por Ley 39/2002, de 28 de octubre, con entrada en vigor a partir del 18-11-2002 (Modificados números 4.º y 5.º del apartado 1 del artículo 249)**

> **Nota:** Cuantía del apartado 2 del artículo 249 establecida en euros por RD 1417/2001, de 17 de diciembre. (SP/LEG/2411).

Artículo 250. Ámbito del juicio verbal

1. Se decidirán en juicio verbal, cualquiera que sea su cuantía, las demandas siguientes:

1.º Las que versen sobre reclamación de cantidades por impago de rentas y cantidades debidas y las que, igualmente, con fundamento en el impago de la renta o cantidades debidas por el arrendatario, o en la expiración del plazo fijado contractual o legalmente, pretendan que el dueño, usufructuario o cualquier otra persona con derecho a poseer una finca rústica o urbana dada en arrendamiento, ordinario o financiero o en aparcería, recuperen la posesión de dicha finca.

2.º Las que pretendan la recuperación de la plena posesión de una finca rústica o urbana, cedida en precario, por el dueño, usufructuario o cualquier otra persona con derecho a poseer dicha finca.

3.º Las que pretendan que el tribunal ponga en posesión de bienes a quien los hubiere adquirido por herencia si no estuvieren siendo poseídos por nadie a título de dueño o usufructuario.

4.º Las que pretendan la tutela sumaria de la tenencia o de la posesión de una cosa o derecho por quien haya sido despojado de ellas o perturbado en su disfrute.

Podrán pedir la inmediata recuperación de la plena posesión de una vivienda o parte de ella, siempre que se hayan visto privados de ella sin su consentimiento, la persona física que sea propietaria o poseedora legítima por otro título, las entidades sin ánimo de lucro con derecho a poseerla y las entidades públicas propietarias o poseedoras legítimas de vivienda social.

5.º Las que pretendan que el tribunal resuelva, con carácter sumario, la suspensión de una obra nueva.

6.º Las que pretendan que el tribunal resuelva, con carácter sumario, la demolición o derribo de obra, edificio, árbol, columna o cualquier otro objeto análogo en estado de ruina y que amenace causar daños a quien demande.

7.º Las que, instadas por los titulares de derechos reales inscritos en el Registro de la Propiedad, demanden la efectividad de esos derechos frente a quienes se opongan a ellos o perturben su ejercicio, sin disponer de título inscrito que legitime la oposición o la perturbación.

8.º Las que soliciten alimentos debidos por disposición legal o por otro título.

9.º Las que supongan el ejercicio de la acción de rectificación de hechos inexactos y perjudiciales.

10.º Las que pretendan que el tribunal resuelva, con carácter sumario, sobre el incumplimiento por el comprador de las obligaciones derivadas de los contratos inscritos en el Registro de Venta a Plazos de Bienes Muebles y formalizados en el modelo oficial establecido al efecto, al objeto de obtener una sentencia condenatoria que permita dirigir la ejecución exclusivamente sobre el bien o bienes adquiridos o financiados a plazos.

11.º Las que pretendan que el tribunal resuelva, con carácter sumario, sobre el incumplimiento de un contrato de arrendamiento financiero, de arrendamiento de bienes muebles, o de un contrato de venta a plazos con reserva de dominio, siempre que estén inscritos en el Registro de Venta a Plazos de Bienes Muebles y formalizados en el modelo oficial establecido al efecto, mediante el ejercicio de una acción exclusivamente encaminada a obtener la inmediata entrega del bien al arrendador financiero, al arrendador o al vendedor o financiador en el lugar indicado en el contrato, previa declaración de resolución de éste, en su caso.

12.º Las que supongan el ejercicio de la acción de cesación en defensa de los intereses colectivos y difusos de los consumidores y usuarios.

13.º Las que pretendan la efectividad de los derechos reconocidos en el artículo 160 del Código Civil. En estos casos el juicio verbal se sustanciará con las peculiaridades dispuestas en el Capítulo I del Título I del Libro IV de esta ley.

14.º Las demandas en que se ejerciten acciones individuales relativas a condiciones generales de contratación en los casos previstos en la legislación sobre esta materia.

15.º Aquéllas en las que se ejerciten las acciones que otorga a las Juntas de Propietarios y a éstos la Ley 49/1960, de 21 de julio, sobre Propiedad Horizontal, siempre que versen exclusivamente sobre reclamaciones de cantidad, sea cual fuere dicha cantidad.

16.º Aquéllas en las que se ejercite la acción de división de cosa común.

2. Se decidirán también en el juicio verbal las demandas cuya cuantía no exceda de quince mil euros y no se refieran a ninguna de las materias previstas en el apartado 1 del artículo anterior.

3. Se decidirán en juicio verbal, con las especialidades establecidas en el artículo 447 bis de esta ley, los recursos contra las resoluciones que agoten la vía administrativa dictadas en materia de propiedad industrial por la Oficina Española de Patentes y Marcas.

> **Precepto modificado por RD-Ley 6/2023, de 19 de diciembre, con entrada en vigor a partir del 20-3-2024 (Modificado artículo 250)**
>
> **Precepto modificado por LO 7/2022, de 27 de julio, con entrada en vigor a partir del 17-8-2022 (Añadido apartado 3 del artículo 250)**
>
> **Precepto modificado por Ley 5/2018, de 11 de junio, con entrada en vigor a partir del 2-7-2018 (Modificado número 4.º del apartado 1 del artículo 250)**
>
> **Precepto modificado por Ley 37/2011, de 10 de octubre, con entrada en vigor a partir del 31-10-2011 (Modificado número 11.º del apartado 1 del artículo 250)**
>
> **Precepto modificado por Ley 13/2009, de 3 de noviembre, con entrada en vigor a partir del 4-5-2010 (Renumerado número 13.º del apartado 1 del artículo 250. Su contenido se corresponde con la redacción anterior del último número del apartado 1. Modificado apartado 2 del artículo 250)**
>
> **Precepto modificado por Ley 19/2009, de 23 de noviembre, con entrada en vigor a partir del 24-12-2009 (Modificado número 1.º del apartado 1 del artículo 250)**
>
> **Precepto modificado por Ley 42/2003, de 21 de noviembre, con entrada en vigor a partir del 23-11-2003 (Añadido número 12.º (sic) del apartado 1 del artículo 250)**
>
> **Precepto modificado por Ley 39/2002, de 28 de octubre, con entrada en vigor a partir del 18-11-2002 (Añadido número 12.º del apartado 1 del artículo 250)**

Nota: Téngase en cuenta que, conforme establece el artículo 1 bis del del Real Decreto-ley 11/2020, de 31 de marzo (SP/LEG/29028), en su redacción dada por el Real Decreto-ley 1/2021, de 19 de enero (SP/LEG/32398), en todos los juicios verbales en los que se sustancien las demandas a las que se refieren los apartados 2.º, 4.º y 7.º del artículo 250.1 de la presente Ley y en aquellos otros procesos penales en los que se sustancie el lanzamiento de la vivienda habitual de aquellas personas que la estén habitando sin ningún título habilitante para ello, el Juez tendrá la facultad de suspender el lanzamiento hasta la finalización del estado de alarma.

Nota: Cuantía del apartado 2 del artículo 250 establecida en euros por RD 1417/2001, de 17 de diciembre. (SP/LEG/2411).

Artículo 251. Reglas de determinación de la cuantía

La cuantía se fijará según el interés económico de la demanda, que se calculará de acuerdo con las reglas siguientes:

1.ª Si se reclama una cantidad de dinero determinada, la cuantía de la demanda estará representada por dicha cantidad, y si falta la determinación, aun en forma relativa, la demanda se considerará de cuantía indeterminada.

2.ª Cuando el objeto del proceso sea la condena de dar bienes muebles o inmuebles, con independencia de que la reclamación se base en derechos reales o personales, se estará al valor de los mismos al tiempo de interponerse la demanda, conforme a los precios corrientes en el mercado o en la contratación de bienes de la misma clase.

Para este cálculo podrá servirse el actor de cualesquiera valoraciones oficiales de los bienes litigiosos, si no es posible determinar el valor por otros medios, sin que se pueda atribuir a los inmuebles un valor inferior al que conste en el catastro.

3.ª La anterior regla de cálculo se aplicará también:

1.º A las demandas dirigidas a garantizar el disfrute de las facultades que se derivan del dominio.

2.º A las demandas que afecten a la validez, nulidad o eficacia del título de dominio, así como a la existencia o a la extensión del dominio mismo.

3.º A aquellas otras peticiones, distintas de las establecidas en los dos casos anteriores, en que la satisfacción de la pretensión dependa de que se acredite por el demandante la condición de dueño.

4.º A las demandas basadas en el derecho a adquirir la propiedad de un bien o conjunto de bienes, ya sea por poseer un derecho de crédito que así lo reconoce, ya sea por cualquiera de los modos de adquisición de la propiedad, o por el derecho de retracto, de tanteo o de opción de compra; cuando el bien se reclame como objeto de una compraventa, tiene preferencia como criterio de valoración el precio pactado en el contrato, siempre que no sea inferior en el caso de los inmuebles a su valor catastral.

5.º Cuando el proceso verse sobre la posesión, y no sea aplicable otra regla de este artículo.

6.º A las acciones de deslinde, amojonamiento y división de la cosa común.

4.ª En los casos en que la reclamación verse sobre usufructo o la nuda propiedad, el uso, la habitación, el aprovechamiento por turnos u otro derecho real limitativo del dominio no sujeto a regla especial, el valor de la demanda se fijará atendiendo a la base imponible tributaria sobre la que gire el impuesto para la constitución o transmisión de estos derechos.

5.ª El valor de una demanda relativa a una servidumbre será el precio satisfecho por su constitución si constare y su fecha no fuese anterior en más de cinco años. En otro caso, se estimará por las reglas legales establecidas para fijar el precio de su constitución al tiempo del litigio, cualquiera que haya sido el modo de adquirirla, y, a falta de ellas, se considerará como cuantía la vigésima parte del valor de los predios dominante y sirviente, teniendo en cuenta lo dispuesto en la regla segunda de este artículo sobre bienes muebles e inmuebles.

6.ª En las demandas relativas a la existencia, inexistencia, validez o eficacia de un derecho real de garantía, el valor será el del importe de las sumas garantizadas por todos los conceptos.

7.ª En los juicios sobre el derecho a exigir prestaciones periódicas, sean temporales o vitalicias, se calculará el valor por el importe de una anualidad multiplicado por diez, salvo que el plazo de la prestación fuera inferior a un año, en que se estará al importe total de la misma.

8.ª En los juicios que versen sobre la existencia, validez o eficacia de un título obligacional, su valor se calculará por el total de lo debido, aunque sea pagadero a plazos. Este criterio de valoración será aplicable en aquellos procesos cuyo objeto sea la creación, modificación o extinción de un título obligacional o de un derecho de carácter personal, siempre que no sea aplicable otra regla de este artículo.

9.ª En los juicios sobre arrendamientos de bienes, salvo cuando tengan por objeto reclamaciones de las rentas o cantidades debidas, la cuantía de la demanda será el importe de una anualidad de renta, cualquiera que sea la periodicidad con que ésta aparezca fijada en el contrato.

10.ª En aquellos casos en que la demanda verse sobre valores negociados en Bolsa, la cuantía vendrá determinada por la media del cambio medio ponderado de los mismos, determinado conforme a la legislación aplicable durante el año natural anterior a la fecha de interposición de la demanda, o por la media del cambio medio ponderado de los valores durante el período en que éstos se hubieran negociado en Bolsa, cuando dicho período fuera inferior al año.

Si se trata de valores negociados en otro mercado secundario, la cuantía vendrá determinada por el tipo medio de negociación de los mismos durante el año natural anterior a la interposición de la demanda, en el mercado secundario en el que se estén negociando, o por el tipo medio de negociación durante el tiempo en que se hubieran negociado en el mercado secundario, cuando los valores se hayan negociado en dicho mercado por un período inferior al año.

El tipo medio de negociación o, en su caso, la media del cambio medio ponderado, se acreditará por certificación expedida por el órgano rector del mercado secundario de que se trate.

Si los valores carecen de negociación, la cuantía se calculará de acuerdo con las normas de valoración contable vigentes en el momento de interposición de la demanda.

11.ª Cuando la demanda tenga por objeto una prestación de hacer, su cuantía consistirá en el coste de aquello cuya realización se inste o en el importe de los daños y perjuicios derivados del incumplimiento, sin que en este caso sean acumulables ambas cantidades, salvo si además de instarse el cumplimiento, se pretende también la indemnización. El importe o cálculo de los daños y perjuicios habrá de ser tenido en cuenta cuando la prestación sea personalísima o consista en un no hacer, y ello incluso si lo que se insta con carácter principal es el cumplimiento.

12.ª En los pleitos relativos a una herencia o a un conjunto de masas patrimoniales o patrimonios separados, se aplicarán las reglas anteriores respecto de los bienes, derechos o créditos que figuren comprendidos en la herencia o en el patrimonio objeto del litigio.

> **Precepto modificado por Ley 19/2009, de 23 de noviembre, con entrada en vigor a partir del 24-12-2009 (Modificada regla 9.ª del artículo 251)**

Artículo 252. Reglas especiales en casos de procesos con pluralidad de objetos o de partes

Cuando en el proceso exista pluralidad de objetos o de partes, la cuantía de la demanda se calculará de acuerdo con las reglas siguientes:

1.ª Cuando en la demanda se acumulen varias acciones principales, que no provengan de un mismo título, la cuantía de la demanda vendrá determinada por la cuantía de la acción de mayor valor. Idéntico criterio se seguirá para el caso de que las acciones estén acumuladas de forma eventual.

2.ª Si las acciones acumuladas provienen del mismo título o con la acción principal se piden accesoriamente intereses, frutos, rentas o daños y perjuicios, la cuantía vendrá determinada por la suma del valor de todas las acciones acumuladas. Pero si el importe de cualquiera de las acciones no fuera cierto y líquido, sólo se tomará en cuenta el valor de las acciones cuyo importe sí lo fuera.

Para la fijación del valor no se tomarán en cuenta los frutos, intereses o rentas por correr, sino sólo los vencidos. Tampoco se tomará en cuenta la petición de condena en costas.

Sin perjuicio de lo anterior, si las acciones acumuladas fueran la de desahucio por falta de pago o por expiración legal o contractual del plazo, y la de reclamación de rentas o cantidades debidas, la cuantía de la demanda vendrá determinada por la acción de mayor valor.

3.ª Cuando en una misma demanda se acumulen varias acciones reales referidas a un mismo bien mueble o inmueble, la cuantía nunca podrá ser superior al valor de la cosa litigiosa.

4.ª Cuando se reclamen varios plazos vencidos de una misma obligación se tomará en cuenta como cuantía la suma de los importes reclamados, salvo que se pida en la demanda declaración expresa sobre la validez o eficacia de la obligación, en que se estará al valor total de la misma. Si el importe de alguno de los plazos no fuera cierto, se excluirá éste del cómputo de la cuantía.

5.ª No afectarán a la cuantía de la demanda, o a la de la clase de juicio a seguir por razón de la cuantía, la reconvención ni la acumulación de autos.

6.ª La concurrencia de varios demandantes o de varios demandados en una misma demanda en nada afectará a la determinación de la cuantía, cuando la petición sea la misma para todos ellos. Lo mismo ocurrirá cuando los demandantes o demandados lo sean en virtud de vínculos de solidaridad.

7.ª Cuando la pluralidad de partes determine también la pluralidad de las acciones afirmadas, la cuantía se determinará según las reglas de determinación de la cuantía que se contienen en este artículo.

8.ª En caso de ampliación de la demanda, se estará también a lo ordenado en las reglas anteriores.

> **Precepto modificado por Ley 19/2009, de 23 de noviembre, con entrada en vigor a partir del 24-12-2009 (Modificada regla 2.ª del artículo 252)**

(...)

TÍTULO II-Del juicio ordinario

CAPÍTULO I-De las alegaciones iniciales

SECCIÓN 1.ª-De la demanda y su objeto

Artículo 399. La demanda y su contenido

1. El juicio principiará por demanda, en la que, consignados de conformidad con lo que se establece en el artículo 155 los datos y circunstancias de identificación del actor y del demandado y el domicilio o residencia en que pueden ser emplazados, se expondrán numerados y separados los hechos y los fundamentos de derecho, y se fijará con claridad y precisión lo que se pida.

Asimismo, el demandante consignará un número de teléfono, dispositivo electrónico, servicio de mensajería simple o una dirección de correo electrónico, de disponer de ellos, a los meros efectos de contacto por el tribunal.

En el supuesto de que se trate de personas obligadas a relacionarse electrónicamente con la Administración de Justicia, o que elijan hacerlo pese a no venir obligadas a ello, se consignarán necesariamente un número de teléfono y una dirección de correo electrónico.

Además, se indicarán cualquiera de los medios previstos en el apartado 1 del artículo 162, a través de los cuales se podrán realizar notificaciones, requerimientos o emplazamientos personales, incluidos, en su caso, los actos de comunicación correspondientes al procedimiento de ejecución.

Los actos de comunicación a través de dichos medios deberán realizarse en la forma y con las garantías previstas en el artículo 162 para su debida constancia.

2. Junto a la designación del actor se hará mención del nombre y apellidos del procurador y del abogado, cuando intervengan.

3. Los hechos se narrarán de forma ordenada y clara con objeto de facilitar su admisión o negación por el demandado al contestar. Con igual orden y claridad se expresarán los documentos, medios e instrumentos que se aporten en relación con los hechos que fundamenten las pretensiones y, finalmente, se formularán valoraciones o razonamientos sobre éstos, si parecen convenientes para el derecho del litigante.

Así mismo, se hará constar en la demanda la descripción del proceso de negociación previo llevado a cabo o la imposibilidad del mismo, conforme a lo establecido en el ordinal 4.º del artículo 264, y se manifestarán, en su caso, los documentos que justifiquen que se ha acudido a un medio adecuado de solución de controversias, salvo en los supuestos exceptuados en la Ley de este requisito de procedibilidad.

4. En los fundamentos de derecho, además de los que se refieran al asunto de fondo planteado, se incluirán, con la adecuada separación, las alegaciones que procedan sobre capacidad de las partes, representación de ellas o del procurador, jurisdicción, competencia y clase de juicio en que se deba sustanciar la demanda, así como sobre cualesquiera otros hechos de los que pueda depender la validez del juicio y la procedencia de una sentencia sobre el fondo.

5. En la petición, cuando sean varios los pronunciamientos judiciales que se pretendan, se expresarán con la debida separación. Las peticiones formuladas subsidiariamente, para el caso de que las principales fuesen desestimadas, se harán constar por su orden y separadamente.

> Precepto modificado por LO 1/2025, de 2 de enero, con entrada en vigor a partir del 3-4-2025 (Modificados apartados 1 y 3 del artículo 399)

> Precepto modificado por RD-Ley 6/2023, de 19 de diciembre, con entrada en vigor a partir del 20-3-2024 (Modificado apartado 1 del artículo 399)

Artículo 400. Preclusión de la alegación de hechos y fundamentos jurídicos

1. Cuando lo que se pida en la demanda pueda fundarse en diferentes hechos o en distintos fundamentos o títulos jurídicos, habrán de aducirse en ella cuantos resulten conocidos o puedan invocarse al tiempo de interponerla, sin que sea admisible reservar su alegación para un proceso ulterior.

La carga de la alegación a que se refiere el párrafo anterior se entenderá sin perjuicio de las alegaciones complementarias o de hechos nuevos o de nueva noticia permitidas en esta Ley en momentos posteriores a la demanda y a la contestación.

2. De conformidad con lo dispuesto en al apartado anterior, a efectos de litispendencia y de cosa juzgada, los hechos y los fundamentos jurídicos aducidos en un litigio se considerarán los mismos que los alegados en otro juicio anterior si hubiesen podido alegarse en éste.

Artículo 401. Momento preclusivo de la acumulación de acciones. Ampliación objetiva y subjetiva de la demanda

1. No se permitirá la acumulación de acciones después de contestada la demanda.

2. Antes de la contestación podrá ampliarse la demanda para acumular nuevas acciones a las ya ejercitadas o para dirigirlas contra nuevos demandados. En tal caso, el plazo para contestar a la demanda se volverá a contar desde el traslado de la ampliación de la demanda.

Artículo 402. Oposición a la acumulación de acciones

El demandado podrá oponerse en la contestación a la demanda a la acumulación pretendida, cuando no se acomode a lo dispuesto en los artículos 71 y siguientes de esta Ley. Sobre esta oposición se resolverá en la audiencia previa al juicio.

Artículo 403. Admisión y casos excepcionales de inadmisión de la demanda

1. Las demandas sólo se inadmitirán en los casos y por las causas expresamente previstas en esta Ley.

2. No se admitirán las demandas cuando no se acompañen a ella los documentos que la ley expresamente exija para la admisión de aquellas, cuando no se hagan constar las circunstancias a las que se refiere el segundo párrafo del apartado 3 del artículo 399 en los casos en que se haya acudido a un medio adecuado de solución de controversias por exigirlo la ley como requisito de procedibilidad o cuando no se hayan efectuado los requerimientos, reclamaciones o consignaciones que se exijan en casos especiales.

> Precepto modificado por LO 1/2025, de 2 de enero, con entrada en vigor a partir del 3-4-2025 (Modificado apartado 2 del artículo 403)

Precepto modificado por LO 7/2015, de 21 de julio, con entrada en vigor a partir del 1-10-2015 (Modificado artículo 403)

Artículo 404. Admisión de la demanda, emplazamiento al demandado y plazo para la contestación

El Letrado de la Administración de Justicia, examinada la demanda, dictará decreto admitiendo la misma y dará traslado de ella al demandado para que la conteste en el plazo de veinte días.

2. El Letrado de la Administración de Justicia, no obstante, dará cuenta al Tribunal para que resuelva sobre la admisión en los siguientes casos:

1) cuando estime falta de jurisdicción o competencia del Tribunal o

2) cuando la demanda adoleciese de defectos formales y no se hubiesen subsanado por el actor en el plazo concedido para ello por el Letrado de la Administración de Justicia.

3. En los procesos en los que sean de aplicación los artículos 81 y 82 del Tratado de la Comunidad Europea o los artículos 1 y 2 de la Ley de Defensa de la Competencia, el Letrado de la Administración de Justicia dará traslado a la Comisión Nacional de la Competencia de la resolución admitiendo la demanda en el plazo previsto en el párrafo primero.

Precepto modificado por Ley 13/2009, de 3 de noviembre, con entrada en vigor a partir del 4-5-2010 (Modificado artículo 404)

Precepto modificado por Ley 15/2007, de 3 de julio, con entrada en vigor a partir del 1-9-2007 (Añadido párrafo 2.º del artículo 404)

Nota: Sustituidas las referencias al "Secretario Judicial" por "Letrado de la Administración de Justicia", conforme establece la Disposición Adicional 1.ª de la Ley Orgánica 7/2015, de 21 de julio (SP/LEG/18161), con entrada en vigor a partir del 1-10-2015.

SECCIÓN 2.ª-De la contestación a la demanda y de la reconvención

Artículo 405. Contestación y forma de la contestación a la demanda

1. En la contestación a la demanda, que se redactará en la forma prevenida para ésta en el artículo 399, el demandado deberá asumir idéntico compromiso que la persona demandante a los efectos de recibir notificaciones, requerimientos o emplazamientos personales directamente procedentes del órgano judicial, en los supuestos legalmente previstos o cuando actúe sin procurador o procuradora y siempre que se trate de personas obligadas a relacionarse electrónicamente con la Administración de Justicia, y expondrá los fundamentos de su oposición a las pretensiones del actor, alegando las excepciones materiales que tuviere por conveniente. Si considerare inadmisible la acumulación de acciones, lo manifestará así, expresando las razones de la inadmisibilidad. También podrá manifestar en la contestación su allanamiento a alguna o algunas de las pretensiones del actor, así como a parte de la única pretensión aducida.

2. En la contestación a la demanda habrán de negarse o admitirse los hechos aducidos por el actor. El tribunal podrá considerar el silencio o las respuestas evasivas del demandado como admisión tácita de los hechos que le sean perjudiciales.

3. También habrá de aducir el demandado, en la contestación a la demanda, las excepciones procesales y demás alegaciones que pongan de relieve cuanto obste a la válida prosecución y término del proceso mediante sentencia sobre el fondo.

4. En cuanto a la subsanación de los posibles defectos del escrito de contestación a la demanda, será de aplicación lo dispuesto en el subapartado 2 del apartado 2 del artículo anterior.

Precepto modificado por RD-Ley 6/2023, de 19 de diciembre, con entrada en vigor a partir del 20-3-2024 (Modificado apartado 1 del artículo 405)

Precepto modificado por Ley 13/2009, de 3 de noviembre, con entrada en vigor a partir del 4-5-2010 (Añadido apartado 4 del artículo 405)

Artículo 406. Contenido y forma de la reconvención. Inadmisibilidad de la reconvención no conexa con la demanda y de la reconvención implícita

1. Al contestar a la demanda, el demandado podrá, por medio de reconvención, formular la pretensión o pretensiones que crea que le competen respecto del demandante. Sólo se admitirá la reconvención si existiere conexión entre sus pretensiones y las que sean objeto de la demanda principal.

2. No se admitirá la reconvención cuando el Juzgado carezca de competencia objetiva por razón de la materia o de la cuantía o cuando la acción que se ejercite deba ventilarse en juicio de diferente tipo o naturaleza.

Sin embargo, podrá ejercitarse mediante reconvención la acción conexa que, por razón de la cuantía, hubiere de ventilarse en juicio verbal.

De igual modo, si se estuviera tramitando un proceso ante un Juzgado de Primera Instancia y se planteara mediante reconvención una acción conexa a la principal que fuera competencia de los Juzgados de lo Mercantil, previa audiencia del actor y demás partes personadas por un plazo de cinco días, el Juzgado de Primera Instancia deberá inhibirse del conocimiento del asunto, remitiendo los autos en el estado en que se hallen al Juez de lo Mercantil que resulte competente.

Se procederá de la misma manera cuando el demandado alegare la nulidad a que se refiere el apartado 2 del artículo 408 y ésta se fundare en una materia competencia de los Juzgados de lo Mercantil.

El auto que inadmita la reconvención por falta de competencia objetiva para conocer de la acción reconvencional podrá ser recurrido en apelación, suspendiéndose la tramitación del procedimiento principal hasta que dicho recurso sea resuelto.

3. La reconvención se propondrá a continuación de la contestación y se acomodará a lo que para la demanda se establece en el artículo 399. La reconvención habrá de expresar con claridad la concreta tutela judicial que se pretende obtener respecto del actor y, en su caso, de otros sujetos. En ningún caso se considerará formulada reconvención en el escrito del demandado que finalice solicitando su absolución respecto de la pretensión o pretensiones de la demanda principal.

4. Será de aplicación a la reconvención lo dispuesto para la demanda en el artículo 400.

> **Precepto modificado por LO 7/2022, de 27 de julio, con entrada en vigor a partir del 17-8-2022 (Añadidos párrafos 3.º, 4.º y 5º del apartado 2 del artículo 406)**

Artículo 407. Destinatarios de la demanda reconvencional. Contestación a la reconvención

1. La reconvención podrá dirigirse también contra sujetos no demandantes, siempre que puedan considerarse litisconsortes voluntarios o necesarios del actor reconvenido por su relación con el objeto de la demanda reconvencional.

2. El actor reconvenido y los sujetos expresados en el apartado anterior podrán contestar a la reconvención en el plazo de veinte días a partir de la notificación de la demanda reconvencional. Esta contestación se ajustará a lo dispuesto en el artículo 405.

Artículo 408. Tratamiento procesal de la alegación de compensación y de la nulidad del negocio jurídico en que se funde la demanda. Cosa juzgada

1. Si, frente a la pretensión actora de condena al pago de cantidad de dinero, el demandado alegare la existencia de crédito compensable, dicha alegación podrá ser controvertida por el actor en la forma prevenida para la contestación a la reconvención, aunque el demandado sólo pretendiese su absolución y no la condena al saldo que a su favor pudiera resultar.

2. Si el demandado adujere en su defensa hechos determinantes de la nulidad absoluta del negocio en que se funda la pretensión o pretensiones del actor y en la demanda se hubiere dado por supuesta la validez del negocio, el actor podrá pedir al Letrado de la Administración de Justicia contestar a la referida alegación de nulidad en el mismo plazo establecido para la contestación a la reconvención, y así lo dispondrá el Letrado de la Administración de Justicia mediante decreto.

3. La sentencia que en definitiva se dicte habrá de resolver sobre los puntos a que se refieren los apartados anteriores de este artículo y los pronunciamientos que la sentencia contenga sobre dichos puntos tendrán fuerza de cosa juzgada.

Precepto modificado por Ley 13/2009, de 3 de noviembre, con entrada en vigor a partir del 4-5-2010 (Modificado apartado 2 del artículo 408)

Nota: Sustituidas las referencias al "Secretario Judicial" por "Letrado de la Administración de Justicia", conforme establece la Disposición Adicional 1.ª de la Ley Orgánica 7/2015, de 21 de julio (SP/LEG/18161), con entrada en vigor a partir del 1-10-2015.

Artículo 409. Sustanciación y decisión de las pretensiones de la contestación y la reconvención

Las pretensiones que deduzca el demandado en la contestación y, en su caso, en la reconvención, se sustanciarán y resolverán al propio tiempo y en la misma forma que las que sean objeto de la demanda principal.

SECCIÓN 3.ª-De los efectos de la pendencia del proceso

Artículo 410. Comienzo de la litispendencia

La litispendencia, con todos sus efectos procesales, se produce desde la interposición de la demanda, si después es admitida.

Artículo 411. Perpetuación de la jurisdicción

Las alteraciones que una vez iniciado el proceso, se produzcan en cuanto al domicilio de las partes, la situación de la cosa litigiosa y el objeto del juicio no modificarán la jurisdicción y la competencia, que se determinarán según lo que se acredite en el momento inicial de la litispendencia.

Artículo 412. Prohibición del cambio de demanda y modificaciones admisibles

1. Establecido lo que sea objeto del proceso en la demanda, en la contestación y, en su caso, en la reconvención, las partes no podrán alterarlo posteriormente.

2. Lo dispuesto en el apartado anterior ha de entenderse sin perjuicio de la facultad de formular alegaciones complementarias, en los términos previstos en la presente Ley.

Artículo 413. Influencia del cambio de circunstancias en la sentencia sobre el fondo. Satisfacción extraprocesal. Pérdida de interés legítimo

1. No se tendrán en cuenta en la sentencia las innovaciones que, después de iniciado el juicio, introduzcan las partes o terceros en el estado de las cosas o de las personas que hubiere dado origen a la demanda y, en su caso, a la reconvención, excepto si la innovación privare definitivamente de interés legítimo las pretensiones que se hubieran deducido en la demanda o en la reconvención, por haber sido satisfechas extraprocesalmente o por cualquier otra causa.

2. Cuando, según lo previsto en el apartado anterior, las pretensiones hayan quedado privadas de interés legítimo, se estará a lo dispuesto en el artículo 22.

CAPÍTULO II-De la audiencia previa al juicio

Artículo 414. Finalidad, momento procesal y sujetos intervinientes en la audiencia

1. Una vez contestada la demanda y, en su caso, la reconvención, o transcurridos los plazos correspondientes, el letrado o letrada de la Administración de Justicia, dentro del tercer día, convocará a las partes a una audiencia, que habrá de celebrarse en el plazo de veinte días desde la convocatoria.

La audiencia tendrá por objeto intentar que las partes puedan alcanzar un acuerdo o transacción que ponga fin al proceso, examinar las cuestiones procesales que pudieran obstar a la prosecución de éste y a su terminación mediante sentencia sobre su objeto, fijar con precisión dicho objeto y los extremos, de hecho o de derecho, sobre los que exista controversia entre las partes y, en su caso, proponer y admitir la prueba.

2. Las partes habrán de comparecer en la audiencia asistidas de abogado.

Las partes y sus representantes procesales deberán comparecer por videoconferencia o mediante la utilización de medios electrónicos para la reproducción del sonido y, en su caso, de la imagen, con los requisitos establecidos en el artículo 137 bis, cuando el tribunal lo acordase de oficio o a instancia de alguna de las partes.

Al efecto del intento de arreglo o transacción, cuando las partes no concurrieren personalmente sino a través de su procurador o procuradora, habrán de otorgar a éste o ésta poder para renunciar, allanarse o transigir. Si no concurrieren personalmente ni otorgaren aquel poder, se les tendrá por no comparecidos a la audiencia.

3. Si no compareciere a la audiencia ninguna de las partes, se levantará acta haciéndolo constar y el tribunal, sin más trámites, dictará auto de sobreseimiento del proceso, ordenando el archivo de las actuaciones.

También se sobreseerá el proceso si a la audiencia sólo concurriere el demandado y no alegare interés legítimo en que continúe el procedimiento para que se dicte sentencia sobre el fondo. Si fuere el demandado quien no concurriere, la audiencia se entenderá con el actor en lo que resultare procedente.

4. Cuando faltare a la audiencia el abogado del demandante, se sobreseerá el proceso, salvo que el demandado alegare interés legítimo en la continuación del procedimiento para que se dicte sentencia sobre el fondo. Si faltare el abogado del demandado, la audiencia se seguirá con el demandante en lo que resultare procedente.

> **Precepto modificado por LO 1/2025, de 2 de enero, con entrada en vigor a partir del 3-4-2025 (Modificado apartado 1 del artículo 414)**
>
> **Precepto modificado por RD-Ley 6/2023, de 19 de diciembre, con entrada en vigor a partir del 20-3-2024 (Modificado apartado 2 del artículo 414)**
>
> **Precepto modificado por Ley 5/2012, de 6 de julio, con entrada en vigor a partir del 27-7-2012 (Sustituido párrafo 2.º del apartado 1 del artículo 414)**
>
> **Precepto modificado por RD-Ley 5/2012, de 5 de marzo, con entrada en vigor a partir del 7-3-2012 (Modificado párrafo 2.º del apartado 1 del artículo 414)**
>
> **Precepto modificado por Ley 13/2009, de 3 de noviembre, con entrada en vigor a partir del 4-5-2010 (Modificado apartado 1 del artículo 414)**
>
> **Nota:** Sustituida la referencia al "Secretario Judicial" por "Letrado de la Administración de Justicia", conforme establece la Disposición Adicional 1.ª de la Ley Orgánica 7/2015, de 21 de julio (SP/LEG/18161), con entrada en vigor a partir del 1-10-2015.

Artículo 415. Intento de solución extrajudicial de la controversia. Sobreseimiento por desistimiento bilateral. Homologación y eficacia del acuerdo

1. Comparecidas las partes, el tribunal declarará abierto el acto y comprobará si subsiste el litigio entre ellas.

Si manifestasen haber llegado a un acuerdo o se mostrasen dispuestas a concluirlo de inmediato, podrán desistir del proceso o solicitar del tribunal que homologue lo acordado.

Las partes de común acuerdo podrán también solicitar la suspensión del proceso de conformidad con lo previsto en el artículo 19.4, para someterse a un medio adecuado de solución de controversias.

En este caso, el tribunal examinará previamente la concurrencia de los requisitos de capacidad jurídica y poder de disposición de las partes o de sus representantes debidamente acreditados, que asistan al acto.

2. El acuerdo homologado judicialmente surtirá los efectos atribuidos por la ley a la transacción judicial y podrá llevarse a efecto por los trámites previstos para la ejecución de sentencias y convenios judicialmente aprobados. Dicho acuerdo podrá impugnarse por las causas y en la forma que se prevén para la transacción judicial.

3. Si las partes no hubiesen llegado a un acuerdo o no se mostrasen dispuestas a concluirlo de inmediato, la audiencia continuará según lo previsto en los artículos siguientes. Cuando se hubiera suspendido el proceso

para acudir a un medio adecuado de solución de controversias, terminada dicha actividad, cualquiera de las partes podrá solicitar que se alce la suspensión y se señale fecha para la continuación de la audiencia.

> Precepto modificado por LO 1/2025, de 2 de enero, con entrada en vigor a partir del 3-4-2025 (Modificado artículo 415)

> Precepto modificado por Ley 42/2015, de 5 de octubre, con entrada en vigor a partir del 7-10-2015 (Modificado apartado 1 del artículo 415)

> Precepto modificado por Ley 5/2012, de 6 de julio, con entrada en vigor a partir del 27-7-2012 (Modificados apartados 1 y 3 del artículo 415)

> Precepto modificado por RD-Ley 5/2012, de 5 de marzo, con entrada en vigor a partir del 7-3-2012 (Modificados apartados 1 y 3 del artículo 415)

Artículo 416. Examen y resolución de cuestiones procesales, con exclusión de las relativas a jurisdicción y competencia

1. Descartado el acuerdo entre las partes, el tribunal resolverá, del modo previsto en los artículos siguientes, sobre cualesquiera circunstancias que puedan impedir la válida prosecución y término del proceso mediante sentencia sobre el fondo y, en especial, sobre las siguientes:

1.ª Falta de capacidad de los litigantes o de representación en sus diversas clases;

2.ª Cosa juzgada o litispendencia;

3.ª Falta del debido litisconsorcio;

4.ª Inadecuación del procedimiento;

5.ª Defecto legal en el modo de proponer la demanda o, en su caso, la reconvención, por falta de claridad o precisión en la determinación de las partes o de la petición que se deduzca.

2. En la audiencia, el demandado no podrá impugnar la falta de jurisdicción o de competencia del tribunal, que hubo de proponer en forma de declinatoria según lo dispuesto en los artículos 63 y siguientes de esta Ley.

Lo dispuesto en el párrafo anterior se entiende sin perjuicio de lo previsto en la ley sobre apreciación por el tribunal, de oficio, de su falta de jurisdicción o de competencia.

Artículo 417. Orden de examen de las cuestiones procesales y resolución sobre ellas

1. Cuando la audiencia verse sobre varias circunstancias de las referidas en el artículo anterior, se examinarán y resolverán por el orden en que aparecen en los artículos siguientes.

2. Cuando sea objeto de la audiencia más de una de las cuestiones y circunstancias del artículo anterior, el tribunal, dentro de los cinco días siguientes a la audiencia, se pronunciará en un mismo auto sobre todas las suscitadas que, conforme a los artículos siguientes, no resuelva oralmente en la misma audiencia.

Artículo 418. Defectos de capacidad o representación. Efectos de su no subsanación o corrección. Declaración de rebeldía

1. Cuando el demandado haya alegado en la contestación o el actor aduzca en la audiencia defectos de capacidad o representación, que sean subsanables o susceptibles de corrección, se podrán subsanar o corregir en el acto y si no fuese posible en ese momento, se concederá para ello un plazo, no superior a diez días, con suspensión, entre tanto, de la audiencia.

2. Cuando el defecto o falta no sean subsanables ni corregibles o no se subsanen o corrijan en el plazo concedido se dará por concluida la audiencia y se dictará auto poniendo fin al proceso, salvo lo dispuesto en el apartado siguiente de este precepto.

3. Si el defecto no subsanado afectase a la personación en forma del demandado, se le declarará en rebeldía, sin que de las actuaciones que hubiese llevado a cabo quede constancia en autos.

Artículo 419. Admisión de la acumulación de acciones

Una vez suscitadas y resueltas, en su caso, las cuestiones de capacidad y representación, si en la demanda se hubiesen acumulado diversas acciones y el demandado en su contestación se hubiera opuesto motivadamente a esa acumulación, el tribunal, oyendo previamente al actor en la misma audiencia, resolverá oralmente sobre la procedencia y admisibilidad de la acumulación. La audiencia y el proceso seguirán su curso respecto de la acción o acciones que, según la resolución judicial, puedan constituir el objeto del proceso.

Artículo 420. Posible integración voluntaria de la litis. Resolución en casos controvertidos de litisconsorcio necesario

1. Cuando el demandado haya alegado en la contestación falta del debido litisconsorcio, podrá el actor, en la audiencia, presentar, con las copias correspondientes, escrito dirigiendo la demanda a los sujetos que el demandado considerase que habían de ser sus litisconsortes y el tribunal, si estima procedente el litisconsorcio, lo declarará así, ordenando emplazar a los nuevos demandados para que contesten a la demanda, con suspensión de la audiencia.

El demandante, al dirigir la demanda a los litisconsortes, sólo podrá añadir a las alegaciones de la demanda inicial aquellas otras imprescindibles para justificar las pretensiones contra los nuevos demandados, sin alterar sustancialmente la causa de pedir.

2. Si el actor se opusiere a la falta de litisconsorcio, aducida por el demandado, el tribunal oirá a las partes sobre este punto y, cuando la dificultad o complejidad del asunto lo aconseje, podrá resolverlo mediante auto que deberá dictar en el plazo de cinco días siguientes a la audiencia. En todo caso, ésta deberá proseguir para sus restantes finalidades.

3. Si el tribunal entendiere procedente el litisconsorcio, concederá al actor el plazo que estime oportuno para constituirlo, que no podrá ser inferior a diez días. Los nuevos demandados podrán contestar a la demanda dentro del plazo establecido en el artículo 404, quedando entre tanto en suspenso, para el demandante y el demandado iniciales, el curso de las actuaciones.

4. Transcurrido el plazo otorgado al actor para constituir el litisconsorcio sin haber aportado copias de la demanda y documentos anejos, dirigidas a nuevos demandados, se pondrá fin al proceso por medio de auto y se procederá al archivo definitivo de las actuaciones.

> **Precepto modificado por Ley 13/2009, de 3 de noviembre, con entrada en vigor a partir del 4-5-2010 (Modificado apartado 4 del artículo 420)**

Artículo 421. Resolución en casos de litispendencia o cosa juzgada

1. Cuando el tribunal aprecie la pendencia de otro juicio o la existencia de resolución firme sobre objeto idéntico, conforme a lo dispuesto en los apartados 2 y 3 del artículo 222, dará por finalizada la audiencia y dictará, en el plazo de los siguientes cinco días, auto de sobreseimiento.

Sin embargo, no se sobreseerá el proceso en el caso de que, conforme al apartado 4 del artículo 222, el efecto de una sentencia firme anterior haya de ser vinculante para el tribunal que está conociendo del proceso posterior.

2. Si el tribunal considerare inexistente la litispendencia o la cosa juzgada, lo declarará así, motivadamente, en el acto y decidirá que la audiencia prosiga para sus restantes finalidades.

3. No obstante lo dispuesto en los apartados anteriores, cuando la dificultad o complejidad de las cuestiones suscitadas sobre litispendencia o cosa juzgada lo aconsejen, podrá también resolver sobre dichas cuestiones mediante auto, dentro de los cinco días siguientes a la audiencia, que proseguirá en todo caso para sus restantes finalidades. Si fuese necesario resolver sobre alguna cuestión de hecho, las actuaciones oportunas, que ordenará el tribunal, se practicarán dentro del plazo antedicho.

Artículo 422. Resolución en casos de inadecuación de procedimiento por razón de la cuantía

1. Si la alegación de procedimiento inadecuado formulada en la contestación a la demanda se fundase en disconformidad con el valor de la cosa litigiosa o con el modo de calcular, según las reglas legales, el interés

económico de la demanda, el tribunal oirá a las partes en la audiencia y resolverá en el acto lo que proceda, ateniéndose, en su caso, al acuerdo al que pudieran llegar las partes respecto del valor de la cosa litigiosa.

2. Si no se diese acuerdo sobre el valor de la cosa litigiosa, el tribunal, en la misma audiencia, decidirá oralmente, de forma motivada, lo que proceda, tomando en cuenta los documentos, informes y cualesquiera otros elementos útiles para calcular el valor, que las partes hayan aportado.

Si correspondiese seguir los trámites del juicio verbal el Juez pondrá fin a la audiencia, procediéndose a señalar fecha para la vista de dicho juicio, salvo que la demanda apareciese interpuesta fuera del plazo de caducidad que, por razón de la materia, establezca la ley. En este caso, el Juez declarará sobreseído el proceso.

Siempre que el señalamiento pueda hacerse en el mismo acto, se hará por el Juez, teniendo en cuenta las necesidades de la agenda programada de señalamientos y las demás circunstancias contenidas en el artículo 182.4.

En los restantes casos se fijará la fecha por el Letrado de la Administración de Justicia, conforme a lo prevenido en el artículo 182.

> **Precepto modificado por Ley 13/2009, de 3 de noviembre, con entrada en vigor a partir del 4-5-2010 (Modificado párrafo 2.º del apartado 2 del artículo 422)**

> **Nota:** Sustituida la referencia al "Secretario Judicial" por "Letrado de la Administración de Justicia", conforme establece la Disposición Adicional 1.ª de la Ley Orgánica 7/2015, de 21 de julio (SP/LEG/18161), con entrada en vigor a partir del 1-10-2015.

Artículo 423. Resolución en casos de inadecuación de procedimiento por razón de la materia

1. Cuando la alegación de procedimiento inadecuado se funde en no corresponder el que se sigue a la materia objeto del proceso, el tribunal, oídas las partes en la audiencia, podrá decidir motivadamente en el acto lo que estime procedente y si considera infundada la alegación, la audiencia proseguirá para sus restantes finalidades.

2. También el tribunal, si la complejidad del asunto lo aconseja, podrá decidir lo que sea procedente sobre el procedimiento que se ha de seguir, dentro de los cinco días siguientes a la audiencia, que proseguirá en todo caso para sus restantes finalidades.

3. Si el procedimiento adecuado fuese el del juicio verbal, al declararlo así se dispondrá que el Letrado de la Administración de Justicia cite a las partes para la vista, salvo que la demanda apareciese interpuesta fuera del plazo de caducidad que, por razón de la materia, establezca la ley. En este caso, se declarará sobreseído el proceso.

También dispondrá el Tribunal el sobreseimiento si, al iniciarse la vista, no apareciesen cumplidos los requisitos especiales que las leyes exijan, por razón de la materia, para la admisión de la demanda.

> **Precepto modificado por Ley 13/2009, de 3 de noviembre, con entrada en vigor a partir del 4-5-2010 (Modificado apartado 3 del artículo 423)**

> **Nota:** Sustituida la referencia al "Secretario Judicial" por "Letrado de la Administración de Justicia", conforme establece la Disposición Adicional 1.ª de la Ley Orgánica 7/2015, de 21 de julio (SP/LEG/18161), con entrada en vigor a partir del 1-10-2015.

Artículo 424. Actividad y resolución en caso de demanda defectuosa

1. Si el demandado alegare en la contestación a la demanda la falta de claridad o precisión de ésta en la determinación de las partes o en las pretensiones deducidas, o si el actor adujere en la audiencia esos mismos defectos en la contestación o en la reconvención, o si, de oficio, el tribunal apreciare unos u otros, admitirá en el acto de la audiencia las aclaraciones o precisiones oportunas.

2. En caso de no formularse aclaraciones y precisiones, el tribunal sólo decretará el sobreseimiento del pleito si no fuese en absoluto posible determinar en qué consisten las pretensiones del actor o, en su caso, del demandado en la reconvención, o frente a qué sujetos jurídicos se formulan las pretensiones.

Artículo 425. Decisión judicial en casos de circunstancias procesales análogas a las expresamente previstas

La resolución de circunstancias alegadas o puestas de manifiesto de oficio, que no se hallen comprendidas en el artículo 416, se acomodará las reglas establecidas en estos preceptos para las análogas.

Artículo 426. Alegaciones complementarias y aclaratorias. Pretensiones complementarias. Hechos acaecidos o conocidos con posterioridad a la demanda y la contestación. Presentación de documentos sobre dichos extremos

1. En la audiencia, los litigantes, sin alterar sustancialmente sus pretensiones ni los fundamentos de éstas expuestos en sus escritos, podrán efectuar alegaciones complementarias en relación con lo expuesto de contrario.

2. También podrán las partes aclarar las alegaciones que hubieren formulado y rectificar extremos secundarios de sus pretensiones, siempre sin alterar éstas ni sus fundamentos.

3. Si una parte pretendiere añadir alguna petición accesoria o complementaria de las formuladas en sus escritos, se admitirá tal adición si la parte contraria se muestra conforme. Si se opusiere, el tribunal decidirá sobre la admisibilidad de la adición, que sólo acordará cuando entienda que su planteamiento en la audiencia no impide a la parte contraria ejercitar su derecho de defensa en condiciones de igualdad.

4. Si después de la demanda o de la contestación ocurriese algún hecho de relevancia para fundamentar las pretensiones de las partes en el pleito, o hubiese llegado a noticia de las partes alguno anterior de esas características, podrán alegarlo en la audiencia.

Será de aplicación a la alegación de hecho nuevo o de nueva noticia lo dispuesto en el apartado 4 del artículo 286.

5. En el acto de la audiencia, las partes podrán aportar documentos y dictámenes que se justifiquen en razón de las alegaciones complementarias, rectificaciones, peticiones, adiciones y hechos nuevos a que se refieren los apartados anteriores de este artículo.

A la presentación de estos documentos será de aplicación, según sus clases, lo dispuesto en los artículos 267 y 268 de esta Ley.

6. El tribunal podrá también requerir a las partes para que realicen las aclaraciones o precisiones necesarias respecto de los hechos y argumentos contenidos en sus escritos de demanda o contestación. Si tales aclaraciones o precisiones no se efectuaren, el tribunal les advertirá de que puede tenerlos por conformes con relación a los hechos y argumentos aducidos de contrario.

Artículo 427. Posición de las partes ante los documentos y dictámenes presentados

1. En la audiencia, cada parte se pronunciará sobre los documentos aportados de contrario hasta ese momento, manifestando si los admite o impugna o reconoce o si, en su caso, propone prueba acerca de su autenticidad.

2. Las partes, si fuere el caso, expresarán lo que convenga a su derecho acerca de los dictámenes periciales presentados hasta ese momento, admitiéndolos, contradiciéndolos o proponiendo que sean ampliados en los extremos que determinen. También se pronunciarán sobre los informes que se hubieran aportado al amparo del número 5.º del apartado 1 del artículo 265.

3. Si las alegaciones o pretensiones a que se refieren los tres primeros apartados del artículo 426 suscitasen en todas o en alguna de las partes la necesidad de aportar al proceso algún dictamen pericial, podrán hacerlo dentro del plazo establecido en el apartado 2 del artículo 338.

4. En el mismo caso del apartado anterior, las partes que asistieren a la audiencia, en vez de aportar dictamen del perito que libremente designen, podrán solicitar, en la misma audiencia, la designación por el tribunal de un perito que dictamine. Esta solicitud se resolverá con arreglo a lo establecido en la sección 5.ª del capítulo VI del Título I del Libro II de esta Ley.

Artículo 428. Fijación de los hechos controvertidos y posible sentencia inmediata

1. En su caso, la audiencia continuará para que las partes o sus defensores, con el tribunal, fijen los hechos sobre los que exista conformidad y disconformidad de los litigantes.

2. A la vista del objeto de la controversia, el tribunal podrá exhortar a las partes o a sus representantes y a sus abogados para que lleguen a un acuerdo que ponga fin al litigio. En su caso, será de aplicación al acuerdo lo dispuesto en el artículo 415 de esta Ley.

3. Si las partes no pusieran fin al litigio mediante acuerdo, conforme al apartado anterior, pero estuvieren conformes en todos los hechos y la discrepancia quedase reducida a cuestión o cuestiones jurídicas, el tribunal dictará sentencia dentro de veinte días a partir del siguiente al de la terminación de la audiencia.

Artículo 429. Proposición y admisión de la prueba. Señalamiento del juicio

1. Si no hubiese acuerdo de las partes para finalizar el litigio ni existiera conformidad sobre los hechos, la audiencia proseguirá para la proposición y admisión de la prueba.

La prueba se propondrá de forma verbal, sin perjuicio de la obligación de las partes de aportar en el acto escrito detallado de la misma, pudiendo completarlo durante la audiencia. La omisión de la presentación de dicho escrito no dará lugar a la inadmisión de la prueba, quedando condicionada ésta a que se presente en el plazo de los dos días siguientes.

Cuando el tribunal considere que las pruebas propuestas por las partes pudieran resultar insuficientes para el esclarecimiento de los hechos controvertidos lo pondrá de manifiesto a las partes indicando el hecho o hechos que, a su juicio, podrían verse afectados por la insuficiencia probatoria. Al efectuar esta manifestación, el tribunal, ciñéndose a los elementos probatorios cuya existencia resulte de los autos, podrá señalar también la prueba o pruebas cuya práctica considere conveniente.

En el caso a que se refiere el párrafo anterior, las partes podrán completar o modificar sus proposiciones de prueba a la vista de lo manifestado por el tribunal.

2. Una vez admitidas las pruebas pertinentes y útiles, se procederá a señalar la fecha del juicio, que deberá celebrarse en el plazo de un mes desde la conclusión de la audiencia. Siempre que el señalamiento pueda hacerse en el mismo acto, se hará por el juez o jueza, teniendo en cuenta las necesidades de la agenda programada de señalamientos y las demás circunstancias contenidas en el artículo 182.4. En los restantes casos se fijará la fecha por el letrado o letrada de la Administración de Justicia, conforme a lo prevenido en el artículo 182.

Si se hiciera uso de la facultad prevista en el artículo 19.5 y todas las partes manifestaran su conformidad con la derivación, se acordará mediante providencia que podrá dictarse oralmente.

La actividad de negociación deberá desarrollarse durante el tiempo que media entre la finalización de la audiencia previa y la fecha señalada para el juicio. No obstante, si quince días antes de llegar dicho término todas las partes manifestaran la conveniencia de prorrogar dicho plazo por una sola vez y por un tiempo determinado que deberán especificar, el letrado o letrada de Administración de Justicia fijará nueva fecha para la celebración del juicio.

En el caso de haberse alcanzado un acuerdo entre las partes, éstas deberán comunicarlo al tribunal para que decrete el archivo del procedimiento, sin perjuicio de solicitar previamente su homologación judicial.

Si el procedimiento seguido para alcanzar el acuerdo fuere una conciliación ante notario o registrador, se acreditará mediante la escritura o certificación registral, sin que sea precisa la homologación judicial.

3. A solicitud de parte, cuando toda la prueba o gran parte de ella hubiera de realizarse fuera del lugar en que tenga su sede el Tribunal que conozca del pleito, el Tribunal podrá acordar que el juicio se señale por el Letrado de la Administración de Justicia para su celebración dentro del plazo de dos meses.

4. Las pruebas que no hayan de practicarse en el acto del juicio se llevarán a cabo con anterioridad a éste.

5. Las partes deberán indicar qué testigos y peritos se comprometen a presentar en el juicio y cuáles, por el contrario, han de ser citados por el tribunal. La citación se acordará en la audiencia y se practicará con la antelación suficiente.

También las partes deberán señalar qué declaraciones e interrogatorios consideran que han de realizarse a través del auxilio judicial. El tribunal decidirá lo que proceda a ese respecto, y en caso de que estime necesario recabar el auxilio judicial, acordará en el acto la remisión de los exhortos oportunos, dando a las partes un plazo de tres días a los efectos de que presenten, cuando fuere necesario, una lista de preguntas. En cualquier caso, la falta de cumplimentación de tales exhortos no suspenderá el acto del juicio.

6. No será necesario citar para el juicio a las partes que, por sí o por medio de su procurador, hayan comparecido a la audiencia previa.

7. Cuando, de manera excepcional y motivada, y por razón de las pruebas admitidas, fuese de prever que el juicio no podrá finalizar en una sola sesión dentro del día señalado, la citación lo expresará así, indicando si la sesión o sesiones ulteriores se llevarán a cabo en el día o días inmediatamente sucesivos o en otros, que se señalarán por el Letrado de la Administración de Justicia, con expresión en todo caso de la hora en que las sesiones del juicio hayan de dar comienzo.

8. Cuando la única prueba que resulte admitida sea la de documentos, y éstos ya se hubieran aportado al proceso sin resultar impugnados, o cuando se hayan presentado informes periciales, y ni las partes ni el tribunal solicitaran la presencia de los peritos en el juicio para la ratificación de su informe, el tribunal procederá a dictar sentencia, sin previa celebración del juicio, dentro de los veinte días siguientes a aquél en que termine la audiencia.

> **Precepto modificado por LO 1/2025, de 2 de enero, con entrada en vigor a partir del 3-4-2025 (Modificado apartado 2 del artículo 429)**
>
> **Precepto modificado por Ley 42/2015, de 5 de octubre, con entrada en vigor a partir del 7-10-2015 (Modificado apartado 1 del artículo 429)**
>
> **Precepto modificado por Ley 13/2009, de 3 de noviembre, con entrada en vigor a partir del 4-5-2010 (Modificados apartados 2, 3 y 7 del artículo 429)**
>
> **Nota:** Sustituidas las referencias al "Secretario Judicial" por "Letrado de la Administración de Justicia", conforme establece la Disposición Adicional 1.ª de la Ley Orgánica 7/2015, de 21 de julio (SP/LEG/18161), con entrada en vigor a partir del 1-10-2015.

Artículo 430. Solicitud de nuevo señalamiento del juicio

Si cualquiera de los que hubieren de acudir al acto del juicio no pudiere asistir a éste por causa de fuerza mayor u otro motivo de análoga entidad podrá solicitar nuevo señalamiento de juicio. Esta solicitud se sustanciará y resolverá conforme a lo previsto en el artículo 183.

CAPÍTULO III-Del juicio

Artículo 431. Finalidad del juicio

El juicio tendrá por objeto la práctica de las pruebas de declaración de las partes, testifical, informes orales y contradictorios de peritos, reconocimiento judicial en su caso y reproducción de palabras, imágenes y sonidos. Asimismo, una vez practicadas las pruebas, en el juicio se formularán las conclusiones sobre éstas.

Artículo 432. Comparecencia e incomparecencia de las partes

1. Sin perjuicio de la intervención personal en el interrogatorio que se hubiera admitido, las partes comparecerán en el juicio representadas por procurador y asistidas de abogado.

Las partes y sus representantes procesales deberán comparecer por videoconferencia o mediante la utilización de medios electrónicos para la reproducción del sonido y, en su caso, de la imagen, cuando el tribunal lo acordase de oficio o a instancia de alguna de ellas, y se cumplan los requisitos establecidos en el artículo 137 bis.

2. Si no compareciere en el juicio ninguna de las partes, se levantará acta haciéndolo constar y el tribunal, sin más trámites, declarará el pleito visto para sentencia. Si sólo compareciere alguna de las partes, se procederá a la celebración del juicio.

Precepto modificado por RD-Ley 6/2023, de 19 de diciembre, con entrada en vigor a partir del 20-3-2024 (Modificado apartado 1 del artículo 432)

Artículo 433. Desarrollo del acto del juicio

1. El juicio comenzará practicándose, conforme a lo dispuesto en los artículos 299 y siguientes, las pruebas admitidas, pero si se hubiera suscitado o se suscitare la vulneración de derechos fundamentales en la obtención u origen de alguna prueba, se resolverá primero sobre esta cuestión.

Asimismo, con carácter previo a la práctica de las prueba, si se hubiesen alegado o se alegaren hechos acaecidos o conocidos con posterioridad a la audiencia previa, se procederá a oír a las partes y a la proposición y admisión de prueba previstas en el artículo 286.

2. Practicadas las pruebas, las partes formularán oralmente sus conclusiones sobre los hechos controvertidos, exponiendo de forma ordenada, clara y concisa, si, a su juicio, los hechos relevantes han sido o deben considerarse admitidos y, en su caso, probados o inciertos.

A tal fin, harán un breve resumen de cada una de las pruebas practicadas sobre aquellos hechos, con remisión pormenorizada, en su caso, a los autos del juicio. Si entendieran que algún hecho debe tenerse por cierto en virtud de presunción, lo manifestarán así, fundamentando su criterio. Podrán, asimismo, alegar lo que resulte de la carga de la prueba sobre los hechos que reputen dudosos.

En relación con el resultado de las pruebas y la aplicación de las normas sobre presunciones y carga de la prueba, cada parte principiará refiriéndose a los hechos aducidos en apoyo de sus pretensiones y seguirá con lo que se refiera a los hechos aducidos por la parte contraria.

3. Expuestas sus conclusiones sobre los hechos controvertidos, cada parte podrá informar sobre los argumentos jurídicos en que se apoyen sus pretensiones, que no podrán ser alteradas en ese momento.

4. Si el tribunal no se considerase suficiente ilustrado sobre el caso con las conclusiones e informes previstos en los apartados anteriores, podrá conceder a las partes la palabra cuantas veces estime necesario para que informen sobre las cuestiones que les indique.

CAPÍTULO IV-De la sentencia

Artículo 434. Sentencia

1. La sentencia se dictará dentro de los veinte días siguientes a la terminación del juicio.

2. Si, dentro del plazo para dictar sentencia y conforme a lo prevenido en los artículos siguientes, se acordasen diligencias finales, quedará en suspenso el plazo para dictar aquélla.

3. Se podrá suspender el plazo para dictar sentencia en los procedimientos sobre la aplicación de los artículos 81 y 82 del Tratado de la Comunidad Europea o de los artículos 1 y 2 de la Ley de Defensa de la Competencia cuando el tribunal tenga conocimiento de la existencia de un expediente administrativo ante la Comisión Europea, la Comisión Nacional de la Competencia o los órganos competentes de las Comunidades Autónomas y resulte necesario conocer el pronunciamiento del órgano administrativo. Dicha suspensión se adoptará motivadamente, previa audiencia de las partes, y se notificará al órgano administrativo. Éste, a su vez, habrá de dar traslado de su resolución al tribunal.

Contra el auto de suspensión del proceso sólo se dará recurso de reposición.

Precepto modificado por Ley 15/2007, de 3 de julio, con entrada en vigor a partir del 1-9-2007 (Añadido apartado 3 del artículo 434)

Artículo 435. Diligencias finales. Procedencia

1. Sólo a instancia de parte podrá el tribunal acordar, mediante auto, como diligencias finales, la práctica de actuaciones de prueba, conforme a las siguientes reglas:

1.ª No se practicarán como diligencias finales las pruebas que hubieran podido proponerse en tiempo y forma por las partes, incluidas las que hubieran podido proponerse tras la manifestación del tribunal a que se refiere el apartado 1 del artículo 429.

2.ª Cuando, por causas ajenas a la parte que la hubiese propuesto, no se hubiese practicado alguna de las pruebas admitidas.

3.ª También se admitirán y practicarán las pruebas pertinentes y útiles, que se refieran a hechos nuevos o de nueva noticia, previstos en el artículo 286.

2. Excepcionalmente, el tribunal podrá acordar, de oficio o a instancia de parte, que se practiquen de nuevo pruebas sobre hechos relevantes, oportunamente alegados, si los actos de prueba anteriores no hubieran resultado conducentes a causa de circunstancias ya desaparecidas e independientes de la voluntad y diligencia de las partes, siempre que existan motivos fundados para creer que las nuevas actuaciones permitirán adquirir certeza sobre aquellos hechos.

En este caso, en el auto en que se acuerde la práctica de las diligencias habrán de expresarse detalladamente aquellas circunstancias y motivos.

Artículo 436. Plazo para la práctica de las diligencias finales. Sentencia posterior

1. Las diligencias que se acuerden según lo dispuesto en los artículos anteriores se llevarán a cabo, dentro del plazo de veinte días y en la fecha que señale a tal efecto, de resultar necesario, el Letrado de la Administración de Justicia, en la forma establecida en esta ley para las pruebas de su clase. Una vez practicadas, las partes podrán, dentro del quinto día, presentar escrito en que resuman y valoren el resultado.

2. El plazo para dictar sentencia volverá a computarse cuando transcurra el otorgado a las partes para presentar el escrito a que se refiere el apartado anterior.

> Precepto modificado por RD-Ley 6/2023, de 19 de diciembre, con entrada en vigor a partir del 20-3-2024 (Modificado apartado 2 del artículo 436)

> Precepto modificado por Ley 13/2009, de 3 de noviembre, con entrada en vigor a partir del 4-5-2010 (Modificado apartado 1 del artículo 436)

> Nota: Sustituida la referencia al "Secretario Judicial" por "Letrado de la Administración de Justicia", conforme establece la Disposición Adicional 1.ª de la Ley Orgánica 7/2015, de 21 de julio (SP/LEG/18161), con entrada en vigor a partir del 1-10-2015.

TÍTULO III-Del juicio verbal

Artículo 437. Forma de la demanda. Acumulación objetiva y subjetiva de acciones

1. El juicio verbal principiará por demanda, con el contenido y forma propios del juicio ordinario, siendo también de aplicación lo dispuesto para dicho juicio en materia de preclusión de alegaciones y litispendencia.

2. No obstante, en los juicios verbales en que no se actúe con abogado y procurador, el demandante podrá formular una demanda sucinta, donde se consignarán los datos y circunstancias de identificación del actor y del demandado y el domicilio o los domicilios en que pueden ser citados, y se fijará con claridad y precisión lo que se pida, concretando los hechos fundamentales en que se basa la petición.

A tal fin, se podrán cumplimentar unos impresos normalizados que se hallarán a su disposición en el órgano judicial correspondiente o en la sede judicial electrónica.

3. Si en la demanda se solicitase el desahucio de finca urbana por falta de pago de las rentas o cantidades debidas al arrendador, o por expiración legal o contractual del plazo, el demandante podrá anunciar en ella que asume el compromiso de condonar al arrendatario todo o parte de la deuda y de las costas, con expresión de la cantidad concreta, condicionándolo al desalojo voluntario de la finca dentro del plazo que se indique por el arrendador, que no podrá ser inferior al plazo de quince días desde que se notifique la demanda. Igualmente, podrá interesarse en la demanda que se tenga por solicitada la ejecución del lanzamiento en la fecha y hora que se fije por el juzgado a los efectos señalados en el apartado 3 del artículo 549.

3 bis. Cuando se solicitase en la demanda la recuperación de la posesión de una vivienda o parte de ella a la que se refiere el párrafo segundo del numeral 4.º del apartado 1 del artículo 250, aquélla podrá dirigirse genéricamente contra los desconocidos ocupantes de la misma, sin perjuicio de la notificación que de ella se

realice a quien en concreto se encontrare en el inmueble al tiempo de llevar a cabo dicha notificación. A la demanda se deberá acompañar el título en que el actor funde su derecho a poseer.

4. No se admitirá en los juicios verbales la acumulación objetiva de acciones, salvo las excepciones siguientes:

1.ª La acumulación de acciones basadas en unos mismos hechos, siempre que proceda, en todo caso, el juicio verbal.

2.ª La acumulación de la acción de resarcimiento de daños y perjuicios a otra acción que sea prejudicial de ella.

3.ª La acumulación de las acciones en reclamación de rentas o cantidades análogas vencidas y no pagadas, cuando se trate de juicios de desahucios de finca por falta de pago o por expiración legal o contractual del plazo, con independencia de la cantidad que se reclame. Asimismo, también podrán acumularse las acciones ejercitadas contra el fiador o avalista solidario previo requerimiento de pago no satisfecho.

4.ª En los procedimientos de separación, divorcio o nulidad y en los que tengan por objeto obtener la eficacia civil de las resoluciones o decisiones eclesiásticas, cualquiera de los cónyuges podrá ejercer simultáneamente la acción de división de la cosa común respecto de los bienes que tengan en comunidad ordinaria indivisa. Si hubiere diversos bienes en régimen de comunidad ordinaria indivisa y uno de los cónyuges lo solicitare, el tribunal puede considerarlos en conjunto a los efectos de formar lotes o adjudicarlos.

5. Podrán acumularse las acciones que uno tenga contra varios sujetos o varios contra uno siempre que se cumplan los requisitos establecidos en el artículo 72 y en el apartado 1 del artículo 73.

> **Precepto modificado por RD-Ley 6/2023, de 19 de diciembre, con entrada en vigor a partir del 20-3-2024 (Modificado apartado 2 del artículo 437)**
>
> **Precepto modificado por Ley 5/2018, de 11 de junio, con entrada en vigor a partir del 2-7-2018 (Añadido apartado 3 bis del artículo 437)**
>
> **Precepto modificado por Ley 42/2015, de 5 de octubre, con entrada en vigor a partir del 7-10-2015 (Modificado artículo 437)**
>
> **Precepto modificado por Ley 4/2011, de 24 de marzo, con entrada en vigor a partir del 14-4-2011 (Modificado apartado 2 del artículo 437)**
>
> **Precepto modificado por Ley 19/2009, de 23 de noviembre, con entrada en vigor a partir del 24-12-2009 (Modificado apartado 3 del artículo 437)**
>
> **Precepto modificado por Ley 23/2003, de 10 de julio, con entrada en vigor a partir del 11-9-2003 (Añadido apartado 3 del artículo 437)**
>
> **Nota:** Cuantía del apartado 2 del artículo 437 establecida en euros por RD 1417/2001, de 17 de diciembre. (SP/LEG/2411).

Artículo 438. Admisión de la demanda y contestación. Reconvención

1. El letrado o letrada de la Administración de Justicia, examinada la demanda, la admitirá por decreto o dará cuenta de ella al tribunal en los supuestos del artículo 404 para que resuelva lo que proceda. Admitida la demanda, dará traslado de ella al demandado para que la conteste por escrito en el plazo de diez días conforme a lo dispuesto para el juicio ordinario. Si el demandado no compareciere en el plazo otorgado será declarado en rebeldía conforme al artículo 496.

En los casos en que sea posible actuar sin abogado ni procurador, se indicará así en el decreto de admisión y se comunicará al demandado que están a su disposición en el órgano judicial correspondiente o en la sede judicial electrónica unos formularios o impresos normalizados, que puede emplear para la contestación a la demanda.

2. En ningún caso se admitirá reconvención en los juicios verbales que, según la ley, deban finalizar por sentencia sin efectos de cosa juzgada.

En los demás juicios verbales se admitirá la reconvención siempre que no determine la improcedencia del juicio verbal y exista conexión entre las pretensiones de la reconvención y las que sean objeto de la demanda principal. Admitida la reconvención se regirá por las normas previstas en el juicio ordinario, salvo el plazo para su contestación que será de diez días.

3. El demandado podrá oponer en la contestación a la demanda un crédito compensable, siendo de aplicación lo dispuesto en el artículo 408. Si la cuantía de dicho crédito fuese superior a la que determine que se siga el juicio verbal, el tribunal tendrá por no hecha tal alegación en la vista, advirtiéndolo así al demandado, para que use de su derecho ante el tribunal y por los trámites que correspondan.

4. En los casos del numeral 7.º del apartado 1 del artículo 250, en el emplazamiento para contestar la demanda se apercibirá a la persona demandada de que, en caso de no contestar, se dictará sentencia acordando las actuaciones que, para la efectividad del derecho inscrito, hubiere solicitado el actor. También se apercibirá al demandado, en su caso, de que la misma sentencia se dictará si contesta, pero no presta caución, en cualquiera de las formas previstas en el párrafo segundo del apartado 2 del artículo 64, en la cuantía que, tras oírle, el tribunal determine, dentro de la solicitada por el actor.

5. En los casos de demandas en las que se ejercite la pretensión de desahucio por falta de pago de rentas o cantidades debidas, acumulando o no la pretensión de condena al pago de las mismas, el letrado o letrada de la Administración de Justicia, tras la admisión, y previamente a la vista que se señale, requerirá a la persona demandada para que, en el plazo de diez días, desaloje el inmueble, pague al actor o, en caso de pretender la enervación, pague la totalidad de lo que deba o ponga a disposición de aquel en el tribunal o notarialmente el importe de las cantidades reclamadas en la demanda y el de las que adeude en el momento de dicho pago enervador del desahucio; o en otro caso comparezca ante éste y alegue sucintamente, formulando oposición, las razones por las que, a su entender, no debe, en todo o en parte, la cantidad reclamada o las circunstancias relativas a la procedencia de la enervación.

Si el demandante ha expresado en su demanda que asume el compromiso a que se refiere el apartado 3 del artículo 437, se le pondrá de manifiesto en el requerimiento, y la aceptación de este compromiso equivaldrá a un allanamiento con los efectos del artículo 21.

Además, el requerimiento expresará el día y la hora que se hubieran señalado para que tengan lugar la eventual vista en caso de oposición del demandando, para la que servirá de citación, y el día y la hora exactos para la práctica del lanzamiento en caso de que no hubiera oposición. Asimismo, se expresará que en caso de solicitar asistencia jurídica gratuita el demandado, deberá hacerlo en los tres días siguientes a la práctica del requerimiento, así como que la falta de oposición al requerimiento supondrá la prestación de su consentimiento a la resolución del contrato de arrendamiento que le vincula con el arrendador.

El requerimiento se practicará en la forma prevista en el artículo 161, teniendo en cuenta las previsiones contenidas en apartado 3 del artículo 155 y en el último párrafo del artículo 164, apercibiendo al demandado de que, de no realizar ninguna de las actuaciones citadas, se procederá a su inmediato lanzamiento, sin necesidad de notificación posterior, así como de los demás extremos comprendidos en el apartado siguiente de este mismo artículo.

Si el demandado no atendiere el requerimiento de pago o no compareciere para oponerse o allanarse, el letrado o letrada de la Administración de Justicia dictará decreto dando por terminado el juicio de desahucio y se procederá al lanzamiento en el día y la hora fijadas.

Si el demandado atendiere el requerimiento en cuanto al desalojo del inmueble sin formular oposición ni pagar la cantidad que se reclamase, el letrado o letrada de la Administración de Justicia lo hará constar, y dictará decreto dando por terminado el procedimiento, y dejando sin efecto la diligencia de lanzamiento, a no ser que la parte demandante interese su mantenimiento para que se levante acta sobre el estado en que se encuentre la finca, dando traslado a la parte demandante para que inste el despacho de ejecución en cuanto a la cantidad reclamada, bastando para ello con la mera solicitud.

En los dos supuestos anteriores, el decreto dando por terminado el juicio de desahucio impondrá las costas al demandado e incluirá las rentas debidas que se devenguen con posterioridad a la presentación de la demanda hasta la entrega de la posesión efectiva de la finca, tomándose como base de la liquidación de las rentas futuras el importe de la última mensualidad reclamada al presentar la demanda. Si el demandado formulara oposición, se celebrará la vista en la fecha señalada.

6. En todos los casos de desahucio, también se apercibirá al demandado en el requerimiento que se le realice que, de no comparecer a la vista, se declarará el desahucio sin más trámites y que queda citado para recibir

la notificación de la sentencia que se dicte el sexto día siguiente al señalado para la vista, presencialmente o a través de sede electrónica. Igualmente, en la resolución que se dicte teniendo por opuesto al demandado se fijará día y hora exacta para que tenga lugar, en su caso, el lanzamiento, que deberá verificarse antes de treinta días desde la fecha señalada para la vista, advirtiendo al demandado que, si la sentencia fuese condenatoria y no se recurriera, se procederá al lanzamiento en el día y la hora fijadas, sin necesidad de notificación posterior.

En todos los casos de desahucio y en todos los decretos o resoluciones judiciales que tengan como objeto el señalamiento del lanzamiento, independientemente de que este se haya intentado llevar a cabo con anterioridad, se deberá incluir el día y hora exacta en que tendrá lugar el mismo.

7. Tratándose de un caso de recuperación de la posesión de una vivienda a que se refiere el párrafo segundo del numeral 4.º del apartado 1 del artículo 250, si el demandado o demandados no contestaran a la parte demanda en el plazo legalmente previsto, se procederá de inmediato a dictar sentencia. La sentencia estimatoria de la pretensión permitirá su ejecución, previa solicitud del demandante, sin necesidad de que transcurra el plazo de veinte días previsto en el artículo 548.

8. Contestada la demanda y, en su caso, la reconvención o el crédito compensable, o transcurridos los plazos correspondientes, el letrado o la letrada de la Administración de Justicia dictará diligencia de ordenación acordando dar traslado del escrito de contestación a la parte demandante y concediendo a ambas partes el plazo común de cinco días a fin de que propongan la prueba que quieran practicar, debiendo, igualmente, indicar las personas que, por no poder presentar ellas mismas, han de ser citadas por el letrado o la letrada de la Administración de Justicia a la vista para que declaren en calidad de parte, testigos o peritos, a cuyo fin facilitarán todos los datos y circunstancias precisos para llevar a cabo la citación. En el mismo plazo de cinco días podrán las partes pedir respuestas escritas a cargo de personas jurídicas o entidades públicas, por los trámites establecidos en el artículo 381. En el supuesto que alguna de las partes hubiera anunciado la presentación de una prueba pericial conforme al artículo 337.1, dicho plazo de cinco días empezará a contar desde que se tenga por aportado el referido dictamen o haya transcurrido el plazo para su presentación.

Dentro del mismo plazo de cinco días la parte actora podrá realizar las alegaciones que tenga por conveniente con respecto a las excepciones procesales planteadas por el demandado en su escrito de contestación que puedan impedir la válida prosecución y término del proceso mediante sentencia sobre el fondo.

9. En los tres días siguientes al traslado del escrito de proposición de prueba, las partes podrán, en su caso, presentar las impugnaciones a las que se refieren los artículos 280, 283, 287 y 427.

10. Transcurrido el plazo señalado en el apartado anterior, el tribunal resolverá por auto sobre la impugnación de la cuantía del pleito de haberse producido, sobre las excepciones procesales planteadas, sobre la admisión de la prueba propuesta y sobre la pertinencia de la celebración de vista, acordando, en caso de no considerarla necesaria, que queden los autos conclusos para dictar sentencia.

Contra este auto cabrá interponer recurso de reposición, que tendrá efecto suspensivo.

Cuando la única prueba que resulte admitida sea la de documentos, y éstos ya se hubieran aportado al proceso sin resultar impugnados, o cuando se hayan presentado informes periciales y el tribunal no haya considerado pertinente o útil la presencia de los peritos en el juicio, se procederá a dictar sentencia, sin previa celebración de la vista.

> **Precepto modificado por LO 1/2025, de 2 de enero, con entrada en vigor a partir del 3-4-2025 (Modificado apartado 8 del artículo 438. Añadidos apartados 9 y 10 del artículo 438)**
>
> **Precepto modificado por RD-Ley 6/2023, de 19 de diciembre, con entrada en vigor a partir del 20-3-2024 (Modificados apartados 1 y 4 del artículo 438. Añadidos apartados 5, 6, 7 y 8 del artículo 438)**
>
> **Precepto modificado por Ley 42/2015, de 5 de octubre, con entrada en vigor a partir del 7-10-2015 (Modificado artículo 438)**
>
> **Precepto modificado por Ley 5/2012, de 6 de julio, con entrada en vigor a partir del 27-7-2012 (Añadido número 4 del apartado 3 del artículo 438)**

Precepto modificado por Ley 19/2009, de 23 de noviembre, con entrada en vigor a partir del 24-12-2009 (Modificado apartado 3 del artículo 438)

Precepto modificado por Ley 23/2003, de 10 de julio, con entrada en vigor a partir del 11-9-2003 (Modificado apartado 3 del artículo 438)

Nota: Sustituidas las referencias al "Secretario Judicial" por "Letrado de la Administración de Justicia", conforme establece la Disposición Adicional 1.ª de la Ley Orgánica 7/2015, de 21 de julio (SP/LEG/18161), con entrada en vigor a partir del 1-10-2015.

Nota: Cuantía del número 3 del apartado 3 del artículo 438 establecida en euros por RD 1417/2001, de 17 de diciembre. (SP/LEG/2411).

Artículo 438 bis. Procedimiento testigo

1. En el caso de las demandas referidas en el artículo 250.1.14.º, sin perjuicio de lo dispuesto en el párrafo primero del artículo 438.1, el letrado o letrada de la Administración de Justicia procederá a dar cuenta al tribunal, con carácter previo a la admisión de la demanda, cuando considere que la misma incluye pretensiones que están siendo objeto de procedimientos anteriores planteados por otros litigantes, que no es preciso realizar un control de transparencia de la cláusula ni valorar la existencia de vicios en el consentimiento del contratante y que las condiciones generales de contratación cuestionadas tienen identidad sustancial.

La parte actora y la parte demandada podrán solicitar en su escrito de demanda y contestación que el procedimiento se someta a la regulación de este artículo, siempre que concurran los presupuestos señalados en el párrafo anterior.

2. Dada cuenta y examinado el asunto, el tribunal dictará auto acordando la suspensión del curso de las actuaciones hasta que se dicte sentencia firme en el procedimiento identificado como testigo o, en su caso, dictará providencia acordando seguir con la tramitación del procedimiento. En caso de que se hubiera dictado el auto acordando la suspensión, junto a su notificación se remitirá copia de aquellas actuaciones que consten en el procedimiento testigo y que, a juicio del tribunal, permitan apreciar las circunstancias establecidas en el apartado primero, quedando unido al procedimiento testimonio de las mismas. La expedición de las copias y del testimonio deberá realizarse de acuerdo con lo previsto en el artículo 236 quinquies de la Ley Orgánica 6/1985, de 1 de julio, del Poder Judicial.

El procedimiento testigo se tramitará con carácter preferente.

Contra el auto acordando la suspensión cabrá recurso de apelación que se tramitará de modo preferente y urgente.

3. Una vez adquiera firmeza la sentencia dictada en el procedimiento testigo, el tribunal dictará providencia en la que indicará si considera procedente o no la continuación del procedimiento suspendido instado, por haber sido resueltas o no todas las cuestiones planteadas en él en la sentencia del procedimiento testigo, relacionando aquellas que considere no resueltas y dando traslado al demandante del procedimiento suspendido para que en cinco días solicite:

a) El desistimiento en sus pretensiones.

b) La continuación del procedimiento suspendido, indicando las razones o pretensiones que deben ser, a su juicio, resueltas.

c) La extensión de los efectos de la sentencia dictada en el procedimiento testigo.

4. En caso de desistimiento, el letrado o letrada de la Administración de Justicia dictará decreto acordando el mismo, sin condena en costas.

5. En caso de que se inste la continuación, el letrado o letrada de la Administración de Justicia alzará la suspensión y acordará la continuación del proceso en los términos que la parte demandante mantenga conforme al apartado 3.b). En estos casos, cuando el tribunal hubiera expresado en la providencia indicada en el apartado 3 la innecesaria continuación del procedimiento y se dicte una sentencia estimando íntegramente la parte de la demanda que coincida sustancialmente con aquello que fue resuelto en el

procedimiento testigo, el tribunal, razonándolo, podrá disponer que cada parte abone sus propias costas y las comunes por mitad.

6. Si el demandante solicitara la extensión de los efectos de la sentencia del procedimiento testigo, se estará a lo dispuesto en el artículo 519.

> **Precepto modificado por RD-Ley 6/2023, de 19 de diciembre, con entrada en vigor a partir del 20-3-2024 (Añadido artículo 438 bis)**

Artículo 439. Inadmisión de la demanda en casos especiales

1. No se admitirán las demandas que pretendan retener o recobrar la posesión si se interponen transcurrido el plazo de un año a contar desde el acto de la perturbación o el despojo.

2. En los casos del número 7.º del apartado 1 del artículo 250, no se admitirán las demandas en los casos siguientes:

1.º Cuando en ellas no se expresen las medidas que se consideren necesarias para asegurar la eficacia de la sentencia que recayere.

2.º Si, salvo renuncia del demandante, que hará constar en la demanda, no se señalase en ésta la caución que, conforme a lo previsto en el párrafo segundo del apartado 2 del artículo 64, ha de prestar el demandado, en caso de comparecer y contestar, para responder de los frutos que haya percibido indebidamente, de los daños y perjuicios que hubiere irrogado y de las costas del juicio.

3.º Si no se acompañase a la demanda certificación literal del Registro de la Propiedad que acredite expresamente la vigencia, sin contradicción alguna, del asiento que legitima al demandante.

3. No se admitirán las demandas de desahucio de finca urbana por falta de pago de las rentas o cantidades debidas por el arrendatario si el arrendador no indicare las circunstancias concurrentes que puedan permitir o no, en el caso concreto, la enervación del desahucio.

4. En los casos de los números 10.º y 11.º del apartado 1 del artículo 250, cuando la acción ejercitada se base en el incumplimiento de un contrato de venta de bienes muebles a plazos, no se admitirán las demandas a las que no se acompañe la acreditación del requerimiento de pago al deudor, con diligencia expresiva del impago y de la no entrega del bien, en los términos previstos en el apartado segundo del artículo 16 de la Ley de Venta a Plazos de Bienes Muebles, así como certificación de la inscripción de los bienes en el Registro de Venta a Plazos de Bienes Muebles, si se tratase de bienes susceptibles de inscripción en el mismo. Cuando se ejerciten acciones basadas en el incumplimiento de un contrato de arrendamiento financiero o de bienes muebles, no se admitirán las demandas a las que no se acompañe la acreditación del requerimiento de pago al deudor, con diligencia expresiva del impago y de la no entrega del bien, en los términos previstos en el apartado tercero de la disposición adicional primera de la Ley de Venta a Plazos de Bienes Muebles.

5. No se admitirán las demandas que tengan por objeto las acciones de reclamación de devolución de las cantidades indebidamente satisfechas por el consumidor en aplicación de determinadas cláusulas suelo o de cualesquiera otras cláusulas que se consideren abusivas contenidas en contratos de préstamo o crédito garantizados con hipoteca inmobiliaria cuando no se acompañe a la demanda documento que justifique haber practicado el consumidor una reclamación previa extrajudicial a la persona física o jurídica que realice la actividad de concesión de préstamos o créditos de manera profesional, con el fin de que reconozca expresamente el carácter abusivo de dichas cláusulas, con la consiguiente devolución de las cantidades indebidamente satisfechas por el consumidor.

6. En los casos de los números 1.º, 2.º, 4.º y 7.º del apartado 1 del artículo 250, no se admitirán las demandas, que pretendan la recuperación de la posesión de una finca, en que no se especifique:

a) Si el inmueble objeto de las mismas constituye vivienda habitual de la persona ocupante.

b) Si concurre en la parte demandante la condición de gran tenedora de vivienda, en los términos que establece el artículo 3.k) de la Ley 12/2023, de 24 de mayo, por el derecho a la vivienda.

En el caso de indicarse que no se tiene la condición de gran tenedor, a efectos de corroborar tal extremo, se deberá adjuntar a la demanda certificación del Registro de la Propiedad en el que consten la relación de propiedades a nombre de la parte actora.

c) En el caso de que la parte demandante tenga la condición de gran tenedor, si la parte demandada se encuentra o no en situación de vulnerabilidad económica.

Para acreditar la concurrencia o no de vulnerabilidad económica se deberá aportar documento acreditativo, de vigencia no superior a tres meses, emitido, previo consentimiento de la persona ocupante de la vivienda, por los servicios de las Administraciones autonómicas y locales competentes en materia de vivienda, asistencia social, evaluación e información de situaciones de necesidad social y atención inmediata a personas en situación o riesgo de exclusión social que hayan sido específicamente designados conforme la legislación y normativa autonómica en materia de vivienda.

El requisito exigido en esta letra c) también podrá cumplirse mediante:

1.º La declaración responsable emitida por la parte actora de que ha acudido a los servicios indicados anteriormente, en un plazo máximo de cinco meses de antelación a la presentación de la demanda, sin que hubiera sido atendida o se hubieran iniciado los trámites correspondientes en el plazo de dos meses desde que presentó su solicitud, junto con justificante acreditativo de la misma.

2.º El documento acreditativo de los servicios competentes que indiquen que la persona ocupante no consiente expresamente el estudio de su situación económica en los términos previstos en la legislación y normativa autonómica en materia de vivienda. Este documento no podrá tener una vigencia superior a tres meses.

7. En los casos de los números 1.º, 2.º, 4.º y 7.º del apartado 1 del artículo 250, en el caso de que la parte actora tenga la condición de gran tenedora en los términos previstos por el apartado anterior, el inmueble objeto de demanda constituya vivienda habitual de la persona ocupante y la misma se encuentre en situación de vulnerabilidad económica conforme lo previsto igualmente en el apartado anterior, no se admitirán las demandas en las que no se acredite que la parte actora se ha sometido al procedimiento de conciliación o intermediación que a tal efecto establezcan las Administraciones Públicas competentes, en base al análisis de las circunstancias de ambas partes y de las posibles ayudas y subvenciones existentes en materia de vivienda conforme a lo dispuesto en la legislación y normativa autonómica en materia de vivienda.

El requisito anterior podrá acreditarse mediante alguna de las siguientes formas:

1.º La declaración responsable emitida por la parte actora de que ha acudido a los servicios indicados anteriormente, en un plazo máximo de cinco meses de antelación a la presentación de la demanda, sin que hubiera sido atendida o se hubieran iniciado los trámites correspondientes en el plazo de dos meses desde que presentó su solicitud, junto con justificante acreditativo de la misma.

2.º El documento acreditativo de los servicios competentes que indique el resultado del procedimiento de conciliación o intermediación, en el que se hará constar la identidad de las partes, el objeto de la controversia y si alguna de las partes ha rehusado participar en el procedimiento, en su caso. Este documento no podrá tener una vigencia superior a tres meses.

En el caso de que la empresa arrendadora sea una entidad pública de vivienda el requisito anterior se podrá sustituir, en su caso, por la previa concurrencia de la acción de los servicios específicos de intermediación de la propia entidad, que se acreditará en los mismos términos del apartado anterior.

8. Tampoco se admitirán las demandas de juicio verbal cuando no se cumplan los requisitos de admisibilidad, que, para casos especiales, puedan establecer las leyes.

Precepto modificado por LO 1/2025, de 2 de enero, con entrada en vigor a partir del 3-4-2025 (Añadido apartado 5 del artículo 439. Renumerado apartado 8 del artículo 439. Se corresponde con la redacción anterior del apartado 5)

Precepto modificado por Ley 12/2023, de 24 de mayo, con entrada en vigor a partir del 26-5-2023 (Añadidos apartados 6 y 7 del artículo 439)

Precepto modificado por Ley 37/2011, de 10 de octubre, con entrada en vigor a partir del 31-10-2011 (Modificado apartado 4 del artículo 439)

Artículo 439 bis. Reclamación previa relativa a la actividad de concesión de préstamos o créditos de manera oficial

A los fines previstos en el apartado 5 del artículo 439, el consumidor remitirá la reclamación previa a la persona física o jurídica que realice la actividad de concesión de préstamos o créditos de manera profesional, que deberá admitir o denegar la reclamación. Recibida la reclamación, la persona o entidad destinataria efectuará un cálculo de la cantidad a devolver de manera desglosada, incluyendo necesariamente las cantidades que correspondan en concepto de intereses. En su caso, admitirá o rechazará la nulidad de las cláusulas que el consumidor señale como abusivas.

En el caso en que considere que la devolución no es procedente o, en su caso, rechace la abusividad de las cláusulas, comunicará razonadamente los motivos en los que funda su decisión, sin que pueda alegar otros diferentes en el proceso judicial que se siga. El consumidor deberá manifestar, en su caso, si está de acuerdo con el cálculo y la postura del concedente del préstamo o crédito respecto a la abusividad de las cláusulas interesadas. Si lo estuviera, la persona o entidad que hubiere concedido el préstamo o crédito acordará con el consumidor la devolución del efectivo y, en su caso, reconocerá la nulidad de las cláusulas.

El plazo máximo para que el consumidor y la persona o entidad a la que se reclamó lleguen a un acuerdo será de un mes a contar desde la presentación de la reclamación. En todo caso, se entenderá que el procedimiento extrajudicial ha concluido sin acuerdo:

a) Si la persona o entidad a quien se ha dirigido la reclamación rechaza expresamente la solicitud del consumidor.

b) Si finaliza el plazo de un mes desde la recepción de la comunicación, sin comunicación alguna por su parte.

c) Si el consumidor no está de acuerdo con el cálculo de la cantidad a devolver efectuado por la persona o entidad concedente del préstamo o crédito, si rechaza la cantidad ofrecida, o si no muestra su conformidad con la posición de dicha persona o entidad sobre la nulidad de las cláusulas interesadas.

Si transcurrido el plazo de un mes a partir del momento en que conste fehacientemente la aceptación de la oferta por el consumidor no se ha puesto a su disposición de modo efectivo la cantidad ofrecida, ésta devengará los intereses legales del dinero incrementados en ocho puntos desde que conste fehacientemente que ha sido aceptada la oferta por el perjudicado.

Si transcurriera dicho plazo de un mes sin hacerse efectiva la cantidad ofrecida, quedará expedita la vía judicial para el consumidor, sin perjuicio de que continúe el devengo de los intereses referidos.

Las partes no podrán ejercitar entre sí ninguna acción judicial o extrajudicial en relación con el objeto de la reclamación previa durante el tiempo en que esta se sustancie. La posición mantenida por las partes durante esta negociación previa podrá ser valorada en el seno del proceso ulterior, caso de haberlo, a los efectos previstos en el artículo 394 y, en su caso, en los artículos 245 y 247. Este procedimiento de reclamación extrajudicial tendrá carácter gratuito.

La formalización de la escritura pública y la inscripción registral que, en su caso, pudiera derivarse del acuerdo entre el concedente del préstamo o crédito y el consumidor devengará exclusivamente los derechos arancelarios notariales y registrales correspondientes, de manera respectiva, a un documento sin cuantía y a una inscripción mínima, cualquiera que sea la base.

> **Precepto modificado por LO 1/2025, de 2 de enero, con entrada en vigor a partir del 3-4-2025 (Añadido artículo 439 bis)**

Artículo 440. Citación para la vista

Contestada la demanda y, en su caso, la reconvención o el crédito compensable, o transcurridos los plazos correspondientes, el letrado o letrada de la Administración de Justicia, cuando haya de celebrarse vista de acuerdo con lo expresado en el artículo 438, citará a las partes a tal fin dentro de los cinco días siguientes. La vista habrá de tener lugar dentro del plazo máximo de un mes.

En la citación se fijará el día y hora en el que haya de celebrarse la vista, y se informará a las partes de la posibilidad de recurrir a una negociación para intentar solucionar el conflicto, incluido el recurso a una mediación, en cuyo caso aquéllas indicarán en la vista o antes de ella su decisión al respecto y las razones de la misma.

En la citación se hará constar que la vista no se suspenderá por inasistencia del demandado y se advertirá a los litigantes que, si no asistieren y se hubiere admitido su interrogatorio, podrán considerarse admitidos los hechos del interrogatorio conforme a lo dispuesto en el artículo 304. Asimismo, se prevendrá a la parte demandante y demandada de lo dispuesto en el artículo 442, para el caso de que no comparecieren a la vista.

Precepto modificado por LO 1/2025, de 2 de enero, con entrada en vigor a partir del 3-4-2025 (Modificado artículo 440)

Precepto modificado por RD-Ley 6/2023, de 19 de diciembre, con entrada en vigor a partir del 20-3-2024 (Modificado artículo 440)

Precepto modificado por Ley 12/2023, de 24 de mayo, con entrada en vigor a partir del 26-5-2023 (Añadido apartado 5 del artículo 440)

Precepto modificado por RD-Ley 7/2019, de 1 de marzo, con entrada en vigor a partir del 6-3-2019 (Modificados apartados 3 y 4 del artículo 440)

Precepto modificado por Ley 42/2015, de 5 de octubre, con entrada en vigor a partir del 7-10-2015 (Modificada rúbrica del artículo 440. Modificado apartado 1 del artículo 440)

Precepto modificado por Ley 4/2013, de 4 de junio, con entrada en vigor a partir del 6-6-2013 (Modificados apartados 3 y 4 del artículo 440)

Precepto modificado por Ley 5/2012, de 6 de julio, con entrada en vigor a partir del 27-7-2012 (Modificado apartado 1 del artículo 440)

Precepto modificado por Ley 37/2011, de 10 de octubre, con entrada en vigor a partir del 31-10-2011 (Modificado apartado 3 del artículo 440. Añadido apartado 4 del artículo 440)

Precepto modificado por Ley 13/2009, de 3 de noviembre, con entrada en vigor a partir del 4-5-2010 (Modificado apartado 1 del artículo 440)

Precepto modificado por Ley 19/2009, de 23 de noviembre, con entrada en vigor a partir del 24-12-2009 (Modificado apartado 3 del artículo 440)

Precepto modificado por Ley 23/2003, de 10 de julio, con entrada en vigor a partir del 11-9-2003 (Modificado apartado 3 del artículo 440)

Nota: Sustituidas las referencias al "Secretario Judicial" por "Letrado de la Administración de Justicia", conforme establece la Disposición Adicional 1.ª de la Ley Orgánica 7/2015, de 21 de julio (SP/LEG/18161), con entrada en vigor a partir del 1-10-2015.

Artículo 441. Casos especiales en la tramitación inicial del juicio verbal

1. Interpuesta la demanda en el caso del numeral 3.º del apartado 1 del artículo 250, el letrado o letrada de la Administración de Justicia llamará a los testigos propuestos por el demandante y, según sus declaraciones, el tribunal dictará auto en el que denegará u otorgará, sin perjuicio de mejor derecho, la posesión solicitada, llevando a cabo las actuaciones que repute conducentes a tal efecto. El auto será publicado en el Tablón Edictal Judicial Único, instando a los interesados a comparecer y reclamar mediante contestación a la demanda, en el plazo de cuarenta días, si consideran tener mejor derecho que el demandante.

Si nadie compareciere, se confirmará al demandante en la posesión; pero en caso de que se presentaren reclamantes, previo traslado de sus escritos al demandante, el letrado de la Administración de Justicia le citará, con todos los comparecientes, a la vista, sustanciándose en adelante las actuaciones del modo que se dispone en los artículos siguientes.

1 bis. Cuando se trate de una demanda de recuperación de la posesión de una vivienda o parte de ella que se tramite según lo previsto en el artículo 250.1.4.º, la notificación se hará a quien se encuentre habitando aquélla. Se podrá hacer además a los ignorados ocupantes de la vivienda. A efectos de proceder a la

identificación del receptor y demás ocupantes, quien realice el acto de comunicación podrá ir acompañado de los agentes de la autoridad.

Si el demandante hubiera solicitado la inmediata entrega de la posesión de la vivienda, en el decreto de admisión a trámite de la demanda se requerirá a sus ocupantes para que aporten, en el plazo de cinco días desde la notificación de aquella, título que justifique su situación posesoria.

Si no se aportara justificación suficiente, el tribunal ordenará mediante auto el desalojo de los ocupantes y la inmediata entrega de la posesión de la vivienda al demandante, siempre que el título que se hubiere acompañado a la demanda fuere bastante para la acreditación de su derecho a poseer y sin perjuicio de lo establecido en los apartados 5, 6 y 7 de este mismo artículo si ha sido posible la identificación del receptor de la notificación o demás ocupantes de la vivienda.

Contra el auto que decida sobre el incidente no cabrá recurso alguno y se llevará a efecto contra cualquiera de los ocupantes que se encontraren en ese momento en la vivienda.

2. Si la demanda pretendiere que se resuelva judicialmente, con carácter sumario, la suspensión de una obra nueva, el tribunal, antes incluso de que se dé traslado para la contestación a la demanda, dirigirá inmediata orden de suspensión al dueño o encargado de la obra, que podrá ofrecer caución para continuarla, así como la realización de las obras indispensables para conservar lo ya edificado. El tribunal podrá disponer que se lleve a cabo reconocimiento judicial, pericial o conjunto, antes de la vista.

La caución podrá prestarse en la forma prevista en el párrafo segundo del apartado 2 del artículo 64.

3. En los casos del número 7.º del apartado 1 del artículo 250, tan pronto se admita la demanda, el tribunal adoptará las medidas solicitadas que, según las circunstancias, fuesen necesarias para asegurar en todo caso el cumplimiento de la sentencia que recayere.

4. En el caso del número 10.º del apartado 1 del artículo 250, admitida la demanda, el tribunal ordenará la exhibición de los bienes a su poseedor, bajo apercibimiento de incurrir en desobediencia a la autoridad judicial, y su inmediato embargo preventivo, que se asegurará mediante depósito, con arreglo a lo previsto en esta Ley. Cuando, al amparo de lo dispuesto en el número 11.º del apartado 1 del artículo 250, se ejerciten acciones basadas en el incumplimiento de un contrato de arrendamiento financiero, arrendamiento de bienes muebles o contrato de venta a plazos con reserva de dominio, admitida la demanda el tribunal ordenará el depósito del bien cuya entrega se reclame. No se exigirá caución al demandante para la adopción de estas medidas cautelares, ni se admitirá oposición del demandado a las mismas. Tampoco se admitirán solicitudes de modificación o de sustitución de las medidas por caución.

Además de lo dispuesto en el párrafo anterior, el letrado de la Administración de Justicia emplazará al demandado por cinco días para que se persone en las actuaciones, por medio de procurador, al objeto de contestar a la demanda por alguna de las causas previstas en el apartado 3 del artículo 444. Si el demandado dejare transcurrir el plazo sin contestar a la demanda, o si fundara ésta en causa no comprendida en el apartado 3 del artículo 444, se dictará, sin más trámites, sentencia estimatoria de las pretensiones del actor.

Cuando el demandado contestara a la demanda con arreglo a lo previsto en el párrafo anterior, el letrado de la Administración de Justicia citará a las partes para la vista y, si el demandado no asistiera a la misma sin concurrir justa causa o asistiera, pero no mantuviera su oposición o fundara ésta en causa no comprendida en el apartado 3 del artículo 444, se dictará, sin más trámites, sentencia estimatoria de las pretensiones del actor. En estos casos el demandado, además, será sancionado con multa de hasta la quinta parte del valor de la reclamación, con un mínimo de ciento ochenta euros.

Contra la sentencia que se dicte en los casos de ausencia de oposición a que se refieren los dos párrafos anteriores no se dará recurso alguno.

5. En los casos de los números 1.º, 2.º, 4.º y 7.º del apartado 1 del artículo 250, siempre que el inmueble objeto de la controversia constituya la vivienda habitual de la parte demandada, se informará a esta, en el decreto de admisión a trámite de la demanda, de la posibilidad de acudir a las Administraciones Públicas autonómicas y locales competentes en materia de vivienda, asistencia social, evaluación e información de situaciones de necesidad social y atención inmediata a personas en situación o riesgo de exclusión social. La información deberá comprender los datos exactos de identificación de dichas Administraciones y el modo de

tomar contacto con ellas, a efectos de que puedan apreciar la posible situación de vulnerabilidad de la parte demandada.

Sin perjuicio de lo dispuesto en el párrafo anterior, se comunicará inmediatamente y de oficio por el Juzgado la existencia del procedimiento a las Administraciones autonómicas y locales competentes en materia de vivienda, asistencia social, evaluación e información de situaciones de necesidad social y atención inmediata a personas en situación o riesgo de exclusión social, a fin de que puedan verificar la situación de vulnerabilidad y, de existir esta, presentar al Juzgado propuesta de alternativa de vivienda digna en alquiler social a proporcionar por la Administración competente para ello y propuesta de medidas de atención inmediata a adoptar igualmente por la Administración competente, así como de las posibles ayudas económicas y subvenciones de las que pueda ser beneficiaria la parte demandada.

En caso de que estas Administraciones Públicas confirmasen que el hogar afectado se encuentra en situación de vulnerabilidad económica y, en su caso, social, se notificará al órgano judicial a la mayor brevedad y en todo caso en el plazo máximo de diez días.

En los casos previstos por los apartados 6 y 7 del artículo 439, cuando la parte actora sea una gran tenedora de vivienda y hubiera presentado junto con la demanda documento acreditativo de la vulnerabilidad de la parte demandada, en el oficio a las Administraciones públicas competentes se hará constar esta circunstancia a efectos de que efectúen directamente, en el mismo plazo, la propuesta de medidas de atención inmediata a adoptar, así como de las posibles ayudas económicas y subvenciones de las que pueda ser beneficiaria la parte demandada y las causas, que, en su caso, han impedido su aplicación con anterioridad.

Recibida dicha comunicación o transcurrido el plazo, el letrado o letrada de la Administración de Justicia dará traslado a las partes para que en el plazo de cinco días puedan instar lo que a su derecho convenga, procediendo a suspender la fecha prevista para la celebración de la vista o para el lanzamiento, de ser necesaria tal suspensión por la inmediatez de las fechas.

6. Presentados los escritos de las partes o transcurrido el plazo concedido para ello, el tribunal resolverá por auto, a la vista de la información recibida de las Administraciones Públicas competentes y de las alegaciones de las partes, sobre si suspende el proceso para que se adopten las medidas propuestas por las Administraciones públicas, durante un plazo máximo de suspensión de dos meses si el demandante es una persona física o de cuatro meses si se trata de una persona jurídica.

Una vez adoptadas las medidas por las Administraciones Públicas competentes o transcurrido el plazo máximo de suspensión previsto en el párrafo anterior, se alzará ésta automáticamente y continuará el procedimiento por todos sus trámites.

7. El tribunal tomará la decisión previa valoración ponderada y proporcional del caso concreto, apreciando las situaciones de vulnerabilidad que pudieran concurrir también en la parte actora y cualquier otra circunstancia acreditada en autos.

A estos efectos, en particular, el tribunal para apreciar la situación de vulnerabilidad económica podrá considerar el hecho de que el importe de la renta, si se trata de un juicio de desahucio por falta de pago, más el de los suministros de electricidad, gas, agua y telecomunicaciones suponga más del 30 por 100 de los ingresos de la unidad familiar y que el conjunto de dichos ingresos no alcance:

a) Con carácter general, el límite de 3 veces el Indicador Público de Renta de Efectos Múltiples mensual (en adelante IPREM).

b) Este límite se incrementará en 0,3 veces el IPREM por cada hijo a cargo en la unidad familiar. El incremento aplicable por hijo a cargo será de 0,35 veces el IPREM por cada hijo en el caso de unidad familiar monoparental o en el caso de cada hijo con discapacidad igual o superior al 33 por ciento.

c) Este límite se incrementará en 0,2 veces el IPREM por cada persona mayor de 65 años miembro de la unidad familiar o personas en situación de dependencia a cargo.

d) En caso de que alguno de los miembros de la unidad familiar tenga declarada discapacidad igual o superior al 33 por ciento, situación de dependencia o enfermedad que le incapacite acreditadamente de forma permanente para realizar una actividad laboral, el límite previsto en la letra a) será de 5 veces el IPREM, sin perjuicio de los incrementos acumulados por hijo a cargo.

A estos mismos efectos, el tribunal para apreciar la vulnerabilidad social podrá considerar el hecho de que, entre quienes ocupen la vivienda, se encuentren personas dependientes de conformidad con lo dispuesto en el apartado 2 del artículo 2 de la Ley 39/2006, de 14 de diciembre, de Promoción de la Autonomía Personal y Atención a las personas en situación de dependencia, víctimas de violencia sobre la mujer o personas menores de edad.

Precepto modificado por RD-Ley 6/2023, de 19 de diciembre, con entrada en vigor a partir del 20-3-2024 (Modificado párrafo 1.º del apartado 1 del artículo 441)

Precepto modificado por Ley 12/2023, de 24 de mayo, con entrada en vigor a partir del 26-5-2023 (Modificados apartados 1 bis y 5 del artículo 441. Añadidos apartados 6 y 7 del artículo 441)

Precepto modificado por RD-Ley 7/2019, de 1 de marzo, con entrada en vigor a partir del 6-3-2019 (Añadido apartado 5 del artículo 441)

Precepto modificado por Res 22/01/2019, de 22 de enero, con entrada en vigor a partir del 24-1-2019 (Dejado sin efecto apartado 1 ter del artículo 441 en su redacción dada por el Real Decreto-Ley 21/2018, de 14 de diciembre)

Precepto modificado por RD-Ley 21/2018, de 14 de diciembre, con entrada en vigor a partir del 19-12-2018 (Añadido apartado 1 ter del artículo 441)

Precepto modificado por Ley 5/2018, de 11 de junio, con entrada en vigor a partir del 2-7-2018 (Añadido apartado 1 bis del artículo 441)

Precepto modificado por Ley 42/2015, de 5 de octubre, con entrada en vigor a partir del 7-10-2015 (Modificado artículo 441)

Precepto modificado por Ley 37/2011, de 10 de octubre, con entrada en vigor a partir del 31-10-2011 (Modificado párrafo 1.º del apartado 4 del artículo 441)

Precepto modificado por Ley 13/2009, de 3 de noviembre, con entrada en vigor a partir del 4-5-2010 (Modificados apartados 1, 3 y 4 del artículo 441)

Nota: Sustituidas las referencias al "Secretario Judicial" por "Letrado de la Administración de Justicia", conforme establece la Disposición Adicional 1.ª de la Ley Orgánica 7/2015, de 21 de julio (SP/LEG/18161), con entrada en vigor a partir del 1-10-2015.

Nota: Cuantía del apartado 4 del artículo 441 establecida en euros por RD 1417/2001, de 17 de diciembre. (SP/LEG/2411).

Artículo 442. Inasistencia de las partes a la vista

1. Si el demandante no asistiese a la vista, y el demandado no alegare interés legítimo en la continuación del proceso para que se dicte sentencia sobre el fondo, se tendrá en el acto por desistido a aquél de la demanda, se le impondrán las costas causadas y se le condenará a indemnizar al demandado comparecido, si éste lo solicitare y acreditare los daños y perjuicios sufridos.

2. Si no compareciere el demandado, se procederá a la celebración del juicio.

Precepto modificado por Ley 42/2015, de 5 de octubre, con entrada en vigor a partir del 7-10-2015 (Modificado artículo 442)

Artículo 443. Desarrollo de la vista

1. Comparecidas las partes, presencialmente o por videoconferencia en los casos que así se haya acordado, el tribunal declarará abierto el acto y comprobará si subsiste el litigio entre ellas. Si manifestasen haber llegado a un acuerdo o se mostrasen dispuestas a concluirlo de inmediato, podrán desistir del proceso o solicitar del tribunal que homologue lo acordado. El acuerdo homologado judicialmente surtirá los efectos atribuidos por la ley a la transacción judicial y podrá llevarse a efecto por los trámites previstos para la ejecución de sentencias y convenios judicialmente aprobados. Dicho acuerdo podrá impugnarse por las

causas y en la forma que se prevén para la transacción judicial. Las partes de común acuerdo podrán también solicitar la suspensión del proceso de conformidad con lo previsto en el apartado 4 del artículo 19, para someterse a mediación u otro medio adecuado de solución de controversias. En este caso, el tribunal examinará previamente la concurrencia de los requisitos de capacidad jurídica y poder de disposición de las partes o de sus representantes debidamente acreditados, que asistan al acto. Cuando se hubiera suspendido el proceso para acudir a mediación u otro medio adecuado de solución de controversias, terminada la actividad de negociación sin acuerdo, cualquiera de las partes podrá solicitar que se alce la suspensión y se señale fecha para la continuación de la vista. Por el contrario, en el caso de haberse alcanzado acuerdo entre las partes, éstas deberán comunicarlo al tribunal para que decrete el archivo del procedimiento, sin perjuicio de solicitar previamente su homologación judicial.

2. En atención al objeto del proceso el tribunal, antes de la práctica de la prueba, podrá plantear a las partes la posibilidad de derivación del litigio a un medio adecuado de solución de controversias, siempre que considere y fundamentadamente que es posible un acuerdo entre las partes de conformidad con lo dispuesto en el apartado 5 del artículo 19. Si todas las partes manifestaran su conformidad con la derivación, se acordará previa suspensión del procedimiento mediante providencia que podrá dictarse oralmente.

La actividad de negociación deberá desarrollarse en el plazo máximo que fije el tribunal atendiendo a la complejidad del procedimiento y demás circunstancias concurrentes. No obstante, si quince días antes de cumplirse el plazo fijado judicialmente todas las partes manifestaran la conveniencia de prorrogar dicho plazo por una sola vez y por un tiempo determinado que deberán especificar de común acuerdo, el tribunal podrá acceder a ello si observa avances en la negociación que permiten prever una solución extrajudicial de la controversia en el nuevo plazo solicitado. Las partes deberán comunicar al tribunal si han alcanzado o no un acuerdo dentro del plazo fijado. Si han llegado a un acuerdo total el tribunal decretará el archivo del procedimiento, sin perjuicio de que las partes deban solicitar previamente su homologación judicial. En caso de desacuerdo o en caso de acuerdo parcial, y sin perjuicio de la homologación judicial del mismo, se acordará el levantamiento de la suspensión y la continuación de la vista para la práctica de las pruebas en el día que se señale al efecto. La asignación de fecha para la continuación de la vista se hará con carácter preferente.

3. Si las partes no hubiesen llegado a un acuerdo o no se mostrasen dispuestas a concluirlo de inmediato, el tribunal dará la palabra a las partes para realizar aclaraciones y fijar los hechos sobre los que exista contradicción.

4. Si no hubiere conformidad sobre todos ellos, se practicarán seguidamente las pruebas que resultaron en su momento admitidas. La proposición de prueba de las partes podrá completarse con arreglo a lo dispuesto en el apartado 1 del artículo 429.

> **Precepto modificado por LO 1/2025, de 2 de enero, con entrada en vigor a partir del 3-4-2025 (Modificado artículo 443)**
>
> **Precepto modificado por Ley 42/2015, de 5 de octubre, con entrada en vigor a partir del 7-10-2015 (Modificado artículo 443)**
>
> **Precepto modificado por Ley 5/2012, de 6 de julio, con entrada en vigor a partir del 27-7-2012 (Modificado apartado 3 del artículo 443)**

Artículo 444. Causas tasadas de oposición

1. Cuando en el juicio verbal se pretenda la recuperación de finca, rústica o urbana, dada en arrendamiento, por impago de la renta o cantidad asimilada sólo se permitirá al demandado alegar y probar el pago o las circunstancias relativas a la procedencia de la enervación.

1.bis Tratándose de un caso de recuperación de la posesión de una vivienda a que se refiere el párrafo segundo del numeral 4.º del apartado 1 del artículo 250, la oposición del demandado podrá fundarse exclusivamente en la existencia de título suficiente frente al actor para poseer la vivienda o en la falta de título por parte del actor.

2. En los casos del numeral 7.º del apartado 1 del artículo 250, la oposición del demandado únicamente podrá fundarse en alguna de las causas siguientes:

1.º Falsedad de la certificación del Registro u omisión en ella de derechos o condiciones inscritas, que desvirtúen la acción ejercitada.

2.º Poseer el demandado la finca o disfrutar el derecho discutido por contrato u otra cualquier relación jurídica directa con el último titular o con titulares anteriores o en virtud de prescripción, siempre que ésta deba perjudicar al titular inscrito.

3.º Que la finca o el derecho se encuentren inscritos a favor del demandado y así lo justifique presentando certificación del Registro de la Propiedad acreditativa de la vigencia de la inscripción.

4.º No ser la finca inscrita la que efectivamente posea el demandado.

3. En los casos de los numerales 10.º y 11.º del apartado 1 del artículo 250, la oposición del demandado sólo podrá fundarse en alguna de las causas siguientes:

1.ª Falta de jurisdicción o de competencia del tribunal.

2.ª Pago acreditado documentalmente.

3.ª Inexistencia o falta de validez de su consentimiento, incluida la falsedad de la firma.

4.ª Falsedad del documento en que aparezca formalizado el contrato.

> Precepto modificado por LO 1/2025, de 2 de enero, con entrada en vigor a partir del 3-4-2025 (Modificado artículo 444)

> Precepto modificado por RD-Ley 6/2023, de 19 de diciembre, con entrada en vigor a partir del 20-3-2024 (Modificado artículo 444)

> Precepto modificado por Ley 5/2018, de 11 de junio, con entrada en vigor a partir del 2-7-2018 (Añadido apartado 1 bis del artículo 444)

Artículo 445. Prueba, diligencias finales y presunciones en los juicios verbales

En materia de prueba, de diligencias finales y de presunciones, será de aplicación a los juicios verbales lo establecido en los capítulos V y VI del título I del presente libro, así como los artículos 435 y 436 de este texto legal.

> Precepto modificado por LO 1/2025, de 2 de enero, con entrada en vigor a partir del 3-4-2025 (Modificado artículo 445)

> Precepto modificado por RD-Ley 6/2023, de 19 de diciembre, con entrada en vigor a partir del 20-3-2024 (Modificado artículo 445)

Artículo 446. Resoluciones sobre la prueba y recursos

Contra las resoluciones del tribunal sobre admisión o inadmisión de pruebas en el acto de la vista solo cabrá recurso de reposición, que se sustanciará y resolverá en el acto y, si se desestimare, la parte podrá formular protesta a efecto de hacer valer sus derechos, en su caso, en la segunda instancia.

> Precepto modificado por RD-Ley 6/2023, de 19 de diciembre, con entrada en vigor a partir del 20-3-2024 (Modificado artículo 446)

> Precepto modificado por Ley 42/2015, de 5 de octubre, con entrada en vigor a partir del 7-10-2015 (Modificado artículo 446)

Artículo 447. Sentencia. Ausencia de cosa juzgada en casos especiales

1. Practicadas las pruebas, incluidas las diligencias finales a las que serán de aplicación lo dispuesto en el artículo 435, el tribunal podrá conceder a las partes un turno de palabra para formular oralmente conclusiones. A continuación, se dará por terminada la vista y el tribunal, salvo en los casos en que pronuncie sentencia oralmente según lo establecido en el artículo 210.3, dictará sentencia dentro de los diez días siguientes. Se exceptúan los juicios verbales en que se pida el desahucio de finca urbana, en que la sentencia se dictará en los cinco días siguientes, convocándose en el acto de la vista a las partes a la sede del tribunal

para recibir la notificación sino estuvieran representadas por procurador o no debiera realizarse por medios telemáticos, que tendrá lugar el día más próximo posible dentro de los cinco siguientes al de la sentencia.

Sin perjuicio de lo anterior, en las sentencias de condena por allanamiento a que se refieren el apartado 3 del artículo 437 y el apartado 5 del artículo 438, en previsión de que no se verifique por el arrendatario el desalojo voluntario en el plazo señalado, se fijará con carácter subsidiario día y hora en que tendrá lugar, en su caso, el lanzamiento directo del demandado, que se llevará a término sin necesidad de ulteriores trámites en un plazo no superior a 15 días desde la finalización de dicho periodo voluntario. Del mismo modo, en las sentencias de condena por incomparecencia del demandado, se procederá al lanzamiento en la fecha fijada sin más trámite.

2. No producirán efectos de cosa juzgada las sentencias que pongan fin a los juicios verbales sobre tutela sumaria de la posesión ni las que decidan sobre la pretensión de desahucio o recuperación de finca, rústica o urbana, dada en arrendamiento, por impago de la renta o alquiler o por expiración legal o contractual del plazo, y sobre otras pretensiones de tutela que esta Ley califique como sumarias.

En relación con las demandas en las que se acumulen a la pretensión de desahucio o recuperación de finca dada en arrendamiento, por impago de renta o alquiler o por expiración legal o contractual del plazo, las acciones de reclamación de rentas o cantidades análogas vencidas y no pagadas, así como las acciones ejercitadas contra el fiador o avalista solidario, los pronunciamientos de la sentencia en relación con esas acciones acumuladas a la de desahucio producirán efectos de cosa juzgada.

3. Carecerán también de efectos de cosa juzgada las sentencias que se dicten en los juicios verbales en que se pretenda la efectividad de derechos reales inscritos frente a quienes se opongan a ellos o perturben su ejercicio, sin disponer de título inscrito.

4. Tampoco tendrán efectos de cosa juzgada las resoluciones judiciales a las que, en casos determinados, las leyes nieguen esos efectos.

> **Precepto modificado por LO 1/2025, de 2 de enero, con entrada en vigor a partir del 3-4-2025 (Modificado apartado 1 del artículo 447. Añadido párrafo 2.º del apartado 2 del artículo 447)**

> **Precepto modificado por Ley 42/2015, de 5 de octubre, con entrada en vigor a partir del 7-10-2015 (Modificado párrafo 1.º del apartado 1 del artículo 447)**

> **Precepto modificado por Ley 19/2009, de 23 de noviembre, con entrada en vigor a partir del 24-12-2009 (Modificados apartados 1 y 2 del artículo 447)**

> **Precepto modificado por Ley 23/2003, de 10 de julio, con entrada en vigor a partir del 11-9-2003 (Modificado apartado 1 del artículo 447)**

TÍTULO IV-De los recursos

CAPÍTULO I-De los recursos: disposiciones generales

(...)

Artículo 449. Derecho a recurrir en casos especiales

1. En los procesos que lleven aparejado el lanzamiento, no se admitirán al demandado los recursos de apelación o casación si, al interponerlos, no manifiesta, acreditándolo por escrito, tener satisfechas las rentas vencidas y las que con arreglo al contrato deba pagar adelantadas.

2. Los recursos de apelación o casación a que se refiere el apartado anterior, se declararán desiertos, cualquiera que sea el estado en que se hallen, si durante la sustanciación de los mismos el demandado recurrente dejare de pagar los plazos que venzan o los que deba adelantar. El arrendatario podrá adelantar o consignar el pago de varios períodos no vencidos, los cuales se sujetarán a liquidación una vez firme la sentencia. En todo caso, el abono de dichos importes no se considerará novación del contrato.

3. En los procesos en que se pretenda la condena a indemnizar los daños y perjuicios derivados de la circulación de vehículos de motor no se admitirán al condenado a pagar la indemnización los recursos de

apelación o casación, si, al interponerlos, no acredita haber constituido depósito del importe de la condena más los intereses y recargos exigibles en el establecimiento destinado al efecto. Dicho depósito no impedirá, en su caso, la ejecución provisional de la resolución dictada.

4. En los procesos en que se pretenda la condena al pago de las cantidades debidas por un propietario a la comunidad de vecinos, no se admitirá al condenado el recurso de apelación o casación si, al interponerlos, no acredita tener satisfecha o consignada la cantidad líquida a que se contrae la sentencia condenatoria. La consignación de la cantidad no impedirá, en su caso, la ejecución provisional de la resolución dictada.

5. El depósito o consignación exigidos en los apartados anteriores podrá hacerse también mediante aval solidario de duración indefinida y pagadero a primer requerimiento emitido por entidad de crédito o sociedad de garantía recíproca o por cualquier otro medio que, a juicio del tribunal, garantice la inmediata disponibilidad, en su caso, de la cantidad consignada o depositada.

6. En los casos de los apartados anteriores, antes de que se rechacen o declaren desiertos los recursos, se estará a lo dispuesto en el artículo 231 para que puedan ser subsanados los defectos en que hubieran incurrido los actos procesales de las partes.

> **Precepto modificado por RD-Ley 6/2023, de 19 de diciembre, con entrada en vigor a partir del 20-3-2024 (Modificado artículo 449)**
>
> **Precepto modificado por Ley 37/2011, de 10 de octubre, con entrada en vigor a partir del 31-10-2011 (Modificado artículo 449)**
>
> **Precepto modificado por Ley 13/2009, de 3 de noviembre, con entrada en vigor a partir del 4-5-2010 (Modificado apartado 6 del artículo 449)**

(...)

CAPÍTULO VII-Del recurso de queja

Artículo 494. Resoluciones recurribles en queja

Contra los autos en que el tribunal que haya dictado la resolución denegare la tramitación de un recurso de casación, se podrá interponer recurso de queja ante el órgano al que corresponda resolver del recurso no tramitado. Los recursos de queja se tramitarán y resolverán con carácter preferente.

No procederá el recurso de queja en los procesos de desahucios de finca urbana y rústica, cuando la sentencia que procediera dictar en su caso no tuviese la consideración de cosa juzgada.

> **Precepto modificado por RD-Ley 6/2023, de 19 de diciembre, con entrada en vigor a partir del 20-3-2024 (Modificado artículo 494)**
>
> **Precepto modificado por Ley 19/2009, de 23 de noviembre, con entrada en vigor a partir del 24-12-2009 (Añadido último párrafo del apartado 2 del artículo 494)**

Artículo 495. Sustanciación y decisión

1. El recurso de queja se interpondrá ante el órgano al que corresponda resolver el recurso no tramitado, en el plazo de diez días desde la notificación de la resolución que deniega la tramitación del recurso de casación. Con el recurso deberá acompañarse copia de la resolución recurrida.

2. Presentado en tiempo el recurso con dicha copia, el tribunal resolverá sobre él en el plazo de cinco días. Si considerase bien denegada la tramitación del recurso, mandará ponerlo en conocimiento del tribunal correspondiente, para que conste en los autos. Si la estimase mal denegada, ordenará a dicho tribunal que continúe con la tramitación.

3. Contra el auto que resuelva el recurso de queja no se dará recurso alguno.

> **Precepto modificado por RD-Ley 6/2023, de 19 de diciembre, con entrada en vigor a partir del 20-3-2024 (Modificado apartado 1 del artículo 495)**

Precepto modificado por Ley 37/2011, de 10 de octubre, con entrada en vigor a partir del 31-10-2011 (Modificado artículo 495)

TÍTULO V-De la rebeldía y de la rescisión de sentencias firmes y nueva audiencia al demandado rebelde

(...)

Artículo 497. Régimen de notificaciones

1. La resolución que declare la rebeldía se notificará al demandado en forma electrónica cuando tenga obligación legal o contractual de relacionarse con la Administración de Justicia por dichos medios. En los demás casos, por correo, si su domicilio fuere conocido y, si no lo fuere, mediante edictos. Hecha esta notificación, no se llevará a cabo ninguna otra, excepto la de la resolución que ponga fin al proceso.

2. La sentencia o resolución que ponga fin al proceso se notificará al demandado personalmente, en la forma prevista en el artículo 161 de esta ley. Pero si el demandado se hallare en paradero desconocido, la notificación se hará publicando un extracto de la misma en el Tablón Edictal Judicial Único.

Lo mismo será de aplicación para las sentencias dictadas en apelación o en casación.

Precepto modificado por RD-Ley 6/2023, de 19 de diciembre, con entrada en vigor a partir del 20-3-2024 (Modificado artículo 497)

Precepto modificado por Ley 4/2013, de 4 de junio, con entrada en vigor a partir del 6-6-2013 (Modificado apartado 3 del artículo 497)

Precepto modificado por Ley 13/2009, de 3 de noviembre, con entrada en vigor a partir del 4-5-2010 (Modificado apartado 2 del artículo 497. Añadidos apartados 3 y 4 del artículo 497)

Precepto modificado por Ley 19/2009, de 23 de noviembre, con entrada en vigor a partir del 24-12-2009 (Añadido último párrafo del apartado 2 del artículo 497)

(...)

LIBRO III-DE LA EJECUCIÓN FORZOSA Y DE LAS MEDIDAS CAUTELARES

TÍTULO III-De la ejecución: disposiciones generales

CAPÍTULO III-Del despacho de la ejecución

(...)

Artículo 549. Demanda ejecutiva. Contenido

1. Sólo se despachará ejecución a petición de parte, en forma de demanda, en la que se expresarán:

1.º El título en que se funda el ejecutante.

2.º La tutela ejecutiva que se pretende, en relación con el título ejecutivo que se aduce, precisando, en su caso, la cantidad que se reclame conforme a lo dispuesto en el artículo 575 de esta Ley.

3.º Los bienes del ejecutado susceptibles de embargo de los que tuviere conocimiento y, en su caso, si los considera suficientes para el fin de la ejecución.

4.º En su caso, las medidas de localización e investigación que interese al amparo del artículo 590 de esta Ley.

5.º La persona o personas, con expresión de sus circunstancias identificativas, frente a las que se pretenda el despacho de la ejecución, por aparecer en el título como deudores o por estar sujetos a la ejecución según lo dispuesto en los artículos 538 a 544 de esta Ley.

2. Cuando el título ejecutivo sea una resolución del Letrado de la Administración de Justicia o una sentencia o resolución dictada por el Tribunal competente para conocer de la ejecución, la demanda ejecutiva podrá limitarse a la solicitud de que se despache la ejecución, identificando la sentencia o resolución cuya ejecución se pretenda.

3. En la sentencia condenatoria de todos los tipos de desahucio, o en los decretos que pongan fin al referido desahucio si no hubiera oposición al requerimiento, la solicitud de su ejecución en la demanda de desahucio será suficiente para la ejecución directa de dichas resoluciones, sin necesidad de ningún otro trámite para proceder al lanzamiento en el día y hora exacta señalados en la propia sentencia o en el día y hora exacta que se hubiera fijado al ordenar la realización del requerimiento al demandado.

4. El plazo de espera legal al que se refiere el artículo anterior no será de aplicación en la ejecución de resoluciones de condena de desahucio por falta de pago de rentas o cantidades debidas, o por expiración legal o contractual del plazo, que se regirá por lo previsto en tales casos.

No obstante, cuando se trate de vivienda habitual, con carácter previo al lanzamiento deberá haberse procedido en los términos de los apartados 5, 6 y 7 del artículo 441 de esta ley.

> **Precepto modificado por RD-Ley 6/2023, de 19 de diciembre, con entrada en vigor a partir del 20-3-2024 (Modificado apartado 3 del artículo 549)**
>
> **Precepto modificado por Ley 12/2023, de 24 de mayo, con entrada en vigor a partir del 26-5-2023 (Modificados apartados 3 y 4 del artículo 549)**
>
> **Precepto modificado por RD-Ley 7/2019, de 1 de marzo, con entrada en vigor a partir del 6-3-2019 (Modificado apartado 4 del artículo 549)**
>
> **Precepto modificado por Res 22/01/2019, de 22 de enero, con entrada en vigor a partir del 24-1-2019 (Dejado sin efecto apartado 4 del artículo 549 en su redacción dada por el Real Decreto-Ley 21/2018, de 14 de diciembre)**
>
> **Precepto modificado por RD-Ley 21/2018, de 14 de diciembre, con entrada en vigor a partir del 19-12-2018 (Modificado apartado 4 del artículo 549)**
>
> **Precepto modificado por Ley 4/2013, de 4 de junio, con entrada en vigor a partir del 6-6-2013 (Modificado apartado 3 del artículo 549)**
>
> **Precepto modificado por Ley 13/2009, de 3 de noviembre, con entrada en vigor a partir del 4-5-2010 (Modificado apartado 2 del artículo 549)**
>
> **Precepto modificado por Ley 19/2009, de 23 de noviembre, con entrada en vigor a partir del 24-12-2009 (Añadidos apartados 3 y 4 del artículo 549)**
>
> **Nota:** Sustituida la referencia al "Secretario Judicial" por "Letrado de la Administración de Justicia", conforme establece la Disposición Adicional 1.ª de la Ley Orgánica 7/2015, de 21 de julio (SP/LEG/18161), con entrada en vigor a partir del 1-10-2015.

(...)

TÍTULO IV-De la ejecución dineraria

CAPÍTULO V-De las particularidades de la ejecución sobre bienes hipotecados o pignorados

(...)

Artículo 686. Requerimiento de pago

1. En el auto por el que se autorice y despache la ejecución se mandará requerir de pago al deudor y, en su caso, al hipotecante no deudor o al tercer poseedor contra quienes se hubiere dirigido la demanda, en el domicilio que resulte vigente en el Registro.

En el requerimiento a que se refiere el párrafo anterior habrán de incluirse las indicaciones contenidas en el artículo 441.5, produciendo iguales efectos.

2. Sin perjuicio de la notificación al deudor del despacho de la ejecución, no se practicará el requerimiento a que se refiere el apartado anterior cuando se acredite haberse efectuado extrajudicialmente el requerimiento o requerimientos, conforme a lo dispuesto en el apartado 2 del artículo 581.

A estos efectos, el requerimiento al deudor y en su caso las notificaciones al tercer poseedor hipotecante no deudor y titulares, en su caso, de derechos inscritos con posterioridad al derecho real de hipoteca que se ejerce, habrá de realizarse en el domicilio que conste consignado por cada uno de ellos en el Registro. El requerimiento o notificación se hará por el Notario, en la forma que resulte de la legislación notarial, en la persona del destinatario, si se encontrare en el domicilio señalado. No hallándose en el domicilio, el Notario llevará a efecto la diligencia con la persona mayor de edad que allí se encontrare y manifieste tener con el requerido relación personal o laboral. El Notario hará constar expresamente la manifestación de dicha persona sobre su consentimiento a hacerse cargo de la cédula y su obligación de hacerla llegar a su destinatario.

No obstante lo anterior, será válido el requerimiento o la notificación realizada fuera del domicilio que conste en el Registro de la Propiedad siempre que se haga en la persona del destinatario y, previa su identificación por el Notario, con su consentimiento, que será expresado en el acta de requerimiento o notificación.

En caso de que el destinatario sea una persona jurídica el Notario entenderá la diligencia con una persona mayor de edad que se encontrare en el domicilio señalado en el Registro y que forme parte del órgano de administración, que acredite ser representante con facultades suficientes o que a juicio del Notario actúe notoriamente como persona encargada por la persona jurídica de recibir requerimientos o notificaciones fehacientes en su interés.

3. Intentado sin efecto el requerimiento en el domicilio que resulte del Registro, no pudiendo ser realizado el mismo con las personas a las que se refiere el apartado anterior, y realizadas por la Oficina judicial las averiguaciones pertinentes para determinar el domicilio del deudor, se procederá a ordenar la publicación de edictos en la forma prevista en el artículo 164.

> Precepto modificado por RD-Ley 7/2019, de 1 de marzo, con entrada en vigor a partir del 6-3-2019 (Modificado apartado 1 del artículo 686)
>
> Precepto modificado por Res 22/01/2019, de 22 de enero, con entrada en vigor a partir del 24-1-2019 (Dejado sin efecto apartado 1 del artículo 686 en su redacción dada por el Real Decreto-Ley 21/2018, de 14 de diciembre)
>
> Precepto modificado por RD-Ley 21/2018, de 14 de diciembre, con entrada en vigor a partir del 19-12-2018 (Modificado apartado 1 del artículo 686)
>
> Precepto modificado por Ley 19/2015, de 13 de julio, con entrada en vigor a partir del 15-10-2015 (Modificados apartados 2 y 3 del artículo 686)
>
> Precepto modificado por Ley 13/2009, de 3 de noviembre, con entrada en vigor a partir del 4-5-2010 (Modificado apartado 1 del artículo 686. Añadido apartado 3 del artículo 686)

(...)

TÍTULO V-De la ejecución no dineraria

CAPÍTULO II-De la ejecución por deberes de entregar cosas

(...)

Artículo 703. Entrega de bienes inmuebles

1. Si el título dispusiere la transmisión o entrega de un bien inmueble, una vez dictado el auto autorizando y despachando la ejecución, el letrado de la Administración de Justicia responsable de la misma ordenará de inmediato lo que proceda según el contenido de la condena y, en su caso, dispondrá lo necesario para adecuar el Registro al título ejecutivo.

Si en el inmueble que haya de entregarse hubiere cosas que no sean objeto del título, el letrado de la Administración de Justicia requerirá al ejecutado para que las retire dentro del plazo que señale. Si no las retirare, se considerarán bienes abandonados a todos los efectos.

En los casos de desahucio por falta de pago de rentas o cantidades debidas, o por expiración legal o contractual del plazo, para evitar demoras en la práctica del lanzamiento, previa autorización del letrado de la Administración de Justicia, bastará con la presencia de un único funcionario con categoría de Gestor, que podrá solicitar el auxilio, en su caso, de la fuerza pública.

2. Cuando en el acto del lanzamiento se reivindique por el que desaloje la finca la titularidad de cosas no separables, de consistir en plantaciones o instalaciones estrictamente necesarias para la utilización ordinaria del inmueble, se resolverá en la ejecución sobre la obligación de abono de su valor, de instalarlo los interesados en el plazo de cinco días a partir del desalojo.

3. De hacerse constar en el lanzamiento la existencia de desperfectos en el inmueble originados por el ejecutado o los ocupantes, se podrá acordar la retención y constitución en depósito de bienes suficientes del posible responsable, para responder de los daños y perjuicios causados, que se liquidarán, en su caso y a petición del ejecutante, de conformidad con lo previsto en los artículos 712 y siguientes.

4. Si con anterioridad a la fecha fijada para el lanzamiento, en caso de que el título consista en una sentencia dictada en un juicio de desahucio de finca urbana, se entregare la posesión efectiva al demandante, acreditándolo el arrendador ante el Letrado de la Administración de Justicia encargado de la ejecución, se dictará decreto declarando ejecutada la sentencia y cancelando la diligencia, a no ser que el demandante interese su mantenimiento para que se levante acta del estado en que se encuentre la finca.

> Precepto modificado por Ley 4/2013, de 4 de junio, con entrada en vigor a partir del 6-6-2013 (Modificado apartado 1 del artículo 703)

> Precepto modificado por Ley 13/2009, de 3 de noviembre, con entrada en vigor a partir del 4-5-2010 (Modificado apartado 1 del artículo 703. Añadido apartado 4 del artículo 703)

> Precepto modificado por Ley 19/2009, de 23 de noviembre, con entrada en vigor a partir del 24-12-2009 (Modificado apartado 4 del artículo 703)

> Precepto modificado por Ley 23/2003, de 10 de julio, con entrada en vigor a partir del 11-9-2003 (Añadido apartado 4 del artículo 703)

> Nota: Sustituidas las referencias al "Secretario Judicial" por "Letrado de la Administración de Justicia", conforme establece la Disposición Adicional 1.ª de la Ley Orgánica 7/2015, de 21 de julio (SP/LEG/18161), con entrada en vigor a partir del 1-10-2015.

Artículo 704. Ocupantes de inmuebles que deban entregarse

1. Cuando el inmueble cuya posesión se deba entregar fuera vivienda habitual del ejecutado o de quienes de él dependan, el Letrado de la Administración de Justicia les dará un plazo de un mes para desalojarlo. De existir motivo fundado, podrá prorrogarse dicho plazo un mes más.

Transcurridos los plazos señalados, se procederá de inmediato al lanzamiento, fijándose día y hora exacta de éste tanto en la resolución inicial como en la que acuerde la prórroga o en cualquier resolución ulterior que acuerde el lanzamiento, aunque este se haya intentado practicar con anterioridad.

2. Si el inmueble a cuya entrega obliga el título ejecutivo estuviera ocupado por terceras personas distintas del ejecutado y de quienes con él compartan la utilización de aquél, el Letrado de la Administración de Justicia responsable de la ejecución, tan pronto como conozca su existencia, les notificará el despacho de la ejecución o la pendencia de ésta, para que, en el plazo de diez días, presenten los títulos que justifiquen su situación.

El ejecutante podrá pedir al tribunal el lanzamiento de quienes considere ocupantes de mero hecho o sin título suficiente. De esta petición se dará traslado a las personas designadas por el ejecutante, prosiguiendo las actuaciones conforme a lo previsto en los apartados tercero y cuarto del artículo 675.

> Precepto modificado por Ley 12/2023, de 24 de mayo, con entrada en vigor a partir del 26-5-2023 (Modificado apartado 1 del artículo 704)

Precepto modificado por Ley 13/2009, de 3 de noviembre, con entrada en vigor a partir del 4-5-2010 (Modificado párrafo 1.º del apartado 1 del artículo 704. Modificado párrafo 1.º del apartado 2 del artículo 704)

Nota: Sustituidas las referencias al "Secretario Judicial" por "Letrado de la Administración de Justicia", conforme establece la Disposición Adicional 1.ª de la Ley Orgánica 7/2015, de 21 de julio (SP/LEG/18161), con entrada en vigor a partir del 1-10-2015.

DISPOSICIONES ADICIONALES

(...)

Quinta. Medidas de agilización de determinados procesos civiles

1. **El Ministerio de Justicia, de acuerdo con la comunidad autónoma correspondiente con competencias en la materia**, previo informe favorable del Consejo General del Poder Judicial, podrá crear Oficinas de Señalamiento Inmediato en aquellos partidos judiciales con separación entre Juzgados de Primera Instancia y Juzgados de Instrucción.

Estas Oficinas tendrán carácter de servicio común procesal y desarrollarán funciones de registro, reparto y señalamiento de vistas, comparecencias y actuaciones en los procedimientos a que se refiere la presente disposición adicional.

2. En aquellos partidos judiciales donde se constituyan Oficinas de Señalamiento Inmediato se presentarán ante ellas las demandas y solicitudes que versen sobre las siguientes materias y siempre que al demandante o solicitante le sea posible designar un domicilio o residencia del demandado a efectos de su citación:

a) Reclamaciones de cantidad referidas en el apartado 2 del artículo 250 de esta ley.

b) Desahucios de finca urbana por expiración legal o contractual del plazo o por falta de pago de rentas o cantidades debidas y, en su caso, reclamaciones de estas rentas o cantidades cuando la acción de reclamación se acumule a la acción de desahucio.

c) Medidas cautelares previas o simultáneas a la demanda, a las que se refiere la regla 6.ª del artículo 770.

d) Medidas provisionales de nulidad, separación o divorcio, previas o simultáneas a la demanda, previstas en los artículos 771 y 773.1.

e) Demandas de separación o divorcio solicitados de mutuo acuerdo, o por uno de los cónyuges con el consentimiento del otro.

3. Estas demandas y solicitudes presentadas ante las Oficinas de Señalamiento Inmediato se tramitarán conforme a las normas de esta ley, con las siguientes especialidades:

Primera. Con carácter previo a su admisión a trámite, en el mismo día de su presentación o, de no ser posible, en el siguiente día hábil, las Oficinas de Señalamiento Inmediato, en una misma diligencia:

a) Registrarán aquellas demandas o solicitudes previstas en el apartado anterior que ante ellas se presenten.

b) Acordarán su reparto al Juzgado que corresponda y señalarán directamente la vista referida en el artículo 440.1, la comparecencia prevista en los artículos 771.2 y 773.3, la comparecencia para ratificación de la demanda contemplada en el artículo 777.3, y la fecha y hora en que hubiera de tener lugar el lanzamiento, en el supuesto a que se refiere el artículo 440.3.

c) Ordenarán, librándolos al efecto, la práctica de las correspondientes citaciones y oficios, para que se realicen a través del servicio común de notificaciones o, en su caso, por el procurador que así lo solicite, y se entreguen cumplimentadas directamente al Juzgado correspondiente.

d) Requerirán a la parte actora, de ser necesario, para la subsanación de los defectos procesales de que pudiere adolecer la presentación de la demanda o solicitud, que deberán solventarse en un plazo máximo de tres días.

e) Remitirán inmediatamente la demanda o solicitud presentada al Juzgado que corresponda.

Segunda. Las citaciones para las comparecencias y vistas a que se refiere la regla anterior contendrán los requerimientos y advertencias previstos en cada caso en esta ley. También harán indicación de los extremos a que se refiere el apartado 3 del artículo 440.

Asimismo la citación expresará que, si el demandado solicita el reconocimiento del derecho de asistencia jurídica gratuita o interesa la designación de abogado y procurador de oficio en el caso del artículo 33.2, deberá instarlo ante el Juzgado en el plazo de tres días desde la recepción de la citación.

Tercera. Recibida la demanda o solicitud, se acordará lo procedente sobre su admisión a trámite. En el supuesto de que se admita la demanda, se estará al señalamiento realizado. Si no fuera admitida a trámite, se dejará sin efecto el señalamiento, comunicando el Juzgado esta circunstancia a quienes ya hubieren sido citados, a través del servicio común de actos de comunicación o, en su caso, del procurador que así lo hubiera solicitado.

Cuando alguna de las partes solicite el reconocimiento del derecho a la asistencia jurídica gratuita o la designación de abogado y procurador de oficio, se requerirá en la misma resolución de admisión de la demanda, si para entonces ya se conoce dicha solicitud o, en caso contrario, en decreto posterior, la inmediata designación de los profesionales de conformidad a lo establecido en el apartado 3 del artículo 33. En este caso, la designación se efectuará a favor de los profesionales asignados para la fecha en que haya de celebrarse la vista o comparecencia señalada, de acuerdo con un turno especial de asistencia establecido al efecto por los Colegios de Abogados y Procuradores.

Cuarta. Las Oficinas de Señalamiento Inmediato realizarán los señalamientos a que se refiere el párrafo b) del apartado 3, Primera, de esta disposición ante el Juzgado de Primera Instancia que por turno corresponda de acuerdo con un sistema programado de señalamientos, en el día y hora hábiles disponibles más próximos posibles, dentro en todo caso de los siguientes plazos:

a) Los señalamientos para las vistas a que se refiere el artículo 440.1 se efectuarán en los plazos señalados en el mismo precepto, contados partir del quinto día posterior a la presentación de la demanda en la Oficina de Señalamiento Inmediato.

b) Los señalamientos para las comparecencias previstas en los artículos 771.2 y 773.3 se efectuarán entre el quinto y el décimo día posteriores a la presentación de la solicitud o demanda en la Oficina de Señalamiento Inmediato.

c) Los señalamientos de las comparecencias para ratificación de la demanda contempladas en el artículo 777.3 se efectuarán dentro de los tres días siguientes a la presentación de la correspondiente demanda.

d) La fijación de fecha y hora en que, en su caso, haya de tener lugar el lanzamiento, de acuerdo con lo previsto en el último inciso del apartado 3 del artículo 440, se realizará en un plazo inferior a un mes desde la fecha en que se hubiera señalado la correspondiente vista.

Quinta. Cada Juzgado de Primera Instancia, en los partidos judiciales en que se constituyan Oficinas de Señalamiento Inmediato, deberá reservar la totalidad de su agenda en las fechas que le corresponda actuar en turno de asistencia continuada para que la Oficina de Señalamiento Inmediato realice directamente dichos señalamientos.

El Consejo General del Poder Judicial, previo informe favorable del Ministerio de Justicia, dictará los Reglamentos necesarios para regular la organización y funcionamiento del sistema programado de señalamientos, el establecimiento de los turnos de asistencia continuada entre los Juzgados de Primera Instancia y el fraccionamiento de franjas horarias para la realización directa de los señalamientos.

Sexta. Las normas de reparto de los partidos judiciales en que se constituyan Oficinas de Señalamiento Inmediato atribuirán el conocimiento de los procedimientos contemplados en el apartado 2 de esta disposición a aquel Juzgado de Primera Instancia que haya de actuar en turno de asistencia continuada en la fecha en que se realicen los señalamientos de las vistas y comparecencias a que se refiere la regla cuarta.

4. En las actuaciones realizadas en el ámbito de esta disposición adicional, los procuradores de las partes personadas podrán practicar, si así lo solicitan y a costa de la parte que representen, las notificaciones, citaciones, emplazamientos y requerimientos, por cualquiera de los medios admitidos con carácter general en esta ley.

Se tendrán por válidamente realizados estos actos de comunicación cuando quede constancia suficiente de haber sido practicados en la persona o en el domicilio del destinatario.

A estos efectos, el procurador acreditará, bajo su responsabilidad personal, la identidad y condición del receptor del acto de comunicación, cuidando de que en la copia quede constancia de su firma y de la fecha en que se realice.

En las comunicaciones por medio de entrega de copia de la resolución o cédula en el domicilio del destinatario, se estará a lo dispuesto en el artículo 161 en lo que sea aplicable, debiendo el procurador acreditar la concurrencia de las circunstancias contempladas en dicho precepto, para lo que podrá auxiliarse de dos testigos o de cualquier otro medio idóneo.

> **Precepto modificado por Ley 13/2009, de 3 de noviembre, con entrada en vigor a partir del 4-5-2010 (Modificados apartados 2 y 3 de la disposición adicional quinta)**

> **Precepto modificado por Ley 19/2009, de 23 de noviembre, con entrada en vigor a partir del 24-12-2009 (Modificada letra b) del apartado 2 de la disposición adicional quinta)**

> **Precepto modificado por LO 19/2003, de 23 de diciembre, con entrada en vigor a partir del 15-1-2004 (Añadida disposición adicional quinta)**

> **Nota:** Declarado inconstitucional y nulo, en los términos indicados en el fundamento jurídico 7 b), el inciso «El Ministerio de Justicia, de acuerdo con la Comunidad Autónoma correspondiente con competencias en la materia» del apartado 1 de la Disposición Adicional Quinta, en la versión establecida por la Disposición Adicional Duodécima de la Ley Orgánica 19/2003, de 23 de diciembre, por STC, Pleno, 224/2012, de 29 de noviembre. Recurso 1933-2004 (SP/SENT/698847).

(...)

Índice Analítico